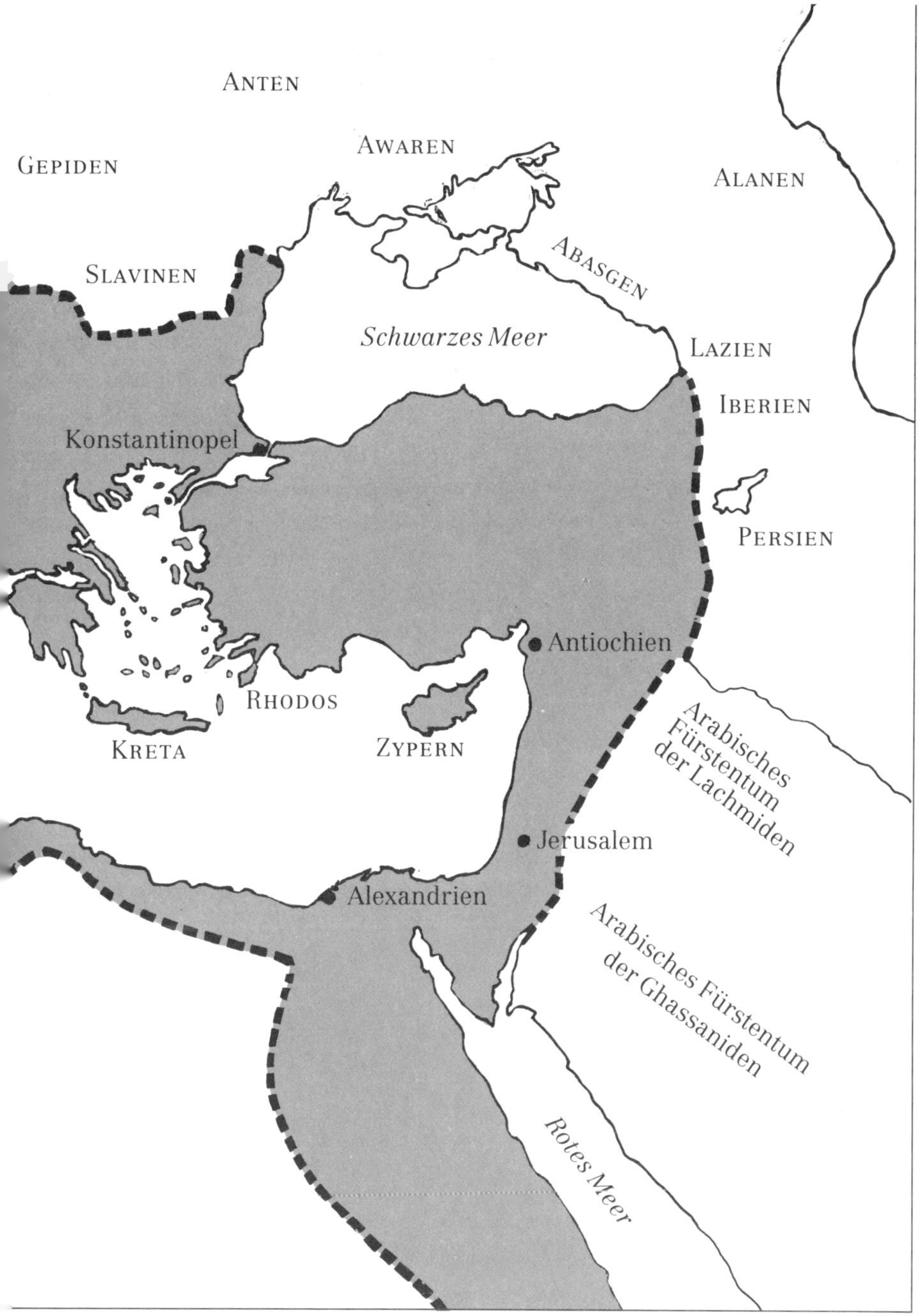

Anten
Awaren
Gepiden
Alanen
Slavinen
Abasgen
Schwarzes Meer
Lazien
Iberien
Konstantinopel
Persien
Antiochien
Rhodos
Kreta
Zypern
Arabisches Fürstentum der Lachmiden
Jerusalem
Alexandrien
Arabisches Fürstentum der Ghassaniden
Rotes Meer

3064

Robert Browning

Justinian und Theodora

Robert Browning

JUSTINIAN UND THEODORA

Herrscher in Byzanz

Deutsch von Dieter Eibach

Lizenzausgabe 1992 für
Manfred Pawlak Verlagsgesellschaft mbH, Herrsching

Titel der englischen Ausgabe:
Justinian and Theodora
Die Veröffentlichung erfolgt mit Genehmigung
des Verlages Thames & Hudson, London
Umschlaggestaltung: Bine Cordes, Weyarn

Printed in Germany
ISBN 3-88199-931-0

Umschlagmotiv:
Justinian und Theodora aus den
Wandmosaiken in S. Vitale in Ravenna, um 547

INHALT

VORWORT

Viele Bücher sind über das Zeitalter Justinians geschrieben worden. Das vorliegende Werk läßt sich insoweit rechtfertigen, als es versucht, die Ereignisse so nachzuzeichnen, wie sie sich vermutlich dem Kaiser selbst und seiner bewundernswerten Gemahlin dargestellt haben. Die römischen Kaiser waren keine despotischen Diktatoren. Sie stützten sich auf ihre persönlichen Berater und auf eine schwerfällige Bürokratie, um sich Kenntnis vom aktuellen Geschehen zu verschaffen und Entscheidungen in die Tat umzusetzen. Oftmals war ihr Entscheidungshorizont eng begrenzt. Aber wenn überhaupt Entscheidungen zustande kamen, konnte sie nur der Kaiser fällen. Justinian und Theodora waren selbstbewußte Autokraten, die beharrlich ihren Weg gingen trotz zahlloser Rückschläge; sie drückten einem Zeitalter weit nachhaltiger den Stempel ihrer Persönlichkeit auf als jeder ihrer Vorgänger seit Augustus – fünfeinhalb Jahrhunderte zuvor.

Viele haben bei der Entstehung dieses Buches mitgewirkt. Dankbar bin ich vor allem Patricia Vanags, die als erste vorschlug, es zu schreiben; Susan Phillpott, deren Erfahrung und sicheres Urteil mir eine große Hilfe waren; Colleen Chesterman, die das Bildmaterial sammeln und auswählen half; Susan Archer, die das Manuskript schrieb, viele Teile davon zweimal.

Robert Browning

1 EINLEITUNG

Das Römische Reich des sechsten Jahrhunderts n. Chr. war in vieler Hinsicht anders als das Bild, das wir vom ersten und zweiten Jahrhundert haben. Diese Zeit ist uns im allgemeinen auch vertrauter. Es wäre unangebracht, auch nur die Geschichte der dazwischenliegenden Jahrhunderte zu skizzieren. Das Thema des Buches ist vorrangig Justinian. Aber eine kurze Zusammenfassung der bedeutenderen Veränderungen seit der Herrschaft Konstantins (307–337) bis zur Regierung des Anastasius (491–518), mit dessen Tod die eigentliche Darstellung beginnt, mag später viele erklärende Zusätze ersparen und gewisse Irrtümer und Mißverständnisse vermeiden.

Als sich Konstantin im Jahr 307 zum Augustus ausrufen ließ, war sein Herrschaftsgebiet lediglich Britannien und Gallien. Das übrige Reichsgebiet befand sich in der Gewalt anderer; bisweilen waren es sechs Herrscher zur gleichen Zeit. Dies war ein Anzeichen für die Fortdauer der chaotischen Verhältnisse des dritten Jahrhunderts, als die verschiedenen Armeen ihre Befehlshaber den Purpur nehmen ließen und ein fast fortwährend dauernder Bürgerkrieg das Reich heimsuchte. Mit der Zeit schaltete Konstantin seine Rivalen nacheinander aus, bis er im Jahre 324 unangefochten herrschte, vom Clyde bis hin zum Euphrat. Das Römische Reich, der Theorie nach immer ein einheitliches Staatswesen, war wieder einmal auch in der Praxis einheitlich geworden.

Aber es genügte nicht, mit Heeresmacht die Herrschaft zu erlangen. Was durch das Schwert gewonnen wird, kann durch das Schwert verlorengehen. Die alte konstitutionelle Theorie – sie wurde nie vollständig Wirklichkeit –, wonach die imperiale Gewalt durch den *consensus* von Armee, Senat und Volk übertragen wurde, hatte während der Bürgerkriege des dritten Jahrhunderts nahezu völlig an Bedeutung verloren. Herrscher wie Aurelian (270–275) und Diokletian (284–305) hatten versucht, Zustimmung zu erlangen, indem sie für ihr Kaisertum eine Art von sakraler Bestätigung in Anspruch nahmen; Aurelian bezeichnete sich selbst als Gott, als eine Art Stellvertreter des universalen Sonnengottes, dessen Kult er förderte; Diokletian baute ein umfangreiches System persönlicher Beziehungen auf, einmal zu seinen Mitkaisern, sodann auch zu Jupiter und Herkules.

Konstantin wandte sich dem Gott der Christen zu. Wie alle seine Zeitgenossen war er ein religiöser Mensch, bis zum Aberglauben. So achtete er beständig auf Zeichen, die ein göttliches Interesse an seinen Erfolgen erkennen ließen. Es gab nicht sehr viele Christen im Reich, und ihre Zahl war besonders klein in den westlichen Provinzen, die Konstantin am besten kannte. Das Christentum hatte bis dahin bei den führenden Gesellschaftsschichten des Reiches kaum Eingang gefunden. Es gab allerdings Christen in der Familie Konstantins, seine Mutter Helena eingeschlossen; von frühester Jugend an muß er mit christlicher Lehre und christlichem Kult bis zu einem gewissen Grad vertraut gewesen sein. Am 28. Oktober 312, unmittelbar vor der entscheidenden Schlacht gegen Maxentius vor den Toren Roms, gewahrten er selbst und seine Armee ein ungewöhnliches Phänomen am Himmel – vielleicht war es ein solarer Lichthof –, das er als ein Kreuz deutete, das Zeichen der Christen. Und in jener Nacht, so erzählt er seinem Biograph Eusebius zwanzig Jahre später, hatte er einen Traum, der ihn überzeugte, daß der Gott der Christen tatsächlich der wahre Herrscher des Universums sei. Ermutigt durch diese Offenbarung zog er in den Kampf und errang einen überwältigenden Sieg, welcher ihm den Weg zur Herrschaft über das ganze Reich ebnete.

Von da an wurden die Christen zunächst anderen, weniger exklusiven Religionen gleichgestellt und in der Folgezeit durch Geldzuwendungen, Kirchenbauten usw. bevorzugt. In früher Zeit die Religion einer eher sektiererischen Minderheit, deren Mitglieder sich hauptsächlich aus Händlern und Handwerkern rekrutierten, die in den östlichen Reichsteilen beheimatet waren oder dorthin Verbindungen hatten, durchdrang das Christentum nun während der Regierungszeit Konstantins und seiner Söhne die gesamte Reichsbevölkerung. Ursprünglich eine illegale, teils im Untergrund wirkende und häufig verfolgte Organisation, wurde die christliche Kirche jetzt eine reiche, einflußreiche öffentliche Institution. Das

Christentum war noch nicht die einzige Religion, die man duldete; aber es war die Religion, der jetzt vom Staat der Vorzug gegeben wurde. Über die Beweggründe Konstantins, den christlichen Glauben anzunehmen, ist viel geschrieben worden. Wichtig ist vor allem die Tatsache, daß seit Konstantin die Macht des Kaisers nicht allein auf seiner Erhebung durch die Armee beruht, sondern daß man seine Herrschergewalt als Zeichen des Auserwähltseins von Gott auffaßt. Auch war das Römische Reich nicht mehr nur ein äußerst kraftvolles Staatswesen von großer Ausdehnung, sondern es hatte nun Anteil an einem göttlichen Heilsplan für die Menschheit. Es war das eine christliche Reich, wesensmäßig verschieden von anderen Staatsgebilden, das in der Endzeit mit der ganzen Menschheit eins werden würde. Der Sturz des Kaisers war damit nicht ausgeschlossen. Sein Fall würde nur klar zutage treten lassen, daß er durch seine Sündhaftigkeit die göttliche Gnade verloren hätte. Aber jene Vorstellung von einem christlichen Reich gab der Legitimität eines regierenden Kaisers und seinem Wirken für den Staat eine neue Grundlage. Und sie setzte eine enge Beziehung zwischen Staat und Kirche voraus.

Ein einheitliches christliches Reich errichtet zu haben, ist die größte Leistung Konstantins. Aber auch der Wandel auf anderen Gebieten ist bedeutsam. Während der Anarchie des dritten Jahrhunderts blieben die Kaiser mit Vorliebe bei ihren Armeen, nicht in Rom. Mailand, Legionshauptquartiere wie Trier und Sirmium (Sremska Mitrovica) waren Machtzentren im Westen geworden. Nicomedia, Antiochia und Alexandria waren bisweilen kaiserliche Residenzen. Rom war zwar eine Stadt mit größtem Prestige, verlor aber zusehends an Bedeutung. Sie war abseits der großen Militärstraßen ungünstig gelegen, zudem als Sitz des Senats – dessen Mitglieder immer noch eine einflußreiche Kaste reicher Großgrundbesitzer waren – ungeeignet als Hauptstadt eines absoluten Monarchen. Nachdem er seine Rivalen ausgeschaltet hatte, folgte Konstantin daher nur dem Beispiel seiner Vorgänger, wenn er Rom nicht als seine Hauptstadt ansah, sondern sich anderswo niederließ. Seine Wahl fiel auf Byzantium, eine alte griechische Siedlung auf der europäischen Seite des Bosporus mit einem großartigen natürlichen Hafen. Mit den neuen Namen ›Stadt Konstantins‹ – Constantinopolis – und ›Neu-Rom‹ wurde sie am 11. Mai 330 feierlich eingeweiht. Sie sollte eine Kopie der Stadt Rom, aber sie sollte eine christliche Stadt sein, frei von heidnischen Kultstätten oder Traditionen. Ihre Gründung bedeutete keine Teilung des Reiches, sondern symbolisierte seine neue Einheit.

1.1 Osten und Westen gehen getrennte Wege

Die Regierungszeit Konstantins und seiner Söhne (307–361) brachte Jahre äußeren Friedens und innerer Eintracht. Langsam erholte sich das Reich von den chaotischen Zuständen des dritten Jahrhunderts. Ein neues Münzsystem, ermöglicht auch durch die umfangreichen Konfiskationen Konstantins, trat an die Stelle der inflatorischen Prägungen seiner Vorgänger. Ein neues, vereinfachtes Steuersystem, nach dem der Betroffene seine Zahlungen teils in Geld, teils in Naturalien leisten mußte, garantierte dem Staat seine Einkünfte. Um das Steueraufkommen und die Durchführung wichtiger Aufgaben sicherzustellen – etwa die Lebensmittelversorgung der großen Städte oder die Gestellung von Rekruten für die Armee –, wurden immer mehr Bürger an ihre Berufe gebunden, die erblich wurden, auch in weiblicher Linie: Wer eine Bäckerstochter heiratete, mußte Bäcker werden. Für viele war der Alltag hart und aufreibend. Aber die Menschen wußten, was sie erwartete. Und der Wohlstand nahm zu, begünstigt durch die lange Friedenszeit.

In der zweiten Hälfte des vierten Jahrhunderts standen wiederholt mehrere Kaiser gemeinsam an der Spitze des Staates, und die Regierungsverantwortung wurde bisweilen nach geographischen Gesichtspunkten aufgeteilt, wie etwa bei den beiden Brüdern Valentinian (364–375) und Valens (364–378). Das geschah jedoch lediglich aus Gründen einer einfacheren Verwaltung. Das römische Reich hörte deswegen nicht auf, ein einheitliches Staatswesen zu sein. Im Hinblick auf seine theologische Legitimation konnte es kaum anders sein: Zwei voneinander unabhängige Herrscher waren ebenso unvorstellbar wie zwei allmächtige Gottheiten. In der Praxis jedoch entwickelten sich die östliche und die westliche Reichshälfte zusehends auseinander. Das nächste Jahrhundert sollte diesen Vorgang in aller Deutlichkeit zeigen. Inzwischen lag der Schwerpunkt des Reiches offenkundig in den griechisch sprechenden Gebieten mit alter städtischer Zivilisation rund um das östliche Mittelmeer, weniger in den westlichen Provinzen. Diese, erst seit kurzer Zeit romanisiert, benutzten vorwiegend die lateinische Sprache. Der Osten hatte den größeren Anteil an Bodenschätzen, an Wirtschaftskraft; auch bezüglich der Einwohnerzahl hatte er bedeutendes Übergewicht. Es gab hier weitaus mehr Städte, der Handel war besser entwickelt, und die überaus zahlreichen christlichen Gemeinden hatten ein vergleichsweise ehrwürdiges Alter.

Auch für Invasoren bot der Osten ein lohnenderes Ziel. Im Jahr 376 gerieten Scharen von Goten, die jenseits der Reichsgrenzen nördlich der unteren Donau siedelten, in große Bedrängnis, als die Hunnen von Zentralasien durch die Steppe vorstießen und sich weiter nach Westen wandten. Diese Goten wollten nun als Foederaten innerhalb des Reichsgebiets angesiedelt werden, und zwar südlich der Donau. Die Sache geriet außer Kontrolle, Versprechen wurden nicht immer eingehalten, kaiserliche Beamte zeigten sich oft wenig einfühlsam und allzu geizig. Zuletzt entschlossen sich die Barbaren gewaltsam zu nehmen, was sie durch Verhandlungen nicht erreichen konnten. Die gotische Reiterei rückte auf Konstantinopel vor. Kaiser Valens trat ihr entgegen. In der Schlacht von Adrianopel am 9. August 378 erlitt die römische Armee eine vernichtende Niederlage, Valens kam ums Leben.

Der Mann, der nach der Katastrophe von Adrianopel die Ordnung wiederherstellte, war Theodosius (379–395), ein römischer General spanischer Herkunft, der von der Armee zum Kaiser ausgerufen worden war. Seine Rivalen waren zahlreich, auch war er gezwungen, mit der Flut fremder Völker fertig zu werden, die die Nordgrenzen des Reiches bedrängten. Für den Augenblick jedoch überwand er die Schwierigkeiten. Ein frommer, fanatischer Christ, verfolgte er gleichermaßen mit Eifer die Reste heidnischer Gesinnung bei der führenden Gesellschaftsschicht wie abweichende Meinungen innerhalb der christlichen Kirche. Theodosius war unermüdlich auf Reisen in einem Reich, das nach seiner Meinung – wie auch im Urteil seiner Zeitgenossen – als lebendige Einheit galt, obwohl die Probleme in Ost und West bei näherem Hinsehen sehr verschieden waren. Als er im Jahr 395 starb, hinterließ er zwei junge Söhne im Alter von achtzehn und elf Jahren. Der ältere, Arcadius, sollte in Konstantinopel herrschen; der Westen war dem jüngeren

Bruder Honorius zugedacht. Beide waren zu unerfahren, um die Zügel in der Hand zu behalten.

Tatsächlich stellte sich die Trennung der beiden Reichshälften mit der Zeit als schwerwiegend und dauerhaft heraus. Sie entwikkelten sich zu eigenständigen Staaten, doch beide blieben wesentliche Teile einer transzendenten Einheit, der Armee des christlichen Römerreichs. Die Ursachen für die Dauerhaftigkeit der Trennung sind vielgestaltig. Neid und Interessenkonflikte bei den Ministern in Ost und West, den eigentlichen Machthabern nach Theodosius' Tod, sind als erstes zu nennen. Es gab unterschiedliche Probleme im Heer des Ostens und des Westens. Im Osten wie im Westen war die Rekrutierung einer schlagkräftigen Armee aus dem Bauernstand schwierig. Aber der volkreiche Osten, dem gewiß mehr freie Bauern als dem Westen zur Verfügung standen, konnte zumindest einiges Militär aus der eigenen Bevölkerung stellen. Der Westen war dazu fast unfähig. Daraus resultierte seine größere Abhängigkeit von fremdstämmigen Heereskontingenten. Die Barbaren wurden entweder zunächst einzeln in Einheiten der römischen Armee eingegliedert oder auch später in Verbänden, die ihre Organisation und Waffen beibehielten und unter ihren eigenen Führern kämpften. Die im Westen überragende Stellung des Heeresmeisters während des fünften Jahrhunderts rührt ebenfalls daher. Er war, mit wenigen Ausnahmen, meist ein Barbar, am häufigsten ein Germane. Die Verteidigung des Ostens war einer Armee anvertraut, die sich zu einem Großteil aus Bewohnern des Taurusgebirges zusammensetzte, den halb-hellenisierten Isauriern.

Der Osten war demnach wohlhabender, in sich stabiler, eher fähig, sich zu schützen als der Westen. Doch konnte kein Kaiser des Ostens auf Dauer seine eigene Stellung riskieren, nur um den Westen zu retten, auch wenn er die realen Möglichkeiten dazu gehabt hätte. So dauerte die Spaltung fort. Die Gesetzgebung der einzelnen Kaiser betraf nur das eigene Teilreich. Auch waren ihre Münzen normalerweise nur dort im Umlauf. Der individuelle Reiseverkehr wurde zwar nicht behindert, aber persönlicher Kontakt und geistiger Austausch zwischen den beiden Gebieten gingen im Vergleich zum Jahrhundert davor sehr zurück: Im Westen sprach man immer weniger Griechisch; Beamte durchliefen die Stufen der Ämterlaufbahn, ohne sich auch im anderen Reichsteil umzusehen, wie das früher üblich gewesen war. Darüber hinaus traf den Westen zu jener Zeit eine Serie von Schicksalsschlägen – vorwiegend weil dort der Angreifer das geringere Risiko einging. Diplomatische Aktivitäten Konstantinopels lenkten eine Gotenschar unter König Alarich, die bedrohlich im Balkangebiet umherschweifte, nach Westen ab. Als man dort auf des Königs machtpolitische Ambitionen nicht einging, eroberte er am 24. August 410 die Stadt Rom und plünderte sie aus. Die Zeitgenossen hätten sich ihr ungläubiges Staunen sparen können; doch die Tat Alarichs erregte ungeheures Aufsehen, war doch die Stadt seit achthundert Jahren nicht mehr durch auswärtige Feinde erobert worden. Der Schock saß um so tiefer, als die Katastrophe die zuvor konzipierte Idee von einem ewigen Rom zunichte zu machen drohte. Die überlebenden Heiden – sie waren im Westen immer noch zahl- und einflußreich – argumentierten, die Christen seien an allem schuld und die christliche Lehre habe sich als falsch erwiesen. Als Antwort darauf begann Augustin, Bischof von Hippo in Numidien, die Arbeit an seinem *Gottesstaat*. Das Römische Reich, so lautete seine Erklärung, war ein historisches Phänomen wie jeder andere Staat, im Werden und Vergehen. Die einzige Gemeinschaft von Dauer war die sichtbare Kirche und die unsichtbare, der Gottesstaat.

Die Plünderung Roms durch Alarich war neben vielen anderen schicksalsträchtigen Begebenheiten das Ereignis zu Beginn des fünften Jahrhunderts, das die Menschen am tiefsten bewegte. Gallien, Norditalien und Spanien hatten ebenfalls feindliche Einfälle zu erdulden; das Motiv war der Wunsch nach Siedlungsland. Die Behörden wiesen es den Barbaren zu nach einem Verfahren, das schon Theodosius entwickelt hatte. In einigen Gebieten des Reiches wurde ein Drittel des Landes einem oder auch mehreren Anführern samt deren Familien zugeteilt, dafür hatten sie dann Militärdienst zu leisten. Die Methode war seit Jahrhunderten unter dem Namen *hospitalitas* bekannt, theoretisch nichts anderes als ein System der Einquartierung auf dem Lande. Die Praxis aber sah anders aus. Von Geldzuwendungen eines römischen Grundbesitzers für den Unterhalt von Milizen bis hin zur Inanspruchnahme ganzer Provinzen gab es vielerlei Abstufungen. Überfluteten jene Scharen doch die Reichsgrenzen in geschlossenen Stammesverbänden, abhängig nur von den eigenen Führern und nur der eigenen Rechtsauffassung verpflichtet. Nach diesem Verfahren siedelten die salischen Franken in Nordgallien, die Burgunder in Savoyen, die Westgoten im Südwesten Galliens, die Sueben und Wandalen in Spanien, die Alanen, Ostgoten und Hunnen in Pannonien (Ungarn). Unter ihrem König Geiserich setzten die Wandalen im Jahr 435 von Spanien nach Afrika über, wobei die Fiktion von der *hospitalitas* dazu herhalten mußte, die tatsächliche Invasion zu verschleiern. Wenige Jahre später hatten sie Karthago eingenommen und in der Kornkammer Roms ein selbständiges Königreich errichtet. Bald darauf betrachteten sie auch die Inseln Sizilien, Sardinien, Korsika und die Balearen als ihre Einflußsphäre – das wandalische Königreich war das einzige Reich der Barbaren, das die Möglichkeiten einer Seemacht erkannte – und nahmen im Jahr 455 Rom ein, wobei sie die Stadt ein zweites Mal innerhalb eines halben Jahrhunderts ausplünderten.

Für das Westreich waren die Folgen der ausgedehnten Besiedlung durch Barbarenvölker verheerend. Die nach Abzug des täglichen Bedarfs recht bescheidenen Einkünfte der Bevölkerung wurden infolge jener Streifzüge und Verwüstungen noch kärglicher; gerade dieses kleine Plus in der Bilanz hatte den Staat zusammengehalten. Außerdem wurden große Gebiete innerhalb der Provinzen oder auch ganze Provinzen als solche zu barbarischen Enklaven. Sie entzogen sich damit nicht nur sehr wirkungsvoll dem Zugriff der Zentralregierung, sondern zahlten auch keine Steuern. Andere Gebiete konnten nun nicht mehr gehalten werden. Zuerst wurde Britannien etwa um das Jahr 440 aufgegeben. Die Eroberung der Provinz Africa (Tunesien) durch die Wandalen hatte zur Folge, daß man weitere römische Gebiete in Nordafrika verlor, da es zu schwierig war, die Verbindung aufrechtzuerhalten. Aufgrund der wachsenden Bedrohung durch die wandalische Flotte mußten sich die Römer auch von Korsika, Sardinien und den Balearen zurückziehen. Um die Mitte des fünften Jahrhunderts war der Machtanspruch Roms in Gallien und Spanien nur noch ein Schatten seiner selbst. Trotzdem wurden kleinere Gebiete in Gallien noch bis zum Ende des Jahrhunderts von römischen Beamten verwaltet und besteuert.

In den von den Barbaren besetzten Gebieten war die Lage unterschiedlich. Die Wandalen in Afrika praktizierten zunächst eine Art von Apartheid, wobei der wandalische Kriegeradel die politische Führung übernahm. In Spanien und noch mehr in Gallien arrangierten sich die römischen Großgrundbesitzer mit den Anführern der Barbaren, um Reichtum und Einfluß so gut es ging zu retten; einzelne Barbaren nahmen allmählich selbst die Lebensweise des römischen Landadels an. Die Städte hatten nicht mehr die Bedeutung wie in früheren Zeiten; zum Mittelpunkt des Lebens wurden mehr und mehr die großen Landgüter.

1.2 Die Goten in Italien

Die bedeutenden römischen Heerführer – Römer wie Aëtius und Bonifatius oder Barbaren wie der Suebe Ricimer – waren inzwischen vor allem darauf aus, ihre Machtstellung zu erhalten; einen Vergleich bieten etwa die Heerführer der Chinesen in der Zeit um 1920. Jene Generäle in römischen Diensten machten Marionettenfiguren, zum Teil noch Kinder, zu Kaisern in Rom und setzten sie nach Belieben wieder ab, sie lavierten sich auf diese Weise zwischen den Interessen der barbarischen Völker, dem Prestigeanspruch des Senats und der Diplomatie Konstantinopels hindurch. Als der letzte dieser Heeresmeister, ein Heruler namens Odoakar, im Jahr 476 der Meinung war, er könne ohne den Kinderkaiser Romulus Augustulus auskommen und alleine in Italien herrschen, fiel es nur wenigen Zeitgenossen auf, daß das weströmische Reich geendet hatte.

Odoakars Herrschaft war von kurzer Dauer. Der Ostkaiser Zeno in Konstantinopel wollte einen fügsameren Nachbarn haben, vor allem sollte er die Idee der Reichseinheit besser vertreten. Im Jahr 488 beauftragte seine Regierung die Ostgoten, die unter Führung ihres Königs Theoderich – eines Fürsten aus dem Königsgeschlecht der Amaler – in Pannonien standen, Odoakar seines Amtes zu entheben. Dies gelang ihnen nach vielen blutigen Kämpfen, die bis zum Jahr 493 andauerten. Zeno war inzwischen gestorben, Anastasius sein Nachfolger geworden. Anastasius und Theoderich einigten sich auf einen *modus vivendi.* Das einvernehmliche Nebeneinander dauerte bis zum Jahr 526, als Theoderich starb. Theoretisch regierte Theoderich als Heeresmeister und Stellvertreter des Kaisers in Konstantinopel über die römischen Untertanen, das Gros der italischen Bevölkerung. Für die Goten war er ihr angestammter König. Seine Münzen trugen das Porträt des Kaisers Anastasius; er ernannte jährlich einen der beiden Konsuln – das Konsulat war zu dem Zeitpunkt herabgesunken zu einer bedeutungslosen Würde mit viel Prestige; er verkehrte voller Ehrerbietung mit dem Senat in Rom. Aber er war der wahre, unabhängige Herrscher über Italien. Natürlich hatte er auf die Wünsche der römischen Senatoren und auf seine gotischen Kriegerscharen Rücksicht zu nehmen. Aber allen juristischen Fiktionen zum Trotz löste sich das Italien der Ostgoten genauso vom römischen Reich wie das fränkische Gallien, das westgotische Spanien oder das Reich der Wandalen in Nordafrika.

Vor Konstantin schon war man in der christlichen Kirche bisweilen uneins in Fragen der christlichen Lehre oder auch der Kirchenorganisation. Als das Christentum dann eine Religion wurde, die man zunächst duldete, später begünstigte und zuletzt zur Reichsreligion erhob, dauerten jene Meinungsverschiedenheiten an, ihre Bedeutung nahm sogar noch zu. Es war für die Regierung lebenswichtig, die wahre Kirche zu unterstützen, denn nur so konnte man sich der göttlichen Gnade versichern. Für die eigene Partei die kaiserliche Gunst zu erhalten, war andererseits den Männern der Kirche sehr wichtig; auch das Problem der Kontrolle des nunmehr sehr ausgedehnten kirchlichen Besitzes spielte eine Rolle. Ein Eingriff des Staates in kirchliche Angelegenheiten war deshalb nicht zu vermeiden. Die erste grundsätzliche Streitfrage, mit der der Staat konfrontiert wurde, betraf das Wesen der Trinität und das Verhältnis zwischen Vater, Sohn und Heiligem Geist. Nach Meinung der einflußreichen Arianer, so benannt nach ihrem Sprecher, dem alexandrinischen Priester Arius, besaß der Sohn eine geringere Göttlichkeit als der Vater. Sie hielten diejenigen Kirchenführer, die Vater und Sohn als wesensgleich ansahen – damals die Mehrheit – für Ketzer. Jede christliche Gemeinde im Reich war in sich zerrissen, um so mehr, als sich auch die Bischöfe gegenseitig exkommunizierten. Konstantin kümmerte sich wenig um theologische Haarspaltereien; unter seinen Beratern waren viele Arianer. Aber er war besorgt um die Einheit der Kirche, denn sie allein garantierte die Legitimität seiner Herrschaft. So berief er im Jahr 325 ein Konzil für die Bischöfe des ganzen Reiches nach Nicäa, um das Problem des Arianismus zu lösen. Nicht ohne Druck von staatlicher Seite erklärte das Konzil die Lehren des Arius und seiner Anhänger für ketzerisch; einige führende Persönlichkeiten der Arianer wurden durch kaiserliche Verfügung prompt in entlegene Gebiete verbannt. Der Arianismus fand im Verlauf des vierten Jahrhunderts noch viele Anhänger, man versuchte sogar, der Orthodoxie eine parallele Kirchenorganisation gegenüberzustellen. Auch wurde der Arianismus unter Kaiser Valens, der selbst Arianer war, noch einmal sehr gefördert. Nach seinem Tod jedoch schwand die Bedeutung der arianischen Gemeinden im Reich schnell.

Jenseits der Grenzen war das anders. Die Westgoten waren missioniert worden zu einer Zeit, als sie noch nördlich der Donau lebten, und zwar durch gotische Arianer aus der Provinz Moesia (Nordbulgarien). Der Führer dieser Geistlichen war Wulfila, dessen Bibelübersetzung ins Gotische noch teilweise erhalten ist; wir haben hier den ältesten Text in germanischer Sprache vor uns. Ausgehend von den Westgoten, verbreitete sich das Christentum arianischer Prägung schnell bei den verschiedenen germanischen Völkern, die in Ost- und Mitteleuropa in Bewegung geraten waren. Allein die Franken, die ohne Umwege aus Nordwesteuropa nach Gallien gekommen waren, nahmen den orthodoxen Glauben an.

*

Die Streitigkeiten um die Trinitätslehre ebbten im fünften Jahrhundert ab. Das nicänische Glaubensbekenntnis wurde allgemein anerkannt, nur die arianischen Germanen bildeten eine Ausnahme. Aber ein neuer Zwist begann die Kirche im Osten zu spalten, diesmal ging es um die komplizierte Frage, wie die Natur Christi zu definieren sei. Staat und Kirche im Westen hatten sich um andere Probleme zu kümmern, sie ächzten unter der Last der Invasion durch die Barbaren. Die Details der Diskussion brauchen uns hier nicht aufzuhalten: der Einfluß der späten griechischen Philosophie, persönlicher Ehrgeiz, das Nationalgefühl der nicht-griechischen Völker in den Süd- und Ostprovinzen – all dies spielte eine Rolle. Aufgrund kaiserlicher Initiative wurden in der Mitte des fünften Jahrhunderts eine Reihe von Konzilien einberufen, die sowohl die Lehre des Nestorius verurteilten – nach seiner Meinung war Jesus nur ein Mensch, in dem die göttliche Natur wohnte –, aber auch die monophysitische Theologie, die davon ausging, daß Christus dem Wesen nach göttlich war, ein Konflikt zwischen menschlicher und göttlicher Natur daher auszuschließen sei. Die Nestorianer hatten im Römischen Reich bald keinen Einfluß mehr, doch zahlreiche Christengemeinden in Persien waren vorwiegend nestorianisch gesinnt, und Nestorianer machten sich quer durch Zentralasien auf den Weg nach China, um dort Mission zu treiben. Sie wurden daher oft und nicht ganz zu Unrecht pro-persischer Sympathien bezichtigt.

Ganz anders stand es mit den Monophysiten, die sich auf dem Konzil von Chalcedon im Jahr 451 nicht durchsetzen konnten. Ägypten und Syrien waren die Zentren des monophysitischen Christentums, und im übrigen Reich gab es viele, die mit dieser Glaubensrichtung sympathisierten, besonders in Konstantinopel. Kaiser Anastasius zum Beispiel machte die Sache der Monophysiten zu seiner eigenen. Der Papst aber und die Westkirche waren der monophysitischen Lehre nicht gewogen. Dies ging so weit, daß jede Andeutung einer Konzession an die Monophysiten in Konstantinopel bei Papst und Westkirche sofort eine höchst feindselige Stimmung aufkommen ließ, die bisweilen einem Schisma ähnelte. Jedes kirchenpolitische Rapprochement mit dem Westen trieb andererseits die Massen in Syrien und Ägypten, auch einen Großteil der übrigen Bevölkerung des Ostreichs in trotzige Opposition zur Regierung. Ihrem Selbstverständnis nach konnte es aber nur eine Kirche geben, wie auch nur das eine Reich.

2 DER WEG ZUR MACHT

Im Großen Palast, von dem man damals weit auf das Marmarameer hinausblickte, starb in der Nacht zum 9. Juli 518 hochbetagt Kaiser Anastasius. Es war eine stürmische Nacht, und es ging das Gerücht, der Kaiser sei zur Strafe für seine ketzerischen monophysitischen Ansichten vom Blitz erschlagen worden.

Falls der Blitzstrahl, der im Großen Palast einschlug, wirklich Anastasius galt, hatte der Allmächtige lange die Hand zurückgehalten, denn der Kaiser war siebenundachtzig Jahre alt. Siebenundzwanzig Jahre zuvor hatte ihm die Kaiserin Ariadne, Witwe seines Vorgängers Zeno, den Thron angetragen und ihre Wahl durch Heirat bekräftigt. Zu jener Zeit war Anastasius *silentiarius*, einer der Zeremonienmeister bei Hofe, und man hatte in seiner Laufbahn bis zu jenem Zeitpunkt nichts entdecken können, was auf eine große Karriere hindeutete. Anastasius war ein alter Mann und in Regierungsgeschäften unerfahren, doch erwies er sich bald als feinfühliger, talentierter Diplomat, als ein Verwaltungsfachmann, der auch vor radikalen Reformen nicht zurückschreckte, zudem wurde er ein hervorragender Experte auf dem Gebiet der Finanzpolitik. Bei seinem Tode hinterließ er den Staatsschatz prall gefüllt, das Reich genoß hohes Ansehen, die Grenzen waren sicher, der Regierungsapparat arbeitete effizient und zuverlässig.

Wie viele seiner gebildeten Zeitgenossen sehr an theologischen Fragen interessiert, war er vor seiner Erhebung zum Kaiser als Prediger in den Kirchen Konstantinopels schon zu einem gewohnten Anblick geworden. Das widersprach dem kanonischen Recht, denn er war Laie. Aber vorwiegend war es der monophysitische Ton seiner Predigten, welcher Anstoß erregte. Bald verbot ihm der Patriarch Euphanius zu predigen, Kaiser Zeno stimmte dem zu; man zertrümmerte auch den Stuhl, auf dem Anastasius gewöhnlich in der Kirche Platz nahm und der dem eines Bischofs ähnelte.

Als er Kaiser war, unterstützte er die Monophysiten ganz offen und äußerst wirkungsvoll. Monophysitische Kandidaten wurden zu Patriarchen und Metropolitanbischöfen ernannt, Vorkämpfer der Orthodoxie gefangengesetzt und verbannt, die Beziehungen zum Papst und zum katholischen römischen Adel in Italien verschlechterten sich zusehends. Als man die Liturgie während eines Gottesdienstes in der Sophienkirche am Sonntag, dem 4. November 512 im monophysitischen Sinne gestaltete, kam es zu einem Aufruhr, den die Regierung brutal niederschlug. Innerhalb weniger Tage erfaßte der Tumult ganz Konstantinopel. Scharen durchzogen die Straßen, zündeten Häuser von Verwandten des Kaisers an und forderten die Erhebung des Generals Areobindus, welcher sich einige Jahre zuvor im persischen Krieg ausgezeichnet hatte. Klugerweise hatte Areobindus außerhalb Konstantinopels dringende Geschäfte zu erledigen. Anastasius erkannte, daß ihm die Dinge aus der Hand glitten. Es kam ihm zu Bewußtsein, daß er ja Polizei und Soldaten hatte; so trat er in der Kaiserloge des Hippodroms, dem Kathisma, zwanzigtausend seiner aufgebrachten Untertanen entgegen, und zwar barhäuptig, ohne Diadem. Er bot seine Abdankung an und forderte die Menge auf, einen neuen Kaiser zu wählen. Anastasius war ein hochgewachsener, ansehnlicher Mann, sein weißes Greisenhaar unterstrich noch sein würdevolles Äußeres; die langen Jahre bei Hofe aber hatten ihn zu einem guten Schauspieler werden lassen. Die Menge, die ihn anfangs mit johlenden Beschimpfungen begrüßt hatte, wurde unsicher. Bald kam es zum Dialog zwischen einem Beamten des Hofes, welcher mit Stentorstimme argumentierte, und dem Sprecher der aufrührerischen Massen. Man versprach, Konzessionen zu machen, Loyalität zu üben; und bald darauf gingen die Bürger gutgelaunt auseinander. Sobald Anastasius auf diese Weise taktisch im Vorteil war, machte er sich daran, ihn auch auszunutzen. In der Stadt setzte seine Polizei eine grausame Verhaftungswelle in Gang, Exekutionen waren an der Tagesordnung. Unterdrückt, eingeschüchtert und führerlos, konnten die Bürger dem Ketzerglauben ihres Kaisers nicht länger wirksam Widerstand leisten.

Doch jenseits der Stadtmauern nahmen andere bereitwillig den Kampf auf. General Vitalian, ein Kommandeur gotischer und bulgarischer Truppen in der Provinz Scythia (Dobrudscha), von Herkunft wahrscheinlich ein romanisierter Thraker, war eifriger Katholik und ein Mann voller Ehrgeiz. Der hochbetagte Kaiser hatte niemanden zum Nachfolger designiert. Orthodoxer Glaube und eigenes Interesse wiesen den Weg, und Vitalian beeilte sich, diesem Ruf zu folgen. Von den führenden Prälaten im Exil wurde er offen unterstützt, heimlich wahrscheinlich vom Heiligen Stuhl; die Beziehungen zum ostgotischen König in Italien, Theoderich, waren gut. Im Jahr 513 setzte er sich an die Spitze einer Rebellion: Unzufriedene Bauern eilten in Scharen zu seinen Fahnen, und innerhalb weniger Monate stand er mit fünfzigtausend Mann vor den Toren Konstantinopels. Die Stadtmauern, von Theodosius II. achtzig Jahre zuvor erbaut, waren unüberwindbar, wenn sie verteidigt wurden. Die kaiserliche Flotte garantierte dauernden Nachschub für die Stadt, da sie das Meer beherrschte. Anastasius beeilte sich, den asiatischen Provinzen Steuererleichterungen zu gewähren, um sie nicht auch noch dem Vitalian in die Arme zu treiben; die wichtigsten Offiziere Vitalians bestach er mit Geschenken. Wahrscheinlich rechnete Vitalian mit einem Aufstand in der Stadt. Aber die geschickte Verknüpfung von Konzessionen und Drohungen und nicht zuletzt eine tüchtige Polizei vereitelten Verrat. Vitalian zog sich zurück, marschierte nach Norden entlang der Schwarzmeerküste, kam bei einigen unentschiedenen Scharmützeln mit der kaiserlichen Armee in Berührung und griff dann ihr Lager bei Varna überraschend an. Er vernichtete drei Viertel des kaiserlichen Heeres und nahm den Oberbefehlshaber Hypatius, einen Neffen des Kaisers, gefangen.

Innerhalb der Mauern Konstantinopels wurde es lebendig; im Hippodrom gab es Unruhen, und der Polizeichef *(praefectus vigilum)* wurde ermordet. Es gelang Anastasius, die Dinge wieder ins Lot zu bringen. Als jedoch Vitalian erneut die Küste entlang nach Süden marschierte, geradewegs auf Konstantinopel zu, nun auch durch eine Flotte aus den Schwarzmeerhäfen unterstützt, wurde die Lage für den Kaiser kritisch. Anastasius aber war nicht der Mann, der in einer Notlage den Kopf verlor. Er konnte militärisch keinen ernsthaften Widerstand leisten und war sich bewußt, daß er die Stadt gegen einen Feind, der Unterstützung von See her hatte, nicht unbegrenzt halten konnte. Vitalian aber konnte sich weder eine verlorene Schlacht noch eine längere Belagerung leisten. Die Situation war reif für Verhandlungen. Anastasius bot dreitausendneunhundert Pfund Gold und das Kommando über die thrakischen Armeen, daneben versprach er, im nächsten Sommer ein allgemeines Konzil unter Leitung des Papstes einzuberufen, um die Religionseinheit wiederherzustellen. Vitalian zog bereitwillig zur Donaugrenze ab. Das Konzil fand niemals statt: Weder Anastasius noch Papst Hormisdas waren bereit, dem anderen auch nur einen Fußbreit entgegenzukommen, und bald gelangte man an einen toten Punkt. Enttäuscht nahm Vitalian den Kampf im Herbst des Jahres 515 erneut auf und marschierte erzürnt nach Konstantinopel. Diesmal aber war der Kaiser vorbereitet. Vitalians Flotte wurde, vor Anker liegend, durch Brandstiftung zerstört, seine Armee überlistet und vernichtend geschlagen, allerdings gelang es dem Rebellen selbst, mit einer ansehnlichen Truppenmacht nach Anchialos in der Nähe von Bourgaz zu entkommen, wo er bei der Bevölkerung Unterstützung fand. Dort nährte er seinen Groll und wartete seine Zeit ab, denn Anastasius war zu diesem Zeitpunkt vierundachtzig Jahre alt.

Als er starb, ließ er die Frage der Thronfolge völlig offen. Ein römischer Kaiser regierte weder aufgrund eines Thronfolgerechts noch mit dem Recht der Usurpation. Seine Amtsgewalt wurde vom Volk delegiert, die Hauptrolle freilich spielten Senat und Armee. So die Theorie, und sie spiegelte die politische Realität wider. Trotzdem waren die Vorgänger Anastasius' in neuerer Zeit immer darauf bedacht gewesen, einen Mitkaiser zu nominieren oder wenigstens vor dem Tod einen Nachfolger zu designieren; oder sie hatten wie Zeno eine einflußreiche Kaiserinwitwe zurückgelassen, die kraft ihres Prestiges die Nachfolgefrage lösen konnte. Anastasius' Gattin war bereits tot, sein einziges Kind war ein unehelicher Sohn aus seiner Jugendzeit, dessen Spur sich verloren hatte.

*

Anastasius war sehr alt und der Preis hoch. Die ersten Beamten, die vom Tod des Kaisers hörten, waren Celer, der *magister officiorum* (Leiter der zivilen Verwaltung, insbesondere verantwortlich für die Außenpolitik) und Justin, der *comes excubitorum* (Kommandeur eines der Palastregimenter). Beide befehligten Truppen, aber Celers Abteilungen, die *candidati* und die Leibgarderegimenter der *scholae*, hatten als von den Palastgarden abgesonderte Kommandos keinen Kampfwert. Die *excubitores* Justins waren, falls nötig, zum Kampf bereit. Beide setzten während der Nacht ihre Truppen in Alarmbereitschaft. Morgens ließ Celer die hohen Beamten, den

Patriarchen und den Senat in den Palast rufen, damit sie dort über die Wahl eines Nachfolgers berieten, während das Volk ins Hippodrom strömte und unter Beifallsbekundungen für den Senat eine schnelle Entscheidung forderte. Von Zeit zu Zeit erschienen einzelne Trupps der Palastwache im Hippodrom und verkündeten Namen von verschiedenen Kandidaten, die aber von der Menge verworfen wurden – ohne Zweifel sollten sie auch verworfen werden. Als es aber zu schweren Raufereien zwischen Mitgliedern der *scholae* und der *excubitores* kam, gab es einige Tote. Justin erschien im Hippodrom, um die Ordnung wiederherzustellen; da begannen plötzlich seine Soldaten, ihn als Kaiser auszurufen. Er lehnte jedoch ab. Namen gingen von Mund zu Mund, und alsbald begann im Hippodrom eine allgemeine Schlägerei. Wenig später bereits hämmerte eine wütende Menge bedrohlich an die Elfenbeintüren des Saales, in dem der Senat beratschlagte. Die verängstigten Würdenträger boten Justin, der anscheinend mehr als jeder andere Herr der Situation war, den Thron an, er lehnte jedoch erneut ab. Der Aufruhr nahm immer beängstigendere Formen an – da endlich gab Justin den beschwörenden Bitten des Senats nach. Im Angesicht der Menge wurde er auf einen Schild erhoben – eine germanische Sitte, die seit langem von der römischen Armee übernommen worden war –, und ein Offizier legte eine goldene Kette auf sein Haupt. Die Standarten der Soldaten, die man zum Zeichen der Trauer gesenkt hatte, wurden aufgerichtet; im Hippodrom brach sich der Widerhall des brausenden Beifalls der Menge. Die *excubitores* formierten sich zu einer lebendigen Schutzwand um ihren Kommandeur, und als sie zur Seite traten, sahen ihn alle im kaiserlichen Ornat. Der Patriarch Johannes setzte ihm das Diadem aufs Haupt. Durch die Stimme seines Herolds ließ der neue Kaiser verkünden:

Der Imperator Caesar Justin, der Siegreiche, der Erhabene. Nachdem Wir mit Zustimmung aller und mit dem Segen des allmächtigen Gottes die Herrschaft angetreten haben, erbitten Wir von Ihm in seiner Gnade, Er möge Uns Beistand gewähren in Unserer Fürsorge für euch und den Staat. Wir werden Uns bemühen, mit der Hilfe Gottes, Glück und Gedeihen für euch zu sichern und jeden von euch im Stande des guten Willens, der Zuneigung und der Wohlfahrt zu erhalten. Zur Feier des Beginns Unserer Regierung erhält jeder von euch fünf Goldstücke und ein Pfund Silber als Geschenk.[1]

Es ist hier unmöglich, das Geflecht von Intrige und Verschwörung zu entwirren, wodurch Justin auf den Thron gelangte. Seine Stellung bei Hofe war nicht überragend, seine Karriere war ohne große Höhepunkte verlaufen. Ein Mann seiner Herkunft konnte den Gipfel der Macht nur erlangen, wenn er geschickt den Ehrgeiz und die Ängste seiner mächtigen Rivalen gegeneinander ausspielte. Was man von diesem 10. Juli weiß, ist daher nur ein Bruchstück des eigentlichen Geschehens.

Was für ein Mensch war nun der neue Kaiser, wer waren seine engsten Freunde? Wie die anderen Kandidaten, deren Namen man zuvor genannt hatte, war auch Justin ein Anhänger der Glaubenslehre von Chalcedon. Sie wurde vom ökumenischen Konzil im Jahre 451 beschlossen und besagte, daß in der Person Christi göttliche und menschliche Natur unauflösbar vereint seien. Justin war ein Emporkömmling, der seine Laufbahn als einfacher Soldat begonnen hatte; sein Weg ist ein durchaus übliches Beispiel für soziale Mobilität in der Spätantike. In einer teils giftig-beißenden, teils skurrilen Abhandlung für seinen privaten Gebrauch berichtet der Historiker Prokop über ihn:

Als Kaiser Leo in Byzanz regierte, verließen drei junge Bauernburschen, ihrer Herkunft nach Illyrer, Zimarchus, Ditybistus und Justin, ihre Heimat Bederiana, um Kriegsdienste zu nehmen. Offensichtlich hatten sie mit häuslicher Not zu kämpfen und wollten davon loskommen. So zogen sie also zu Fuß nach Byzanz, auf ihren Schultern Bauernkittel, in die sie daheim nur hartes Brot gesteckt hatten. Nach ihrer Ankunft wurden sie in die Truppe aufgenommen, und der Kaiser wählte sie da zu seiner Palastwache aus; denn alle drei waren sehr stattliche Erscheinungen.

Nach einiger Zeit kam Anastasius zur Regierung und mußte gegen die Isaurier [die halb-hellenisierten Bewohner des Taurusgebirges, nur nominell unterworfen], die gegen ihn die Waffen erhoben hatten, Krieg führen. Deshalb sandte er gegen sie ein starkes Heer unter der Führung des Johannes, mit dem Beinamen ›Der Bucklige‹. Der genannte Feldherr nahm Justin wegen eines Vergehens in Haft und wollte ihn am nächsten Tage hinrichten lassen, doch verhinderte das ein Traumgesicht. Wie er erklärte, sei ihm im Traum ein Mann erschienen, von riesiger Gestalt und auch sonst von übermenschlichen Ausmaßen. Und dieser habe ihm befohlen, den Mann, den er an jenem Tage gefangengesetzt habe, laufen zu lassen. Johannes erwachte indessen und kümmerte sich nicht weiter um die Erscheinung. In der folgenden Nacht glaubte er wieder im Traume die Worte zu vernehmen, die er zuvor gehört hatte, war aber auch jetzt noch nicht gewillt, den Auftrag auszuführen. Und die Traumerscheinung meldete sich zum dritten Male und stieß fürchterliche Drohungen aus, falls Johannes den Befehl nicht befolge. Sie fügte noch hinzu, sie könne Justin und seine Sippe als Werkzeuge für ihren künftigen Groll recht wohl brauchen.

So kam der Verurteilte damals mit dem Leben davon und stieg im Laufe der Zeit zu großer Macht auf. Denn Kaiser Anastasius bestellte ihn zum Kommandeur der Palastwache, und als dieser Herrscher gestorben war, übernahm Justin kraft seines Amtes die Kaiserwürde, selbst schon ein alter zitternder Greis, dazu völlig ungebildet und, wie man sagt, ein Analphabet – eine bei den Römern unerhörte Sache.[2]

Die genaue Lage von Bederiana ist unsicher – die Frage wird später behandelt werden –, aber sehr wahrscheinlich muß man den Ort in der Umgebung von Niš in Jugoslawien suchen. In der Spätantike war es ein Gebiet lateinischer Sprache, obwohl die Wirtschaftsbeziehungen dieser Gegend eher mit dem griechischen Osten bestanden. Die Bevölkerung war thrakischen Ursprungs, inzwischen allerdings längst romanisiert. Die zwei Gefährten Justins auf seiner Reise nach Konstantinopel haben thrakische Namen; ohne Zweifel wurde das Thrakische – eine indoeuropäische Sprache, die mit dem Armenischen näher verwandt ist als mit jeder anderen noch gesprochenen Sprache – in Teilen des nördlichen Balkan bis ins frühe Mittelalter hinein gesprochen, besonders auf dem Lande. Justins Muttersprache könnte sehr wohl das Thrakische gewesen sein, doch war ihm wohl auch das Lateinische seit frühester Jugend vertraut. Griechisch muß er in Konstantinopel gelernt haben.

Ein romanisierter thrakischer Bauer also, der nach Konstantinopel kommt, um sein Glück zu machen. Wahrscheinlich auch ein nachgeborener Sohn, dessen älterer Bruder den väterlichen Bauernhof erbte. Dies alles geschah wohl um das Jahr 470 – die Regierung Leos dauerte von 457 bis 474. Wenn man annimmt, daß er damals zwanzig Jahre alt war, ist er achtundsechzig gewesen, als Anastasius starb. Er war ein derber Charakter, doch brauchen wir

Prokops Erzählung nicht zu ernst zu nehmen, wenn er berichtet, er sei ungebildet gewesen und habe eine Holzschablone benutzt, um den eigenen Namen zu schreiben. Das gleiche wird vom gotischen König Theoderich erzählt, der als junger Mann in Konstantinopel eine gründliche klassische Ausbildung erhalten hatte. Offiziere der byzantinischen Armee waren vielleicht nicht literarisch gebildet, aber sie mußten lesen und schreiben können. Justin machte nur langsam Fortschritte – langjähriger Dienst im Palast, Feldzüge und Dienstgeschäfte in der Provinz –, entscheidend aber war, daß er den Sprung zum Unterführer schaffte. Anfang der neunziger Jahre des fünften Jahrhunderts kommandierte er schon eine Abteilung der Garde im Feld. Er muß fähig und intelligent gewesen sein, wahrscheinlich auch ehrgeizig. Im Gegensatz zu den Legionssoldaten der klassischen Zeit durften Soldaten in der Spätantike heiraten, freilich wurde der Form nicht immer Genüge getan; viele dieser Verbindungen waren auch wenig dauerhaft. Justin war mit einer gewissen Lupicina verheiratet, die nach Äußerungen seiner Feinde fremdstämmig und früher eine Sklavin gewesen sei. Er habe sie von einem anderen gekauft, um sie zur Konkubine zu machen. Die Ehe blieb kinderlos.

Möglicherweise hat Justin das Dorf Bederiana niemals wiedergesehen. Aber er hatte einen stark entwickelten Familiensinn, und als er sich anschickte, in der großen Welt etwas zu werden, ließ er einige seiner jungen Neffen kommen, sorgte dafür, daß sie die sorgfältige Erziehung genossen, welche er selbst hatte entbehren müssen, und lancierte sie in karriereträchtige Stellungen. Sein Neffe Germanus wurde ein brillanter, erfolgreicher General, ein *grand seigneur*, und heiratete in zweiter Ehe Matasuntha, Enkelin des gotischen Königs Theoderich in Italien und Witwe von dessen Nachfolger Witigis. Er starb im Jahre 550 als Oberkommandierender einer Heeresgruppe. Germanus hinterließ zwei Söhne, Justin und Justinian; der ältere war wie sein Vater ein hervorragender Soldat. Auch zwei Brüder des Germanus, Boraides (wiederum ein thrakischer Name) und Justus, kamen in die Hauptstadt und erreichten verantwortungsvolle Positionen in der Militärhierarchie.

Ein anderer Neffe, den Justin förderte, war ein gewisser Petrus Sabbatius. Er war ein Sohn der Schwester Justins und kam aus dem Dorf Tauresium bei Bederiana. Seine Mutter hatte Bederiana verlassen, um einen Bauern im Nachbardorf zu heiraten – er hieß wahrscheinlich Sabbatius. Im Jahre 482 wurde ihr einziger Sohn geboren. Man weiß nicht, wann ihn sein erfolgreicher Onkel in Konstantinopel zu sich rufen ließ, denn die Lebensgeschichte dieses Mannes bleibt fast bis in sein vierzigstes Lebensjahr dunkel. Prokop, der ihn nicht leiden konnte, berichtet von diesem Petrus, er habe noch sehr viel später ein barbarisches Griechisch gesprochen; daraus könne man schließen, daß er mindestens zwölf oder älter gewesen sei, als er sein lateinisch sprechendes Dorf verließ. Als Petrus Sabbatius viele Jahre später der Kaiser Justinian geworden war, ließ auch er einen jungen Verwandten aus Bederiana kommen und sorgte für eine gute Ausbildung in beiden Sprachen. Der Kleine war acht Jahre alt und in einem Alter, in dem man damals mit dem Grammatikunterricht begann; ebenso alt kann auch Petrus Sabbatius gewesen sein, als man ihn, wie anzunehmen, mit allen Ehren in der schnellen kaiserlichen Post zu seinem Onkel nach Konstantinopel brachte. Denn es ist kaum vorstellbar, daß er die lange Reise zu Fuß machte, mit hartem Brot in seinem Kittel. Wir sind über sein anfängliches Leben in der Hauptstadt nur ungenau informiert, aber ohne Zweifel genoß er die beste Ausbildung in der griechischen und lateinischen Sprache, die man im Reich haben konnte. In seinem späteren Leben erwies er sich als hochgebildeter Mann, immer begierig, etwas dazuzulernen.

Alle Neffen und Großneffen Justins, von denen man Genaueres weiß, schlugen die Militärlaufbahn ein, nur der künftige Kaiser Justin II. machte da eine Ausnahme. Es war die Welt, in der sich Justin zu Hause fühlte. Sie begannen allerdings nicht wie ihr Onkel als einfache Soldaten. Mit großer Wahrscheinlichkeit trat Petrus Sabbatius nach Beendigung seiner Studien in ein Elitekorps der Palastwache ein. Als sein Onkel Nachfolger von Anastasius wurde, war er jedenfalls *candidatus*, Offizier bei den Abteilungen der *scholae*. Besonderes Interesse an militärischen Dingen hatte er wohl nicht, und als sein Onkel zum *comes excubitorum* avancierte, muß er sehr unregelmäßig an Aufmärschen teilgenommen haben. Er hatte sich mehr vorgenommen.

Als Justin Kaiser geworden war, spielte Petrus Sabbatius von Anfang an eine wichtige, ja entscheidende Rolle. Der bejahrte Kaiser war sicherlich ein stattlicher Soldat; die nahezu fünfzig Jahre in kaiserlichen Diensten hatten ihn zu einem weltklugen Mann von Format gemacht. In der höchst anspruchsvollen, kultivierten Welt der hauptstädtischen Aristokratie aber fühlte er sich nicht zu Hause; die Feinheiten der Außenpolitik, das besondere Verhältnis zwischen Kirche und Staat durchschaute er nicht. Jedenfalls scheint er sehr bald senil geworden zu sein.

Zu Beginn der Regierung seines Onkels wurde Petrus Sabbatius zum *comes domesticorum* befördert. Ursprünglich war der Inhaber dieser Stelle verantwortlich für die Offiziersanwärter im Palastdienst, er galt aber schon seit langem als wichtiges Mitglied des Konsistoriums, des Kronrates, mit dem sich der Kaiser täglich beriet. Das ganze Intrigenspiel, welches wider Erwarten einen Mann wie Justin an die Schalthebel der Macht brachte, wurde höchstwahrscheinlich von seinem tüchtigen und ehrgeizigen Neffen in Szene gesetzt, von einem Mann, der auf die Vierzig zuging und zwanzig Jahre inmitten der führenden Gesellschaftsschicht seine Erfahrungen hatte sammeln können. Seit einiger Zeit, noch vor der Thronbesteigung seines Onkels, nannte er sich Flavius Petrus Sabbatius Justinianus. Dies zeigt mit einiger Sicherheit, daß er von Justin adoptiert worden war, eine Auszeichnung, die sein Vetter Germanus nicht hatte für sich in Anspruch nehmen können. Justin war alt, und die seiner thrakischen Bauernfamilien gegenüber stets bekundete Loyalität bestimmte ihn wohl dazu, nach einem Nachfolger unter den Mitgliedern jener Familie Ausschau zu halten. Das Reich erstreckte sich trotz der Gebietsverluste im fünften Jahrhundert immer noch von der Adria bis zum Euphrat, von der Donau bis zu den Katarakten am Nil. Den vielfältigen Anforderungen, welche an den Herrscher über ein solches Gebiet gestellt wurden, zeigte er sich nicht gewachsen. Justinian war es, den er deshalb um Rat und Hilfe anging. Nach Meinung der zeitgenössischen Schriftsteller war Justinian während der neunjährigen Herrschaft Justins eine Art ›Graue Eminenz‹. Man muß jedoch bedenken, daß sie während der Regierungszeit Justinians schrieben, und zwar mit wissender Berechnung. Auch darf man nicht vergessen, daß der überaus tüchtige Germanus, dem ein Teil der Aristokratie gewogen war, immer als möglicher Kandidat für den Thron galt. Die Staatsminister Justins waren anscheinend nur höchst durchschnittliche Funktionäre. Sein wichtigster Minister aber, der *quaestor sacri palatii* Proclus (zuständig für die gesamte Rechtspflege), war ein Mann der alten Schule, eine beeindruckende, integre Persönlichkeit. Auf dem Sockel seines Standbildes in Konstantinopel ist folgendes Gedicht zu lesen:

Ich bin Proclus, Sohn des Paulus, aus Byzanz. Der kaiserliche Palast rief mich zu sich aus geschäftiger Tätigkeit in den Sälen Justitias, ein zuverlässiger Verkünder des kaiserlichen Willens zu sein. Dieses bronzene Standbild läßt jeden sehen, wie großartig meine Dienste belohnt wurden. Sohn und Vater machten sich gleichermaßen verdient, doch die fasces *eines Konsuln zu erlangen war nur dem Sohn vergönnt.*[3]

Vielleicht war Proclus durchaus geeignet für den Thron; Justinians Weg zur Macht war daher noch keinesfalls geebnet. Wie sich sein Aufstieg vollzog, wird man sehen, doch zunächst einmal wollen wir einen kurzen Blick auf die allgemeine Lage des Reiches im Jahr 518 werfen.

2.1 Kontakte mit den Goten

Der Westkaiser Valentinian III. wurde im März 455 ermordet. Sein Tod zeigte den beginnenden Zerfall der römischen Herrschaft im Westen an. Die abgelegene, unbedeutende Provinz Britannien war schon zu Beginn des fünften Jahrhunderts verlorengegangen. Gallien war wiederholt von Westgoten, Burgundern und Hunnen heimgesucht worden, und gerade setzten sich die Franken im Norden und Osten der Provinz fest. Die Autorität Roms konnte sich jedoch weiterhin mit Hilfe der römischen Waffen in vielen Gebieten behaupten. Die Westgoten hatten Spanien überrannt und dort ein Königreich begründet. Und seit dem Jahr 439 beherrschten die Wandalen die reichen, bisher unbehelligt gebliebenen nordafrikanischen Provinzen. Wenige Monate nach Valentinians Tod plünderten Wandalen, von Afrika kommend, die Stadt Rom.

Während der folgenden zwanzig Jahre regierte eine Reihe von Schattenkaisern in Ravenna – allesamt Protegés des Ostreiches, der gallischen Magnaten, des römischen Senats oder der Westgoten. Die Herrschaft im eigentlichen Sinne hatte man dem Heeresmeister Ricimer, einem romanisierten Sueben, überantwortet. Das Ende war abzusehen, als dieser unnachgiebige, robuste General im Jahr

472 starb. Orestes, ein illyrischer Römer, der am Hofe Attilas gelebt hatte, rief seinen Sohn Romulus Augustulus zum Kaiser aus. Die Armee in Norditalien, in der Mehrzahl germanische Söldner, haßte und verachtete den jungen Mann. Ihr Kommandeur, der Heruler Odoakar, bemühte sich vergeblich um Land für seine Soldaten; er entschloß sich, das Problem dadurch zu vereinfachen, daß er auf einen Westkaiser verzichten zu können glaubte. Romulus Augustulus wurde abgesetzt, und Odoakar regierte in Italien und den angrenzenden Gebieten, dem Namen nach als Stellvertreter des Ostkaisers in Konstantinopel. Inzwischen hatten Franken und Burgunder Gallien in Besitz genommen. Scheinbar stellte Odoakars Tat die Einheit des Reiches wieder her, das seit dem Jahr 395 in zwei Teile aufgespalten war. Die beiden Kaiser in den Reichshälften hatten theoretisch im Sinne der Einheit regiert – das Losungswort der Zeit hieß *unanimitas*. In der Praxis aber ging jedes der Teilreiche seinen eigenen Weg.

Der Osten hatte keine Gebietsverluste und keinen schleichenden Verfall der römischen Autorität zu beklagen. Es läßt sich nicht leugnen, daß beim Tode des Kaisers Marcian im Jahr 457 der General Aspar, ein Alane, das Ostreich ebenso beherrschte wie der Suebe Ricimer den Westen und daß er seinem Kandidaten Leo I. zum Thron verhalf. Das Staatsgebiet der östlichen Reichshälfte, mit mehr Reichtum ausgestattet und an Bevölkerungszahl überlegen, blieb jedoch völlig intakt. Seine Wirtschaft war kaum beeinträchtigt, sein komplexer Verwaltungsapparat funktionierte weiter ohne Behinderung. Darüber hinaus war die Verteidigungskraft des Ostens letztlich nicht abhängig von germanischen Söldnern. Die von Leo aufgebaute Armee stammte aus dem Taurusgebirge, seine Soldaten waren die rauhbeinigen, nur oberflächlich hellenisierten Isaurier; ihr Führer Zeno wurde sein Schwiegersohn, zuletzt sein Nachfolger. Mit Hilfe Zenos und seiner Gefolgsleute wurde Aspar im Jahr 471 ermordet. Nach Leos Tod 474 folgte ihm Zeno auf dem Thron. Die größte militärische Bedrohung, der er sich gegenübersah, waren die Ostgoten, welche die Balkanhalbinsel auf der Suche nach Siedlungsland durchstreiften. In Italien verursachte Odoakar dauernd Ärger an den Grenzen. Mit Hilfe eines brillanten diplomatischen Schachzuges gelang es Zeno, Theoderich und seine zwanzigtausend Mann starke Armee nach Italien in Marsch zu setzen, um Odoakar im

Namen des Reiches von dort zu vertreiben. Bis zur Erledigung des Auftrags vergingen fünf Jahre blutigster Kämpfe. Theoderich war nun König der Ostgoten, *patricius* und Heeresmeister des Ostreiches. So war jedenfalls die verfassungsrechtliche Fiktion. In Wirklichkeit herrschte er über Italien als absoluter Monarch, er war jedoch wie Zeno und sein Nachfolger Anastasius eifrig darauf bedacht, die Fiktion aufrechtzuerhalten. Sie machte die Kontrolle seiner römischen Untertanen leichter, welche zahlenmäßig die Goten ja bei weitem übertrafen. Jene Untertanen lebten weiterhin unter römischem Recht ihr eigenes Leben wie bisher, und dies traf auch zu für den Adel auf seinen Latifundien. Sie waren vom Militärdienst ausgeschlossen, die Goten andererseits von zivilen Verwaltungsposten. Die Münzen Theoderichs trugen das Bild des Kaisers auf der Vorderseite, sein eigenes Monogramm auf der Rückseite, als ob er ein römischer Magistrat gewesen wäre. Die tatsächliche Macht aber lag beim Hof in Ravenna, nicht beim Senat in Rom oder etwa beim Kaiser in Konstantinopel.

So war die gesamte Mittelmeerwelt westlich einer Linie von Ljubljana bis zur Libyschen Wüste vom Reich abgetrennt. Die Teilungslinie entsprach nur ungefähr der Sprachgrenze zwischen der lateinischsprachigen und der griechischsprachigen Welt. Sizilien gehörte weiterhin vorwiegend dem griechischen Sprachraum an, Lateinisch sprach man auch in weiten Gebieten der Balkanhalbinsel. Im Osten war das Lateinische außerdem die Sprache der zentralen staatlichen Verwaltung und Gesetzgebung, obwohl man auf städtischer Verwaltungsebene und im kulturellen Bereich sich der griechischen Sprache bediente. Für die Masse der Bevölkerung hatte sich das Leben in den verlorengegangenen Provinzen kaum geändert. Es waren nur andere Schäfer, aber die Schafe wurden geschoren wie zuvor.

Die politische Trennung hatte das religiöse Schisma im Gefolge. Das Konzil von Chalcedon im Jahr 451 hatte zu keiner Einigung innerhalb der Kirche geführt. In vielen Gegenden des Ostens war die monophysitische Lehre weit verbreitet, besonders in Ägypten und Syrien. Um die Monophysiten auf seine Seite zu ziehen, hatte Zeno ein Dekret erlassen, das sogenannte *Henoticon*, das ihrem Standpunkt in einigen Punkten entgegenkam. Die Monophysiten waren aber nicht damit zufrieden. Und im Westen, wo die monophysitische

Lehre praktisch unbekannt war, gab es eine empörte Reaktion. Im Jahr 484 exkommunizierte Papst Felix III. den Patriarchen von Konstantinopel Acacius, den Urheber des *Henoticons*, samt allen seinen Gesinnungsgenossen. Der Bruch zwischen dem Bischof von Rom und dem Kaiser in Konstantinopel kam Odoakar gelegen, zweifellos auch den Königen der anderen germanischen Reiche im Westen. Seine Bedeutung lag darin, daß ihre römischen Untertanen wahrscheinlich einen Herrscher, den sie als Ketzer ansahen, weniger leicht um Hilfe und Unterstützung angehen würden. Das Dekret vertiefte so trotz der Behandlung rein theologischer Fragen die politische Spaltung der Mittelmeerwelt.

Das vordringlichste Problem für die neue Regierung war demnach die Frage der Religionseinheit. Justin, die Kaiserin Euphemia und Justinian waren persönlich eifrige Verfechter der Lehren des Konzils von Chalcedon. Das allein genügte jedoch nicht. Die Kirche war im Besitz eines Nachrichtennetzes, das jede Stadt und jedes Dorf des Reiches mit einbezog. Es war ein Gebot der inneren Sicherheit, daß dieses System den Interessen des Staates diente und nicht etwa zu einer Konfrontation beitrug. In einer Welt, in der alle, vom Kaiser bis hinab zum einfachsten Bauern, überzeugt waren, daß das Wohlergehen des Reiches vom richtigen Glauben abhinge, waren Häresie und Schisma eine Bedrohung für die Einheit des Reiches und die Loyalität seiner Untertanen. Falls Justinian schon davon träumte, die Reichsautorität auch im Westen wiederherzustellen – wir können das wohl annehmen –, dann mußte er die Unterstützung der italischen Bevölkerung zu gewinnen suchen, vor allem die des römischen senatorischen Adels. Zugleich gab es Reichsgebiete, in denen der monophysitische Glaube so fest verwurzelt war, daß sie ganz sicher entfremdet, wenn nicht zum Abfall getrieben würden, wollte man ihnen die Lehren von Chalcedon aufdrängen. Wichtig war vor allem Ägypten, der Getreide-Hauptlieferant für Konstantinopel. Eine Regierung, welche die kostenlose Brotverteilung an viele Bürger dieser Stadt oder auch nur stabile Brotpreise für die Bessergestellten nicht mehr gewährleisten konnte, mußte damit rechnen, ernsthafte Schwierigkeiten vor der eigenen Haustür zu bekommen.

Folglich zwang die neue Regierung, kaum vier Wochen im Amt, den Patriarchen von Konstantinopel – der seinerzeit von Anastasius ernannt worden war –, seine monophysitischen Ansichten abzuleugnen, und berief Synoden in Konstantinopel, Jerusalem, Tyrus und Apamea ein. Diese bestätigten die Gültigkeit der Glaubenslehre von Chalcedon, vertrieben jene monophysitischen Bischöfe, welche die Ereignisse nicht hatten kommen sehen und auf die Nachricht von Anastasius' Tod hin nicht schon geflohen waren. Außerdem rief man viele geistliche und weltliche Würdenträger zurück, die unter der vorigen Regierung in die Verbannung hatten gehen müssen. Ägypten blieb unbehelligt, und dort fand mancher monophysitische Kleriker Zuflucht. Unter ihnen befand sich auch Severus, der Metropolitanbischof von Antiochia (so hieß ein Erzbischof, dem die Diözesanbischöfe einer Provinz unterstellt waren), der führende Theologe und Wortführer der Monophysiten. Andere schlichen sich über die Grenze in persisches Gebiet hinüber und wurden dort von der nestorianischen Kirche nicht gerade begeistert empfangen (Anhänger des Nestorius, der lehrte, daß Christus ein Mensch war, in dem Gott nur gewohnt habe; im Reich verfolgt, waren sie die bedeutendste christliche Gemeinschaft in Persien). Mit den Mitteln der Diplomatie versuchte man die Perser daran zu hindern, ihnen Asyl zu geben. Das Hauptziel der Regierung war es, den orthodoxen Einfluß in Syrien wiederherzustellen, wo noch viele orthodoxe Gruppierungen lebten, darüber hinaus Ägypten vom übrigen Reich zu isolieren. Dies gelang ihm auch, wenigstens für eine gewisse Zeit.

Gleichzeitig wurde ein Gesandter zu Papst Hormisdas geschickt, der Botschaften vom Kaiser, vom Patriarchen und von Justinian überbrachte, um eine Aussöhnung vorzubereiten. König Theoderich mag verärgert gewesen sein, als er sah, daß seine Trumpfkarte nicht mehr stach, aber er vermochte kaum etwas dagegen zu unternehmen, nachdem der Papst nun einmal die kaiserlichen Offerten angenommen hatte. Es war sein einziges Ziel, zu einer Übereinkunft zu gelangen, in der er zwar theoretisch die Souveränität des Kaisers anerkannte, ihm und seinen Nachfolgern aber die tatsächliche Herrschaft von Konstantinopel zugesichert wurde. Das Vorhaben setzte er auch in die Tat um. Sein Schwiegersohn, Eutharich, wurde von Justin offiziell als der designierte Thronerbe des ostgotischen Königreiches bestätigt und von ihm selbst germanischem Brauch gemäß adoptiert, außerdem zusammen mit dem Kaiser zum Konsul für das Jahr 519 designiert. Als Flavius Eutharicus Cillica am 1. Januar 519 in Rom einzog und sein Konsulat mit beispielloser Pracht und Freigebigkeit antrat, fühlten viele der aus dem Westreich Vertriebenen – in Konstantinopel eine starke Lobby –, daß ihre Sache verloren war. Und jene römischen Senatoren des Westreiches, die von seiner Wiederherstellung durch einen der Ihren geträumt hatten, gaben jetzt zu, daß das Westreich aufgehört hatte zu existieren; sie mußten ihren Frieden mit Konstantinopel und Ravenna machen. Als ihr Sprecher Boëthius im Jahr 519 unter Theoderich *magister officiorum* wurde und zwei Söhne für das Jahr 522 zu Konsuln designieren ließ, zeigte sich deutlich, daß jene Kreise die allgemeine Lage nun anders beurteilten.

Mit wenig Verständnis für die Situation in den östlichen Provinzen setzte der Papst die kaiserliche Regierung unter Druck, sie solle Timotheus IV., den monophysitischen Patriarchen von Alexandria, absetzen und repressive Maßnahmen gegen die Monophysiten in Ägypten einleiten. Die Regierung jedoch blieb standhaft, und zuletzt mußte sich Hormisdas mit dem typisch byzantinischen Kompromiß abfinden, der das, was sonst als Ketzerei unter Strafe stand, in Ägypten als orthodox und rechtmäßig ansah.

2.2 Spannungen zwischen Konstantinopel und Ravenna

In Italien war die ostgotische Regierung trotz der Anerkennung Eutharichs beunruhigt über die Absichten der Byzantiner. Eutharich starb im Jahr 522; er hinterließ seine Frau Amalasuntha, Tochter des Königs Theoderich, und zwei kleine Kinder, Athalarich und Matasuntha. Theoderich war über siebzig, das Nachfolgeproblem wog schwer. Franken und Burgunder regten sich an den Nordwestgrenzen des Königreichs Italien, Gerüchte über Verschwörungen und Intrigen jagten sich. Ravenna war voll von Verdächtigung und Mißtrauen. Im Jahr 523 starb Papst Hormisdas, ein loyaler Freund Theoderichs. Der Geheimdienst des Königs fing Briefe führender römischer Senatoren an den Kaiser in Konstantinopel ab, welche die Absender dem Verdacht aussetzten, politisch unzuverlässig zu sein. Der *magister officiorum* Boëthius versuchte Beweismaterial zu beseitigen. Er hatte jedoch Feinde beim römischen Adel, die ihn mit hämischem Vergnügen anzeigten. Man veranstaltete ein Verhör in Gegenwart Theoderichs. Nachdem ein führender Senator mit Namen Albinus überführt war, beging Boëthius einen Fehler mit der Bemerkung, er selbst und alle anderen Senatoren seien ebenfalls schuldig, falls man Albinus für schuldig hielte. Das war dem König denn doch zu viel. Zum erstenmal seit seinem Regierungsantritt griff er zum Mittel des Terrors gegen den Senat, das Organ der herrschenden Schicht in Italien. Boëthius und einige andere wurden verhaftet. Cassiodor, sein Nachfolger im Amt, bemühte sich, den König zu besänftigen. Aber Theoderich war entschlossen, an Boëthius ein Exempel zu statuieren. Er wurde in Pavia gefangengehalten und dort auch am 23. Oktober 524 grausam hingerichtet. Während der Gefangenschaft schrieb er den *Trost der Philosophie*, ein während

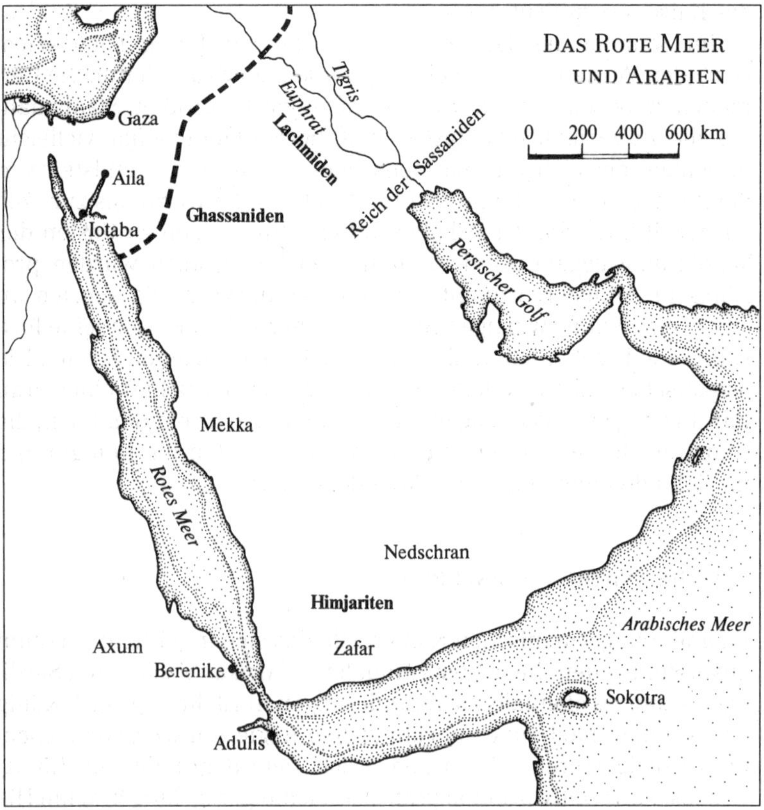

des gesamten Mittelalters immer wieder gelesenes und übersetztes Werk. Die früheste englische Übertragung stammt von König Alfred. Wer ihn im Mittelalter las (aber auch mancher moderne Leser), war der Meinung, daß der *Trost der Philosophie* ein Buch christlicher Frömmigkeit sei. In Wahrheit wird das Christentum darin nicht erwähnt, auch seine Ideenwelt ist nicht spezifisch christlich. Der hochgebildete Sprecher des Senats in Rom, zweifellos ein frommer Christ, suchte in der Stunde der Not Hilfe bei der heidnischen, der neuplatonischen Tradition. Als Justinian von dem Geschehen erfuhr, hielten sich wohl Entrüstung und eine gewisse Genugtuung die Waage. Die führenden Römer in Italien waren nun von jeder Loyalität gegenüber der ostgotischen Monarchie entbunden und der Sache des Kaisers verpflichtet.

Im Sommer des Jahres 526 starb der alte König Theoderich. Nach den Worten eines Gelehrten, der keinen Grund hatte, die Germanen zu bewundern, war er »gewiß einer der größten Staatsmänner, die die germanische Rasse jemals hervorgebracht hat, vielleicht derjenige, der sich um die Menschheit am hervorragendsten verdient gemacht hat«. Seine Tochter Amalasuntha wurde bis zur Volljährigkeit ihres Sohnes Athalarich Regentin; es kam zu Gesten der Versöhnung gegenüber dem römischen Senat, auch wurden prorömische Minister ernannt. Der minderjährige König schrieb an Justin einen unterwürfigen Brief, versicherte dem Kaiser seine fortwährende Ergebenheit und flehte um seinen erhabenen Schutz. Die ostgotischen Edlen, welche die unnatürliche Herrschaft einer Frau nur unwillig ertrugen, begannen zu murren; in ihrem Bemühen, die Gunst des fernen Kaisers zu gewinnen, vergäßen die Königin und ihr Sohn den Rang und die Würde der Goten.

2.3 Die anderen Grenzgebiete

Im anderen germanischen Königreich, das sich im Mittelmeerraum ausbreitete – dem Reich der Wandalen in Afrika, Sizilien und Sardinien –, kam es ebenfalls zu Veränderungen. Im Jahr 523 starb König Thrasamund nach einer unrühmlichen Regierungszeit von siebenundzwanzig Jahren. Die von Geiserich, dem Begründer des Königreiches, zu verantwortende groteske Nachfolgeregelung brachte Hilderich auf den Thron, einen freundlichen, kultivierten, jedoch willensschwachen Mann von sechsundsechzig Jahren, der ein Enkel des weströmischen Kaisers Valentinian III. war. Der neue König beendete sofort die Verfolgung der Katholiken, die für das Königreich von Anfang an charakteristisch gewesen war. Verbannte Kleriker kehrten zurück, Wahlen wurden abgehalten, um vakante Bistümer zu besetzen. Das wandalische System der ›Apartheid‹ wurde abgeschafft, und damit schwand auch der Anspruch der verschwindend kleinen wandalischen Minderheit auf ihre Herrschaftsbefugnis. König Hilderich, seinem Selbstverständnis nach mehr Römer als Wandale, begann mit Justinian eine freundschaftliche Korrespondenz – nicht jedoch mit dem Kaiser Justin, der ein Mann seines Alters war –, und der kluge Magnat tat alles, um die Zuneigung des Königs zu festigen. Hilderich zeigte so großes Entgegenkommen, daß er sogar Münzen mit dem Bildnis Justins prägen ließ, was einer stillschweigenden Anerkennung der byzantinischen Oberhoheit gleichkam. Inzwischen bedrängten maurische Stammeskrieger die Grenzen des wandalischen Königreiches, und die römischen Untertanen, frei von Verfolgung und Terror, begannen auf Konstantinopel zu blicken. Ohne Zweifel von Justinian dazu ermuntert, ließ Hilderich die Ostgoten im Gefolge der Königinmutter Amalafrida hinrichten, welche seiner proörmischen Politik Widerstand entgegensetzten; später verhaftete er auch Amalafrida. Als sie in Gefangenschaft starb, zogen Hilderichs Feinde den logischen Schluß. Eine durchaus mögliche gemeinsame Frontstellung des ostgotischen und wandalischen Königreiches war jetzt ausgeschlossen.

An der Ostgrenze war die neue byzantinische Regierung nicht mehr behindert durch eine Religionspolitik, die bei den meisten ihrer Untertanen eine mürrische, feindselige Haltung hervorrief; sie konnte nun zur Offensive übergehen. Die Hauptkriegsschauplätze waren Mesopotamien und der Kaukasus. Aber die Entscheidungen fielen im Süden, in der Nähe der Meerenge von Bab-el-Mandeb am Ausgang des Roten Meeres. Weder für das Römische Reich noch für das sassanidische Persien strategisch bedeutsam, war diese Region doch zu einem gewissen Grad für beide in wirtschaftlicher Hinsicht wichtig. Byzanz und Persien importierten beide aus diesem Gebiet Weihrauch und anderes Parfüm. Von größter Bedeutung war der Fernhandel mit Gewürzen aus Ostindien, mit roher und verarbeiteter Seide aus China. Indische Erzeugnisse erreichten die Mittelmeerwelt über den Persischen Golf, dessen Häfen sich in persischer Hand befanden, oder sie konnten aber auch durch das Rote Meer zu den ägyptischen Häfen gelangen. Beherrschte Byzanz die Meerenge, so war eine persische Blockade wirkungslos; die Kontrolle durch Persien konnte die Versorgung der römischen Märkte mit jenen wichtigen Gütern zum Erliegen bringen – man benötigte sie, um das frische Fleisch vom Herbst über den Winter hinaus zu konservieren. Seide konnte von China über verschiedene Land- oder Seerouten transportiert werden. Sie führten durch persisches Gebiet, waren also durch Blockade verwundbar. Zwei Handelswege nur umgingen Persien; der eine verlief durch die Steppe nördlich des Kaspischen Meeres und erreichte die Häfen am Schwarzen Meer, der andere war die Route durch das Rote Meer nach Ägypten. Seide war keine Ware für den allgemeinen Bedarf wie etwa Gewürze. Aber in der mediterranen Gesellschaft der Spätantike war der Besitz von Seide eine bedeutsame Frage des Prestiges, eine Art Rangabzeichen, ein Zeichen der Belohnung für Verdienste jeder Art. Eine Verteuerung oder eine Verknappung würde die Regierung in Konstantinopel vor viele Probleme stellen. Verständlich, daß man während des ganzen sechsten Jahrhunderts der Gefahr eines persischen Monopols bei der Überwachung der Seidenstraße ganz besondere Aufmerksamkeit widmete.

Hier der Bericht eines griechischen Schiffsführers aus dem frühen sechsten Jahrhundert:

Nun liegt dieses Seidenland im entferntesten Indien, zur linken Hand des Indischen Ozeans, weit über den Persischen Golf hinaus und jenseits der Insel, die von den Indern Selediba und von den Griechen Taprobane (Sri Lanka, Anm. d. A.) genannt wird. Es heißt Tzinitza und wird auf der linken Seite vom Meer umspült, genauso wie Barbaria (das Horn von Afrika) auf der rechten Seite. Die indischen Philosophen, die Brahmanen, sagen, wenn man eine Schnur von Tzinitza quer durch Persien bis ins römische Gebiet hinein ziehen würde, folgte man genau der Mittellinie der Erde; vielleicht haben sie sogar recht damit. Denn das fragliche Land dehnt sich beträchtlich zur linken Seite hinaus, so daß die Seidenkarawanen zu Lande relativ schnell durch die einzelnen Länder nach Persien gelangen, wogegen die Seeroute nach Persien wesentlich länger ist ... Wer also die Landroute von Tzinitza nach Persien nimmt, kürzt den Reiseweg beträchtlich ab. Deswegen findet man jederzeitg große Mengen von Seide in Persien. Jenseits von Tzinitza gibt es weder Schiffahrt noch bewohnbares Land.[4]

Die Gebirgsstämme Äthiopiens und Eritreas waren im sechsten Jahrhundert meist Christen – monophysitische Christen freilich, da man sie von Ägypten aus bekehrt hatte und ihr geistliches Oberhaupt der Patriarch von Alexandrien war. Das Reich von Axum beherrschte die Nachbarvölker und hatte sein Herrschaftsgebiet über die Meerenge hinaus bis in den Jemen ausgedehnt. Im Römischen Reich waren die Monophysiten zwar als Ketzer verschrien, jenseits der Reichsgrenzen aber waren sie Christen und durften den christlichen Kaiser unterstützen sowie seine Interessen wahrnehmen – wenn es seinen Absichten dienlich war. Kontrolle des Jemen durch Äthiopien hieß faktisch Kontrolle der Meerenge durch Rom. Das Innere der arabischen Halbinsel war zu einem Großteil persisches Einflußgebiet. Die wohlhabenden jüdischen Gemeinden dort betrieben den Karawanen-Fernhandel unter besonderem persischen Schutz, denn es war unwahrscheinlich, daß sie ein christliches Regime unterstützen würden, das die Juden diskriminierte. Bei den semitischen Stämmen Südarabiens konnte das Judentum daher viele bekehren. Zu Beginn der Herrschaft Justins gelang es einem jüdischen Adligen, dem Himjariten Dhu-Nuwas, die äthiopischen Truppen aus dem Jemen zu vertreiben; darauf schickte er sich an, die Christen in seinem Gebiet zu verfolgen. Die Nachricht vom Kesseltreiben gegen die Glaubensbrüder gelangte zu den monophysitischen Gemeinden des Reiches. Timotheus, der Patriarch von Alexandrien, forderte den König Ella Atsbeha von Axum auf, mit äthiopischen Truppen zu intervenieren. Führer des Judentums in Palästina befürchteten daraufhin Repressalien und drängten Dhu-Nuwas, die Verfolgung zu beenden. Zuletzt hat anscheinend auch der römische Kaiser – oder sein vorausschauender Neffe – mit Ella Atsbeha Kontakt aufgenommen. Die Äthiopier zogen zu Felde, Dhu-Nuwas wurde geschlagen und getötet, das Christentum im Jemen wiederhergestellt. Was als triviales Gezänk unter zwei südsemitischen Stämmen begonnen hatte, war Teil eines Konflikts im Weltmaßstab geworden.

Am Nordabschnitt der langen römisch-persischen Grenze lag das Königreich Lazika – das alte Kolchis, heute der westliche Teil der Sowjetischen Sozialistischen Republik Georgien. Bis zur Mitte des fünften Jahrhunderts gehörte es zum römischen Einflußbereich. Kaiser Leo I. trat den persischen Interessen in diesem Gebiet nicht entgegen. Die Könige erhielten seither ihre Investitur in Ktesiphon, und die zoroastrische Religion genoß bei den führenden Schichten eine gleichsam offizielle Unterstützung. Als König Damnazes im Jahr 522 starb, entschloß sich sein Sohn Tzath, zur Investitur nach Konstantinopel zu kommen; es besteht kein Zweifel, daß dies nach geheimen Verhandlungen mit der Regierung Justins geschah. Seit seiner Taufe stand das Königreich unter römischem Schutz. Dieser politische Frontwechsel blockierte den einzigen Zugang der Perser zum Schwarzen Meer, das nun zu einem römischen Binnensee wurde, wenn man von einigen wenigen Häfen an der Nordküste absieht, die noch von gotischen Stammesfürsten gehalten wurden; mit diesen hatte man leichtes Spiel. Auch war man jetzt in der Lage, einen Korridor abzuriegeln, durch den die Hunnen der Steppengebiete in römisches Territorium hätten einfallen können. Lazika gehörte nun zu einer Reihe von mehr oder weniger christlichen Staaten, die sich über Transkaukasien vom Schwarzen zum Kaspischen Meer hinzogen – Lazika, Iberia (das östliche Georgien) und Albania (Aserbeidschan). Christliche Missionare überquerten von dort kommend den Kaukasus und predigten zur Zeit Justins den hunnischen Nomadenstämmen das Evangelium in deren Sprache.

Die persische Reaktion auf diesen diplomatischen Erfolg war zunächst überraschend maßvoll, obwohl er die strategische Position Persiens entscheidend schwächte. Der Großkönig protestierte: er konnte kaum mehr tun. Er war intensiv damit beschäftigt, den Flächenbrand einer sozialen Protestbewegung in seinem Reich zu ersticken – die Mazdakitenbewegung, die einen utopischen, primitiven Kommunismus predigte. Außerdem sah er vor allem darauf, daß er die Nachfolge für sein drittes Kind, den Lieblingssohn Chosroes, gegen die Ansprüche der älteren Brüder sicherte. Tatsächlich suchte er Justin zur Adoption von Chosroes zu veranlassen, wie schon hundert Jahre zuvor der römische Kaiser Arcadius seinen kleinen Sohn Theodosius offiziell vom Großkönig Yazdgard I. hatte adoptieren lassen. Justinian, hypnotisiert von seinen Plänen zur Wiederherstellung der römischen Herrschaft im Westen, ging beinahe in die Falle. Proclus war es, der ihm klarmachte, daß durch diesen Schachzug Chosroes das Erbe seines Adoptivvaters fordern könnte – das Römische Reich. So beschied man das Ansinnen abschlägig: Der römische Kaiser könne nach römischem Recht keinen Barbaren adoptieren; man könne Chosroes nur nach der germanischen Sitte, der Waffenleihe, adoptieren, was auch bei den anderen barbarischen Gefolgsleuten des Kaisers üblich sei. Der Großkönig Kavadh konnte nach einer solchen beleidigenden Provokation nicht untätig bleiben und entsandte im Jahr 526 eine Armee nach Iberia, dessen König Gurgenes eine eindeutige proprömische Haltung einnahm. Ein Angriff tief in das persische Armenien hinein war die römische Antwort. Belisar und Sittas, zwei junge thrakische Offiziere, die mit Justinian befreundet waren, leiteten die Aktion. Ein zweiter Angriff wurde von den Persern zurückgeschlagen. Weiter südlich im Wüstenabschnitt begann der gefürchtete arabische Führer Al-Mundhir erneut mit seinen Übergriffen auf römisches Gebiet. Der dortige römische Kommandeur inszenierte einen Gegenangriff, der in Chaos und Vernichtung endete. Man ersetzte ihn durch Belisar. Hypatius, ein erfahrener General und Neffe des früheren Kaisers Anastasius, wurde erneut Oberbefehlshaber im Osten. Nach zwanzigjährigem Frieden zwischen den beiden Großmächten schienen diese Grenzscharmützel das Vorspiel zu einem neuen großen Krieg zu sein. Am 1. August 527 starb jedoch Justin, und Justinian war Alleinherrscher. Für ihn war der Perserkrieg nicht vorrangig. Daher vereinbarte man einen Waffenstillstand, dem dann Verhandlungen folgten.

2.4 Die Stadt Konstantins

Die Stadt, in der Justinian den Rest seines Lebens verbringen sollte, war 658 v. Chr. von Kolonisten aus Megara in Griechenland gegründet worden, die den Ort Byzantium nannten. Sie war fast tausend Jahre alt, als Konstantin dort im Jahre 330 n. Chr. seine Hauptstadt einweihte. Auf einer hügeligen Halbinsel gelegen, zwischen Marmarameer und einem langen Meeresarm, dem Goldenen Horn, war die Stadt ein vortrefflicher Handelsplatz für den Warenverkehr zwischen Mittelmeer und Schwarzem Meer, und sie war lange wohlhabend gewesen. Konstantin vergrößerte ihr Areal beträchtlich, schmückte sie mit Kirchen und öffentlichen Bauwerken jeder Art und sicherte sie mit einer Mauer quer durch die Halbinsel. Die neue Hauptstadt gedieh und wuchs bald über die Konstantinische Mauer hinaus; neue Schutzwälle baute Theodosius II. im frühen fünften Jahrhundert, etwas weiter landeinwärts. Sie stehen noch heute, majestätisch und furchteinflößend.

Im sechsten Jahrhundert ist die Einwohnerzahl der Stadt etwa zwischen fünfhunderttausend und einer Million anzusetzen. Die Herkunft der Bevölkerung war bunt gemischt. Und was sich da gegenseitig auf Straßen und Plätzen stieß und schob, waren Griechen aus dem gesamten Reichsgebiet, hellenisierte Thraker, Westler aus Italien und Afrika, lateinischsprechende Illyrer vom westlichen Balkan; griechischsprechendes Volk aus Kleinasien, dazu auch solche, die eine der alten Sprachen dieses Landes sprachen, Nachkommen der Hethiter, Lyder und Lykier; aramäischsprechende Syrer, Kopten aus Ägypten, Armenier aus dem Hochland im Osten, Juden, Goten, Heruler und Gepiden aus den germanischen Ländern des Nordens. Die Umgangssprache im täglichen Leben war das Griechische. Die kaiserliche Regierung, die Armee und die Gerichte verwendeten die lateinische Sprache.

Das Augusteum, an der Stelle des Marktplatzes der alten megarischen Kolonie gelegen, war der Mittelpunkt der Stadt, ein großer, plateauartiger Platz kaum tausend Meter von der Spitze der Halbinsel entfernt. Um den Platz gruppiert waren die großartige Kirche der Heiligen Weisheit, die Sophienkirche, von Konstantin und seinem Sohn Constantius erbaut, das Senatsgebäude, die öffentlichen Bäder des Zeuxipp, geschmückt mit Statuen aus dem gesamten griechischen Kulturkreis, der Eingang zum Hippodrom und das riesige Bronzetor, durch das man zum Großen Palast gelangte. Das Areal des Palastes erstreckte sich über zahllose Terrassen vom Hippodrom zum Marmarameer hinab. Zur Zeit Justinians befand sich dort ein riesiger, kaum harmonischer Komplex von Sälen, Kirchen, Pavillons, Innenhöfen, Militärgebäuden und Gartenanlagen.

Eine breite Straße führte vom Augusteum nach Westen, gesäumt von Kolonnaden und Säulenhallen, unterbrochen durch viele kleinere Plätze, gewöhnlich mit einer Säule oder einem Obelisk in der Mitte, bis hin zum Goldenen Tor, dem südlichsten Tor der Theodosianischen Mauern. Diese Straße, Mese oder Hauptstraße genannt, war die pulsierende Lebensader der Stadt. Vom Amastrianum aus, einem der Plätze, die sie berührte, zweigte eine andere wichtige Straße in nordwestlicher Richtung ab zum Tor des Charisius. Die breiten Hauptstraßen waren umgeben von einem Netzwerk kleiner Gassen. Sie folgten dem unebenen Gelände und formten sich hie und da zu kleinen Plätzen. Kirchen gab es Hunderte, die meisten klein und bescheiden. Die zahllosen Klöster waren ganz verschieden ausgestattet. Man fand alles von der einfachen Behausung für einige wenige, zurückgezogen lebende Eremiten, bis zu pompösen Gebäuden für Hunderte von Mönchen und deren Diener, die sie an Zahl noch übertrafen.

Die Häuser der Reichen zeigten zur Straße hin in Höhe des Parterres glatte Ziegelsteinmauern. Sie waren oft um Innenhöfe mit Gärten und Springbrunnen herumgebaut. Die oberen Stockwerke hatten Erkerfenster, von wo aus die Damen des Hauses das Leben und Treiben auf der Straße darunter beobachten konnten. Es gab auch viele weniger aufwendige Häuser im Patio-Stil. Die Mehrheit der Bürger aber wohnte in viel einfacheren Behausungen in engen Gassen, die von der Straße abzweigten. Viele hatten kein Dach über dem Kopf. Chronische Arbeitslosigkeit war in der Hauptstadt an der Tagesordnung. Bettler, die ohne Bleibe waren, schliefen unter Bergen von Lumpen bei den Kolonnaden. Viele Kirchen und Klöster unterhielten Herbergen für Heimatlose oder Verpflegungsstationen, wo man kostenlose Mahlzeiten für Notleidende zubereitete.

Da viel Holz beim Bauen verwendet wurde und viele der einfacheren Häuser ganz aus Holz gebaut waren, bestand fortwährend die Gefahr einer Feuersbrunst. War der Funke einmal übergesprungen, fraß sich das Feuer in Windeseile durch die engen Gassen, angefacht durch den ständigen Wind in den hügelumsäumten Straßen. Es gab zwar eine Stadtfeuerwehr, sie konnte jedoch wenig tun, um einen größeren Brand zu ersticken. Die ausreichende Wasserversorgung bei einem Großbrand war ein Problem, das die antike Technologie niemals löste. Wasser stand zwar in den großen Zisternen zur Verfügung, zum Transport aber hatte die Feuerwehr nur Eimer und hölzerne Handpumpen. Zur Gefahr einer plötzlichen Feuersbrunst kam die der Brandstiftung. Eine wütende Menge konnte jederzeit das Haus eines unpopulären Beamten oder ein öffentliches Gebäude in Brand setzen, das Symbol einer Autorität, gegen die sich der Haß richtete. Während des großen Aufstandes vom Januar 532 wurden ganze Stadtteile durch Brandstiftung zerstört.

Ein Großteil der Bevölkerung bestritt direkt oder indirekt seinen Lebensunterhalt durch eine Tätigkeit bei der kaiserlichen Regierung oder bei Hofe. Es gab zahllose Pförtner, Türsteher, kleinere Beamte, eine beständig wachsende Zahl von Sekretären und Stenographen sowie die Buchhalter in den verschiedenen Ministerien, welche geduldig ihre Beförderung nach dem Dienstalter abwarteten. Konstantinopel war aber auch ein Zentrum des Handels mit Luxusgütern, die Hauptabnehmer waren Hofleute und höhere Staatsbeamte. Gold- und Silberschmiede, Juweliere, Elfenbeinschnitzer, Künstler, die Intarsien und Emailarbeiten fertigten, Brokatweber, Bildhauer und Mosaikleger waren in der Hauptstadt sehr begehrt. Auch erforderten Instandhaltung und Reparaturarbeiten am Großen Palast sowie bei anderen öffentlichen Gebäuden unzählige Bauhandwerker, Architekten, Ingenieure, Maurer und Installateure.

Brot wurde kostenlos oder zu festgesetztem Niedrigpreis an alle registrierten Haushalte der Stadt abgegeben; man ergriff Maßnahmen, um die inflationäre Preisentwicklung bei den übrigen Grundnahrungsmitteln wie Schweinefleisch und Wein zu verhindern. Lediglich bei Fisch, der im wesentlichen den Proteinbedarf der Bevölkerung deckte, machte man eine Ausnahme: Fisch kann eben nicht auf Vorrat gehalten werden. Das Bemühen der Regierung, die Nahrungsmittelpreise konstant zu halten, war für alle Städte des Altertums charakteristisch. Ist der Transport schwierig und teuer, liegt es auf der Hand, daß die Massen der Städte bei naturgegebenem Mangel an Lebensmitteln empfindlich getroffen werden, vor allem wenn Hamstermentalität und Spekulation auf seiten der Reichen dem Mangel Vorschub leisten. Und je größer die Stadt, desto schwieriger das Problem. Eine kaiserliche Residenzstadt war besonders auf zufriedene Bürger angewiesen. Hunger und Mißvergnügen konnten sich zum Aufruhr steigern, und ein dadurch bedingter Aufstand konnte politische Folgen nach sich ziehen: Von aufgebrachten städtischen Massen waren Kaiser schon umgebracht worden.

Um eine Preiskontrolle zu gewährleisten, bediente man sich des Systems der berufsständischen Genossenschaften. Wahrscheinlich hatte ihre Aufgabe zunächst vorrangig darin bestanden, die Hersteller von Waren zu schützen, später hatten sie im Laufe der Jahrhunderte auf staatlichen Druck hin den Verbraucherschutz übernommen. Für jeden Beruf war eine Genossenschaft zuständig; sie war bei ihrer Arbeit an Anordnungen des Stadtpräfekten gebunden.

Einen Unterschied zwischen Hersteller und Einzelhändler gab es kaum. Die meisten Waren wurden in zur Straße hin offenen Buden hergestellt und vom Produzenten auch verkauft. Abgesehen von den kaiserlichen Rüstungsbetrieben gab es wenig Industrien von Bedeutung. Jedes Handwerk hatte seinen eigenen Stadtteil, die Parfümhersteller z. B. auf dem Augusteum, Bronze wurde am östlichen Ende

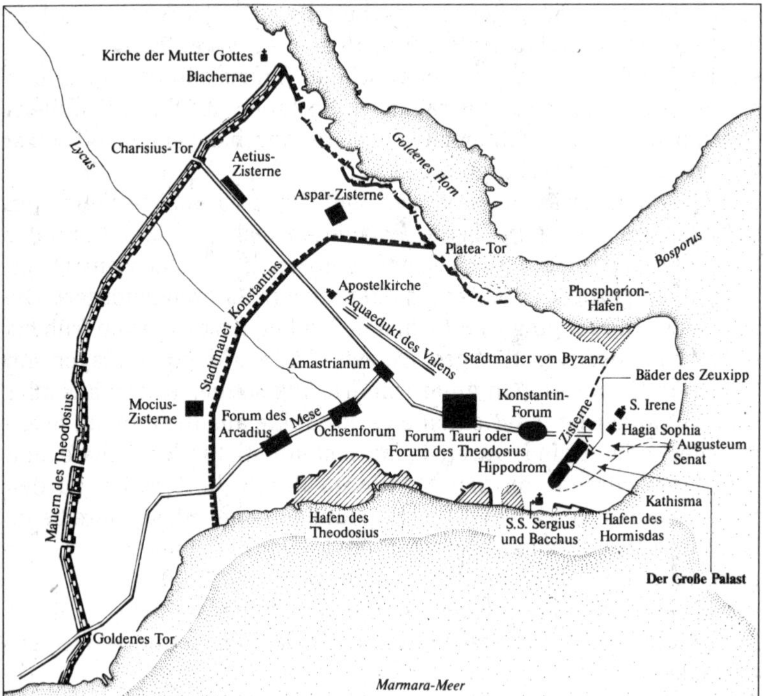

KONSTANTINOPEL ZUR ZEIT JUSTINIANS

der Mese bearbeitet, Pferdehändler traf man am Amastrianum-Platz usw. Noch heute leben und arbeiten Händler und Handwerker orientalischer Städte in ähnlicher Weise.

Hausarbeit war überall vornehmlich Sache der Sklaven, wenn man von der ärmsten Bevölkerungsschicht absieht; half die Familie im Handwerksbetrieb, waren Sklaven auch hier beteiligt. Eine entscheidende Rolle spielte die Sklaverei auf dem industriellen Sektor oder in der Landwirtschaft längst nicht mehr. Sklavenarbeit war nur noch bei höchst unangenehmen Tätigkeiten üblich, etwa im Bergbau und bei der Herstellung von Purpurfarbstoff. Hilfsarbeiter, die man beim Bau und bei Reparaturarbeiten der Hagia Sophia beschäftigte – es müssen Tausende gewesen sein –, waren keine Sklaven, sondern freie Isaurier aus dem wilden Taurusgebirge im Süden Kleinasiens. Auch die Lastträger waren Freie; auf ihren Schultern transportierten sie zentnerschwere Güter durch die engen, oft selbst für Karren unpassierbaren Gassen.

Würdenträger sah man in der Stadt hoch zu Roß, begleitet von Gefolge; bescheidenere Leute begnügten sich mit Maultier oder Esel; die Damen der Gesellschaft wurden in geschlossenen, von Maultieren gezogenen Kutschen oder auch in Sänften befördert. Die Masse der Bürger ging zu Fuß, in den Straßen herrschte von früh bis spät lärmendes, geschäftiges Treiben. Entlang der Kaianlagen am Goldenen Horn sah man unterernährte Tagelöhner Waren aus aller Herren Länder be- oder entladen – Produkte aus Britannien, Skandinavien oder China waren keine Seltenheit. Rinder, Schafe und Schweine wurden von den Stadttoren durch die Straßen zu den Schlachtereien getrieben. Oft genug fanden dabei einige Tiere heimlich ihren Weg in den abgeschlossenen Lichthof eines reichen Bürgers. Es gab in allen Straßen geräumige Boxen, in denen man die Tiere halten konnte. Fliegende Händler kämpften sich durch die Menge und boten mit lauter Stimme allerlei Waren und warme Gerichte feil.

Das Leben spielte sich weit häufiger als in den meisten europäischen Großstädten heute im Freien ab, auch wenn die Winter naßkalt waren. Die großen Unterschiede zwischen Arm und Reich blieben niemandem verborgen, die Stimmung konnte deshalb rasch explosiv werden. Aufruhr und Demonstrationen begleiteten die Regierungszeit Justinians und nahmen bisweilen bedrohliche

Formen an. Anläßlich eines solchen Aufstands im Januar 532 geriet sein Thron gehörig ins Wanken.

Im Altertum sorgten die Regierungen nicht allein für den Brotbedarf der Einwohner großer Städte, sondern sie kümmerten sich auch um Veranstaltungen im Zirkus. Die Wagenrennen im Hippodrom von Konstantinopel, das nur wenig kleiner war als der Circus Maximus in Rom, kamen dem Bedürfnis der Massen nach Nervenkitzel und spannenden Schaustücken entgegen. In der Verbindung von prickelnder Gefahr und leidenschaftlicher, direkter Parteinahme seitens der Zuschauer konnten diese Kämpfe als Ventil für den angestauten Unmut des Volkes dienen. In den Bankreihen dichtgedrängt, anonym und solidarisch mit Tausenden und Abertausenden von Schaulustigen, bot sich hier aber auch eine unvergleichliche Gelegenheit, den Gefühlen freien Lauf zu lassen. Die Einpeitscher der Zirkusparteien konnten zu Sprechern des Volkes werden. In Augenblicken höchster Spannung gaben sie den Forderungen ihrer Gefolgschaft beredten Ausdruck und zwangen den Kaiser oder den leitenden Beamten zum Dialog, der dann schnell in konkrete politische Konfrontation umschlagen konnte. Eines dieser Streitgespräche hätte z. B. Anastasius beinahe den Thron gekostet. Die staatlichen Behörden waren natürlich auch hier im Vorteil. Die Menge im Hippodrom war unbewaffnet, der Kaiser hatte seine Soldaten. Wenn jedoch der Volkszorn extreme Formen annahm, konnte man sich auf die Soldaten nicht mehr unbedingt verlassen; man war sich auch nie sicher, ob sie ihre Gunst nicht schon einem anderen Thronkandidaten zugewandt hatten. Ein Massaker unter den Bürgern war jedenfalls nicht geeignet, die Herrschaft zu stabilisieren; darum waren politische Voraussicht und Anpassungsfähigkeit bessere Herrschaftsinstrumente als brutale Gewalt.

Diese Rücksichtnahme, aber auch das natürliche Verlangen, sich selbst Denkmäler zu setzen, erklärt die Sorgfalt, mit der jeder Kaiser seit Konstantin die Stadt mit öffentlichen Bauten schmückte. In den Bergen Thrakiens gefaßtes Quellwasser leitete man über Aquädukte in unterirdische Zisternen. So stand Wasser nicht nur reichlich für die zahlreichen öffentlichen Bäder zur Verfügung, sondern auch für Springbrunnen und Wasserstellen an nahezu jeder Straßenecke. Ein einfacher Gesundheitsdienst wurde durch öffentliche Krankenanstalten gewährleistet, die dort tätigen Ärzte bezahlte der Staat.

Das unterirdische Abwasser-Kanalsystem beförderte durch Tonröhren den städtischen Abfall ins Marmarameer oder zum Goldenen Horn. Säulengänge, Hallen und überdachte Märkte dienten im Sommer als Schutz vor Sonne, im Winter hielten sie den Regen ab. Merkwürdigerweise hat es offenbar keine richtige Straßenbeleuchtung gegeben wie z.B. in Antiochia oder einigen anderen Großstädten; die Bürger gingen nach Anbruch der Dunkelheit auf eigene Gefahr außer Haus.

Die einzige auf Dauer stationierte Militärtruppe waren die Abteilungen der Palastwache, teils ernstzunehmende Kampfeinheiten, teils aber bloße Dekoration. Der Stadtpräfekt, und später ein neuer Beamter, der Prätor der Plebs, verfügte aber über eine beachtliche Polizeistreitmacht, von der kaum Einzelheiten bekannt sind. Und oft waren Formationen der regulären Armee in der Nähe der Hauptstadt stationiert. Sie konnten abkommandiert werden, um die Ordnung aufrechtzuerhalten. Ein Herrscher, der nicht fähig war, die Volksmassen Konstantinopels in Schranken zu halten, konnte kaum damit rechnen, seine Stellung auf längere Zeit zu halten.

*

Anläßlich der Thronbesteigung seines Onkels war Justinian zum *comes domesticorum* ernannt und gleichzeitig in den Rang eines *patricius* erhoben worden, die höchste Auszeichnung, die ein römischer Bürger damals erlangen konnte. Im Jahr 521 trat er feierlich sein erstes Konsulat an. Wer dieses ehrwürdige, angesehene Amt innehatte, war in der Hauptsache verantwortlich für Organisation und Durchführung der Spiele in Hippodrom und Amphitheater sowie für die Verteilung der Spenden an das Volk. Ein Mann mit politischen Ambitionen konnte aufgrund eines erfolgreichen Konsulats viel gewinnen, und Justinian gab sich jede erdenkliche Mühe. Für Spenden und sensationelle Schaustücke – unter anderem wurden im Amphitheater zwanzig Löwen und dreißig Leoparden zur Strecke gebracht – gab er viertausend Pfund Gold aus. Seit dem Jahr 519 machte er sich mit kluger Berechnung bei den Blauen beliebt, einer der zwei großen Zirkusparteien. Es waren Organisationen, die ursprünglich dafür sorgten, daß genügend Wagenlenker, Akrobaten und andere Schausteller für die Spiele in der Hauptstadt und anderswo zur Verfügung standen, ihre Funktion hatte sich jedoch sehr gewandelt. Die professionellen Einpeitscher der Zirkusparteien konnten die Willensäußerungen des Pöbels im Hippodrom steuern, der Einzelne wurde hier Teil der anonymen Masse; hier wurde ihm erlaubt, alles, was ihn mit Furcht und Hoffnung erfüllte, mit lauter Stimme fordernd und warnend hinauszuschreien, Regungen also, die die Mächtigen zu berücksichtigen hatten. Nach Belieben konnten jene Leute die Massen aufstacheln oder die Straßen leerfegen, denn ein über die Stadtteile weitverzweigtes Netz von ›Fan-Clubs‹ gab ihnen Rückhalt. Die Vorführungen ihrer Artisten erweckten bei den Zuschauern die heftigste Leidenschaft, und die zwei wichtigsten Parteien, die Grünen und die Blauen, wurden von ihren Anhängern fanatisch unterstützt, vergleichbar etwa mit der Anhänglichkeit, die heute einem Fußballklub entgegengebracht wird. In einer Stadt, in der es keine politischen Parteien und keine Wahlen gab, dienten sie als Ventil für den angestauten Unmut des Volkes und als Druckmittel gegenüber der Staatsmacht. Wer an die Macht wollte, konnte mit ihrer Hilfe viel gewinnen. Die beiden Parteien unterschieden sich geringfügig; so war z. B. der soziale Status ihrer Anhänger maßgebend, auch der Wohnbezirk innerhalb der Stadt spielte eine Rolle. Grundbesitzer in den Vorstädten und Rentiers tendierten mehr zu den Blauen, die zudem als eine Art chalcedonischer Heimatpartei konservativer Prägung auftraten. Händler und Künstler, viele davon syrischer Abstammung, unterstützten die Grünen: diese Partei verhielt sich konzilianter gegenüber dem monophysitischen Glauben, tat sich sonst aber durch radikalere Forderungen hervor. Diese sonderbaren Organisationen sind aber nicht mit modernen politischen Parteien zu vergleichen. Sie hatten keine Programme mit klaren Aussagen, beteiligten sich auch nicht an Wahlen. In ihrer Zeit konnten sie freilich zur Stimme des Volkes werden, zumindest innerhalb der Mauern Konstantinopels. Grüne und blaue Zirkusparteien gab es auch in den größeren Provinzstädten; sie standen mit den Parteien der Hauptstadt in lockerer Verbindung.

Justinian hatte sich für die Blauen entschieden. Horden von Rowdies, die sich den Blauen zugehörig fühlten, terrorisierten zunehmend die Stadt, und aufgrund der allerhöchsten Protektion wagte es kein Ordnungshüter, ihnen entgegenzutreten. Auf den Straßen wurden die Grünen erbarmungslos bekämpft, was diese zu noch heftigeren Attacken veranlaßte. Die Straßenschlachten in der Hauptstadt, zum Teil auch in den Provinzstädten, boten Justinian die

Gewähr dafür, daß in einem Moment der Krise loyale Gefolgsleute bereitstehen würden, die in Konstantinopel das Heft in der Hand behielten – denn Justin war alt und kränklich, und niemand wußte genau, ob sein Neffe einmal um Reich und Leben kämpfen mußte. Darüber hinaus stellten sie den Erfolg der Spiele sicher, die zur Feier seines Konsulats gegeben wurden. Die weniger Fortschrittlichen unter den Zeitgenossen empfanden dies alles als unerhörten Vorgang. »Als jetzt Justinian das Feuer schürte und offen die Blauen aufhetzte«, sagt Prokop, »wurde das gesamte römische Reich in den Grundfesten erschüttert, gleich als ob es ein Erdbeben oder eine Überschwemmung heimgesucht oder der Feind jede Stadt einzeln eingenommen hätte. Denn überall herrschten chaotische Zustände und nichts blieb so wie es war: In dem darauffolgenden Durcheinander verkehrten sich Gesetze und staatliche Ordnung ins Gegenteil.« Die Unruhestifter der blauen Partei, so fährt er fort, trugen an der Stirnseite kurzgeschnittenes Haar, das übrige ließen sie lang wachsen. Bart und langer Schnurrbart nach Hunnenart, Tunika mit Keulenärmeln, Reithosen und hunnischer Schultermantel waren für sie charakteristisch. Die bewaffneten Banden patroullierten nachts auf den Straßen, raubten wohlhabenden Passanten den Mantel, goldene oder silberne Spangen und Broschen und töteten bisweilen das Opfer durch Dolchstiche. Erpressung, Denunziation, Bestechung waren wie die Raubzüge bestens organisiert, und niemand fühlte sich sicher. »Man hört«, sagt er weiter, »daß Frauen von ihren eigenen Sklaven genötigt wurden, auf ihre höchst widerwärtigen Avancen einzugehen. Knaben wurden mit Wissen der eigenen Väter, doch gegen ihren Willen gezwungen, unsittliche Beziehungen zu Parteigängern zu unterhalten; glücklich verheiratete Frauen erlitten dieselbe demütigende Behandlung.« Unterdessen sorgte Justinian dafür, daß die Untaten jener Schurken ungesühnt blieben, er steckte viel Geld in die Aktivitäten der Blauen, zeigte sich öffentlich in ihrer Begleitung und verschaffte ihnen Ämter und Würden. So der Bericht eines ihm nicht sehr gewogenen Zeugen. Er entwirft zweifellos ein einseitiges Bild von einem Mann, der überlegt und voller Ehrgeiz seine Zukunft gestaltete. Erst in den Jahren 524 oder 525 wagte man es, Justin von den Vorgängen zu berichten; Justinian war um diese Zeit schwer erkrankt. Der alte Kaiser verbrachte seine Zeit in seniler Abgeschlossenheit im Großen Palast – vielleicht aber verschloß er auch vor den Aktivitäten seines Neffen die Augen, da er ihm voll vertraute. Der Stadtpräfekt Theodotus Kolokynthius (der ›Kürbis‹) ließ jedoch viele Parteigänger der Blauen hängen oder bei lebendigem Leibe verbrennen.

*

Zweifellos gewann Justinian durch seine Beziehungen zu den Blauen jene äußerliche Leutseligkeit und Zugänglichkeit, die er später als Kaiser an den Tag legte. Vom Wesen her eher ungesellig, war er eigentlich ein Einzelgänger; jene Verbindung zu den Blauen aber war es, wodurch er Theodora kennenlernte.

Sie war etwa fünfzehn Jahre jünger als er, obwohl sie wie viele Frauen niemals ihr genaues Alter angab. Ihr Leben war bisher wechselvoll und nicht gerade in ehrbaren Bahnen verlaufen. Der umständliche Bericht Prokops, von bitterer Feindschaft inspiriert und gespickt mit belastenden Unterstellungen, ist dennoch in seinen Grundzügen als zuverlässig anzusehen. Ihr Vater Akakios war Tierwärter für Bären und arbeitete für die grüne Partei. Bärenhatz und Bärenkämpfe, Kabinettstückchen von Akrobaten, die die Tiere aufreizten und sich dann behende in Sicherheit brachten, gehörten zum gängigen Repertoire der Vorführungen bei den Spielen. Theodoras Mutter war vermutlich eine frühere Schauspielerin. Beide gehörten der untersten sozialen Schicht an; dieser Personenkreis war vielen gesetzlichen Beschränkungen unterworfen. So konnte eine Frau, die ohne Zustimmung ihres Ehemanns auf der Bühne stand, sofort geschieden werden. Das Bischofsamt war dem verwehrt, der eine Schauspielerin heiratete. Ehen zwischen Senatoren und Schauspielerinnen waren verboten.

Das Ehepaar hatte drei Töchter, Comito, Theodora und Anastasia. Noch vor dem siebten Geburtstag der Ältesten starb Akakios. Die Witwe heiratete sofort wieder in der Hoffnung, daß der neue Ehemann dann wieder den Posten des Tierwärters erhalten würde, wodurch der Unterhalt der Familie gesichert gewesen wäre. Ein anderer aber hatte bereits die maßgeblichen Parteiführer bestochen, um den Posten zu erlangen; so litt die Familie bald unter bitterster Armut. Theodoras Mutter erschien eines Tages hilfesuchend im Zirkus mit ihren drei kleinen blumengeschmückten Mädchen und machte die Menge auf ihr Elend aufmerksam, ein Vorgang, der damals zweifellos allgemein üblich war. Um gegen die Grünen Punkte zu sammeln, nahmen sich die Blauen der Familie an und verschafften Theodoras Stiefvater eine Stelle. Sicherlich wurde das Kind oft daran erinnert, wem sie ihr Auskommen zu verdanken hatte. Theodora blieb jedenfalls zeitlebens eine leidenschaftliche Anhängerin der Blauen und bekämpfte die Grünen erbittert. Ihre ältere Schwester Comito begann bald darauf, als Schauspielerin in Mimen aufzutreten, d.h. in primitiven, manchmal ordinären Farcen und Radaustücken. Theodora spielte in kleineren Rollen mit. Sie beherrschte die Kunst der Imitation, war von schneller Auffassungsgabe und bewegte sich überaus ungezwungen; so wurde sie rasch populär. Schauspielerinnen in Byzanz hatten nicht gerade die Keuschheit gepachtet. Diese Tugend verbot ihnen die Gesellschaft, und da sie nicht ehrbar waren, schmähte man sie obendrein. Prokop verweilt bei diesem Abschnitt in Theodoras Leben mit der neurotischen Geilheit der Prüderie. So lese man seine Darstellung mit Vorbehalt:

Zu der Zeit konnte sich Theodora, noch nicht reif, eines Mannes Bett zu teilen, zwar noch nicht als Frau betätigen; doch pflegte sie mit üblen Burschen wie ein Lustknabe schmählichen Umgang, und dies mit Sklaven, die ihren Herrn ins Theater begleiteten und die Gelegenheit dazu benutzten, solche Schandtat zu begehen. Mit dieser widernatürlichen Preisgabe ihres Körpers brachte sie ziemlich lange Zeit in einem Bordell zu. Sobald sie erwachsen und reif war, ging sie unter die Schauspielerinnen und wurde gleich eine gewöhnliche Hetäre, eine ›Hetäre zu Fuß‹, wie die Alten sagten. Denn sie konnte weder Flöte spielen noch Laute schlagen, nicht einmal als Tänzerin war sie ausgebildet, sie mußte vielmehr ihre Schönheit allein unter Einsatz aller körperlichen Reize dem Nächstbesten hingeben. Später nahm sie an mimischen Darbietungen teil, trat regelmäßig als Schauspielerin auf und diente als Zielscheibe schlüpfriger Possenreißerei. Sie war sehr nett und witzig und erregte dadurch in Kürze allgemeine Aufmerksamkeit. Nie kannte das Weib irgendwelche Scham, und niemals sah sie irgendeiner verlegen; ohne jedes Zögern willfahrte sie dem schändlichsten Verlangen, und sie gehörte zu den Mädchen, die trotz Prügel und Ohrfeigen noch vergnügt scherzten und hell auflachten. Sie warf das Kleid von sich, entblößte Vorder- und Hinterteil und zeigte dem Nächstbesten unverhüllt, was nach den Regeln des Anstands Männern verborgen und unsichtbar sein sollte.

Mit den Liebhabern trieb sie ihr Spiel, indem sie sich als die Spröde zeigte, und mit immer neuen Kunstmitteln der Wollust wußte sie die Lebemänner dauernd an sich zu ketten. Denn von niemand ließ sie sich verführen, mit unzüchtigen Späßen und wie ein gemeiner Possenreißer sich in den Hüften wiegend, verführte sie ihre Opfer, besonders Jugendliche, denen kaum der Bart sproßte. Niemals zuvor war eine Frau jeder Art von Lust so unterworfen. Mit zehn oder mehr jungen Männern auf der Höhe ihrer Kraft, die selber Wollust als Tagewerk betrieben, ging sie oft zu einem gemeinschaftlichen Mahl und schlief dann bei sämtlichen Gästen nacheinander die ganze Nacht hindurch. Wenn sich aber alle völlig verausgabt hatten, suchte sie noch deren Sklaven auf, gelegentlich etwa dreißig an Zahl, und schlief bei jedem einzelnen von ihnen. Auch dann hatte sie noch nicht genug von diesem abscheulichen Laster. Obwohl sie mit drei Öffnungen ihrem Gewerbe nachging, machte sie der Natur doch bittere Vorwürfe, daß diese ihr nicht auch die Brustwarzen so erweitert habe, um damit noch eine weitere Art von Beischlaf halten zu können. Natürlich war sie häufig schwanger, doch vermochte sie durch alle möglichen Kunstgriffe die Frucht sofort wieder abzutreiben.

Sie entkleidete sich wiederholt auch im Theater vor den Augen des ganzen Publikums und trat nackt mitten auf die Bühne. Lediglich Scham und Lenden waren bedeckt, nicht etwa weil sie sich schämte, auch diese Teile dem Volke zu zeigen, sondern weil niemand dort völlig nackt auftreten darf; man muß wenigstens einen Lendenschurz anziehen. Mit dieser minimalen Bekleidung lag sie dann ausgestreckt rücklings auf dem Boden. Einige Bühnenarbeiter streuten über den Schoß Gerstenkörner, und die Gänse, die dazu abgerichtet waren, pickten sie mit ihren Schnäbeln einzeln auf. Theodora aber schämte sich dessen auch nicht im mindesten, im Gegenteil, man konnte den Eindruck gewinnen, als sei sie noch besonders stolz, nachdem sie sich wieder erhoben hatte. Sie war nicht nur die Schamlosigkeit in Person, sondern tat mehr als alle anderen, schamloses Verhalten auch noch zu fördern.[5]

Wir brauchen Prokop nicht zu wörtlich zu nehmen. Er bezog sich in der Hauptsache auf gehässigen Gesellschaftsklatsch, außerdem haßte und fürchtete der bedeutende Historiker Theodora. In Wahrheit war sie offensichtlich eine recht erfolgreiche Schauspielerin der zeitgenössischen Komödie gewesen, eine Art Soubrette mit Talent zum Striptease. Eine ihrer brillantesten Nummern war die Rolle in einer burlesken Aufführung des Mythos von Jupiter und Leda. Ihre Moralvorstellungen waren nicht besser und nicht schlechter als die ihrer Kolleginnen. Die jungen Herren der Gesellschaft benötigten Mädchen für ihre Gelage. Es war jedoch ein hartes Brot, das da gegessen wurde, ein Leben, das im Vergleich zu heutigen Möglichkeiten niemals zu einem gewissen öffentlichen Ansehen und zu Reichtum führen konnte. Theodora schaute sich nach einer etwas dauerhafteren Stellung um, und sie hatte Erfolg. Als Mätresse eines gewissen Hekebolus, eines hohen Staatsbeamten, befand sie sich in dessen Begleitung bei seinem Dienstantritt als Gouverneur einer kleineren afrikanischen Provinz. Sie war nun nicht gerade die Gouverneursgattin, aber sie hatte es in der Welt zu etwas gebracht. Und wenn alles gutging, konnte sie mit einer diskreten Abfindung rechnen, falls Hekebolus ihrer überdrüssig würde. Aber sie hatte sich verrechnet. Möglicherweise hielt man ihren scharfen Verstand im Haus des Gouverneurs für deplaciert. Vielleicht hielt sie auch ihrem schwerfälligen Liebhaber nicht allzu sehr die Treue. Wie auch immer, nach einer heftigen Auseinandersetzung setzte man Theodora vor die Tür.

Knapp zweitausend Kilometer von der Heimat entfernt, war ihre Lage nun schier aussichtslos. Prokop läßt durchblicken, sie habe sich die Heimfahrt als Prostituierte verdient. Er mag recht haben. Immerhin blieb sie einige Zeit in Alexandrien, und es gibt Hinweise, daß sie dort einige der führenden monophysitischen Kleriker traf, zum Beispiel den Patriarchen Timotheus und den strengen Severus von Antiochia. Wahrscheinlich stammt aus dieser Zeit ihr Faible für den monophysitischen Glauben; es gibt auch Stimmen, die eine Art religiöser Umkehr annehmen und von einer Absage an ihren früheren Lebensstil sprechen. Zur Bühne kehrte sie nicht mehr zurück, sondern wohnte in einem kleinen Haus beim Palast; dort bestritt sie ihren Lebensunterhalt als Wollspinnerin. In seinen späteren Jahren war Justinians Leben von Enthaltsamkeit geprägt. Es wäre jedoch erstaunlich, wenn sich ein Mann seiner Stellung in der Jugend nicht die Hörner abgestoßen hätte. Seit dem Tag, an dem er Theodora traf, gehörte das freilich der Vergangenheit an. Seine ärgsten Feinde – und er hatte deren viele – konnten ihn nicht einer einzigen Treulosigkeit überführen. Sie wurde seine Geliebte, und er überschüttete sie mit allen Reichtümern des Herrschers über die römische Welt. Zweifellos war er der Vater einer Tochter, die sie um diese Zeit gebar; das Mädchen starb in jungen Jahren.

Theodora war nach dem Urteil der Zeitgenossen immer noch eine auffallende Schönheit, auch wenn ihre Gesichtszüge Spuren des ereignisreichen Lebens aufwiesen. Natur und Erfahrung hatten ihr einen scharfen und allzeit wachen Verstand geschenkt, ein unfehlbares Gedächtnis und außerdem das Talent, sich in der Öffentlichkeit zu bewegen. Ihr Selbstvertrauen war grenzenlos, Furcht kannte sie nicht. Sie hatte sich eine breite, wenn auch oberflächliche Bildung angeeignet, wie sie dazu gekommen war, ist nicht bekannt; später zitierte sie anläßlich eines denkwürdigen Ereignisses den Rhetor Isokrates auf eine Weise, welche die Zuhörer begeisterte. Als Justinian sie kennenlernte, war er etwa vierzig; von mittelgroßer Statur, hatte er ein ernstes, leicht gerötetes Gesicht. Äußerlich ziemlich zurückhaltend, zwar zugänglich, doch nicht gerade gesellig, saß er mit Ausdauer über den Staatsakten, widmete sich mit Akribie einzelnen Detailfragen und benötigte bemerkenswert wenig Schlaf. Er war überaus ehrgeizig, überaus geduldig, seine Pläne waren für Jahre im voraus sorgfältig festgelegt. In entscheidenden Augenblicken aber verließ ihn manchmal der Mut, konnte er sich zu keiner Entscheidung durchringen. Theodora ergänzte ihn in idealer Weise. Sie war gewinnend im Umgang mit anderen, stellte sich pragmatisch auf das Hier und Heute ein und reagierte in Krisenzeiten niemals kopflos. Er war ihr ganz ergeben, und ihr Vertrauen zueinander war vollkommen.

Bald entschloß er sich, sie zu heiraten. Die Vermählung würde zwar Brauch und Herkommen widersprechen, doch Justinian war zu der Zeit schon zu mächtig, als daß er sich nach der Konvention hätte richten müssen. Damit die Sache nicht allzu unziemlich aussah, überredete er seinen Onkel dazu, Theodora die Würde des Patriziats zu verleihen. Doch es gab da noch zwei weitere Hindernisse. Die betagte Kaiserin Euphemia, sonst niemals an staatspolitischen Dingen interessiert, blieb unerbittlich: Für jenes Weibsbild war im Palast kein Platz. Auch untersagte das Gesetz ausdrücklich die Eheschließung eines Senators mit einer Schauspielerin. Im Jahr 524 aber starb Euphemia, und wenig später erließ Justin ein sehr bemerkenswertes Edikt. In wohltönendem, weitschweifigem Latein hören wir, daß in Zukunft Schauspielerinnen, die ihrem früheren Lebenswandel abgeschworen haben, legal heiraten und jene, denen man hohe Würden zuerkannt hat, auch mit Personen von Rang die Ehe eingehen dürfen. Das Gesetz war eindeutig auf Theodora zugeschnitten, da es niemals zuvor in der Geschichte Roms eine Ex-Schauspielerin gegeben hat, der man eine solche Würde übertragen hätte. Im Jahr 525 fand die Hochzeit statt, höchstwahrscheinlich in der großartigen, von Konstantin zweihundert Jahre zuvor erbauten Sophienkirche im Beisein des Patriarchen. Um die gleiche Zeit heiratete Theodoras ältere Schwester Comito den Heeresmeister Sittas, Oberbefehlshaber in einer Militärregion und ein alter Freund Justinians. Bald darauf erhielt Justinian, der jetzt keinen Rivalen mehr hatte, die neue Würde eines *nobilissimus*. Am 1. April 527 bestimmte der alte, damals schon todkranke Herrscher seinen Neffen zum Mitkaiser. Drei Tage später krönte der Patriarch Justinian und Theodora in der Sophienkirche. Begleitet von geistlichen und weltlichen Würdenträgern, der Palastwache, Herolden und Fanfarenbläsern, begab sich das Herrscherpaar nach der Krönung zum Hippodrom; ein Kordon von Soldaten hielt die schaulustige Menge zurück. Im Kathisma stehend, nahmen sie dort die Akklamation der begeisterten Untertanen entgegen. Worüber sinnierte wohl Theodora, als sie da stand mit priesterlichem Ernst, erstrahlend im Brokat und Geschmeide einer römischen Kaiserin, an eben dem Ort, wo ihre nicht alltägliche Karriere begonnen hatte? Tauschte sie mit ihrem nachdenklichen Gemahl den wissenden, kaum wahrzunehmenden Blick von Komplizen? Oder etwa mit ihrer Schwester Comito, jetzt Gattin eines Generals? Wir werden es niemals erfahren. Aber daß sie an diesem Tag *die* schauspielerische Leistung ihres Lebens erbrachte, dessen können wir sicher sein.

3 WEGGEFÄHRTEN

Kaiser Justin lebte nach der Krönung seines Neffen noch einige Monate, hielt sich aber von den Staatsgeschäften fern. Er starb am 1. August 527; Justinian war der unbestrittene Thronerbe. In den Jahren, die ihn als die eigentliche treibende Kraft im Hintergrund sahen, hatte er sich mit einem Kreis von Gefährten umgeben, denen er voll vertrauen konnte. Obwohl es ihm schwerfiel, Verantwortung zu delegieren, gelang es ihm erstaunlicherweise, die Freundschaft und die loyale Mitarbeit außerordentlich befähigter Männer zu gewinnen, von denen einige sehr wohl Rivalen hätten sein können. Vieles behielt er jedoch für sich, er zog auch niemanden vollständig ins Vertrauen, vielleicht nicht einmal Theodora. Doch wie er in seiner Jugend die bedenklichen Praktiken der Wortführer im Zirkus für seine Zwecke benutzen konnte, so erfreute er sich jetzt, zu Beginn seiner besten Jahre, der unerschütterlichen Treue fähiger Soldaten und Staatsmänner. Die meisten treten zum erstenmal gegen Ende der Regierungszeit Justins oder zu Beginn von Justinians Herrschaft in unser Blickfeld. Jahrelang muß er sich umgeschaut, seine Leute ausgewählt, sie für die großen auf sie zukommenden Aufgaben vorbereitet haben. Höflich zurückhaltend, trotz der zur Schau getragenen Leutseligkeit undurchschaubar, scharf beobachtend, nachdenklich ins Gespräch vertieft, doch immer wachen Sinnes für alles, was sonst vorging – so sehen wir ihn beim Besuch von Militärkasinos, Büros, Gerichtssälen, so stellte er auch das Team zusammen, mit dem er sein großes Vorhaben ausführen sollte. Rang und Namen waren für ihn bedeutungslos, sie konnten sich sogar negativ auswirken, denn die führenden Familien im Reich begegneten dem Emporkömmling aus Thrakien mit feindseligem Mißtrauen. Selbst hochgebildet und belesen, intellektuellen Bedürfnissen gegenüber aufgeschlossen und an gelehrter Erörterung durchaus interessiert, ließ er sich dennoch nicht durch rhetorischen Glanz und vornehmes Gehabe beeindrucken. Die Erfahrung hatte ihn gelehrt, wie oft gerade dadurch Inkompetenz, mangelndes Organisationstalent oder heimtückische Intrige verschleiert werden. Mitarbeiter, die seinen Vorstellungen entsprachen, mußten exzellente Arbeit leisten, auch bei unpopulären Maßnahmen, wenn heftige politische Angriffe zu erwarten waren; es mußten Männer sein, die in Notzeiten kühlen Kopf bewahren konnten. Das war die wichtigste Vorbedingung. Sodann brauchte er Männer ohne persönlichen Ehrgeiz. Nicht, daß er diejenigen ablehnte, die möglichst rasch Karriere machen und den Erfolg genießen wollten, im Gegenteil: Man kritisierte viele seiner Minister zu Recht, daß sie ihre Stellung zu sehr auskosteten und durch ihr Amt enorme Reichtümer anhäuften. Der Reichtum seiner Untergebenen und die Pracht, mit der sie auftraten, machten sie für Justinian um so mehr zu Abhängigen. Solange seine Herrschaft unbestritten blieb, genügte ein kleiner Wink, um sie der Paläste, der Ländereien, der Privatarmeen, der Bediensteten zu berauben und sie in Ketten ins Exil schaffen zu lassen, weit weg an irgendeinen erbärmlichen Fleck am Rande der zivilisierten Welt. Die Gesellschaft der frühen byzantinischen Epoche war ganz anders strukturiert als die feudale Ordnung des Mittelalters mit ihrer engen Beziehung zwischen Herren und Vasallen; sie gab einem Magnaten ein solches Maß an Unabhängigkeit, daß er es mit dem Herrscher durchaus aufnehmen konnte. Doch sie war eine instabile Gesellschaft mit großer sozialer Mobilität. Glück und Verdammnis der Menschen waren abhängig von der Laune des Kaisers. Und obwohl er als Stellvertreter Gottes auf Erden galt, war er gezwungen, seine Macht durch eine erfolgreiche Regierung zu rechtfertigen.

Nachdem er seine Mitarbeiter einmal auserwählt hatte, stand Justinian unerschütterlich zu ihnen. Zur Zeit der Spätantike war die Amtszeit hoher römischer Beamter oder Militärs im allgemeinen recht kurz bemessen. Zu viele Interessengruppen begehrten die Gunst des Herrschers, zu viele Forderungen mußten berücksichtigt werden. Außerdem waren Leute, die sich nach einem oder zwei Amtsjahren von den Staatsgeschäften zurückzogen, weniger gefährlich als jene, denen der Umgang mit der Macht zur Gewohnheit geworden war. Die wichtigsten Minister Justinians waren dagegen oft über Jahrzehnte hinweg im Amt. Und als der Druck der öffentlichen Meinung ihre Entlassung nahelegte, so geschehen während des großen Aufstands im Jahr 532, setzte er sie erneut in ihr Amt ein, sobald die Gefahr gebannt war.

3.1 Die Generäle

Obwohl letztlich vielleicht nicht die wichtigste, waren die Generäle doch die bemerkenswerteste Gruppe. Zuerst ist Belisar zu nennen. Sein Sekretär Prokop erkannte wohl seine Schwächen, doch fühlte er sich fraglos angezogen von dieser Persönlichkeit, deren Taten er bewunderte. Auch die Byzantiner hielten Belisars Andenken in Ehren. In der Dialektsprache des Volkes vorgetragen und von Generation zu Generation weitergegeben, erzählten viele Lieder seine legendenhaft ausgestaltete Lebensgeschichte, die kaum auf der historischen Wahrheit beruhte. Doch so wurde er zum Helden eines mittelalterlichen Abenteuerromans, dessen demotisch-griechische Fassung aus dem vierzehnten Jahrhundert auf uns gekommen ist.

Wesentlich jünger als Justinian, wurde er wahrscheinlich um das Jahr 505 geboren. Das genaue Datum ist nicht bekannt. Er stammte aus dem Ort Germania, heute das Dorf Sapareva Banya bei Dupnitza in Westbulgarien. Sein Name ist offenbar thrakischen Ursprungs. Er gehörte wie Justinian zu den romanisierten Thrakern, die sich damals zu einem gewissen Grad mit den Goten vermischt hatten. Ein Bauernsohn war er wohl kaum; zu Beginn seiner militärischen Laufbahn war er Offizier in einer Abteilung der Palastwache. Er wird höchstwahrscheinlich Sohn eines Grundbesitzers auf dem Lande gewesen sein. Von seiner Familie ist nichts bekannt. Im Gegensatz zu Justin brachte er auch keine Neffen und Vettern mit nach Konstantinopel, die dort von seinem Erfolg profitieren wollten. In der Überlieferung erscheint er als hochgewachsener, gutaussehender, schneidiger junger Mann, kurz, als das Urbild eines jungen Kavallerie-Offiziers. In der Hauptstadt war er einer unter vielen, doch Belisars Qualitäten hoben ihn über seine Genossen hinaus und bestimmten Justinian, als er Heeresmeister in Diensten Justins war, ihn in seinen Stab zu berufen. Etwa um das Jahr 526, er war wohl Anfang zwanzig, befehligte er die römische Armee in Mesopotamien im Krieg gegen die Perser, Belisar zeichnete sich hierbei kaum aus, denn er leitete lediglich zwei Feldzüge, die keine Entscheidung brachten. Wahrscheinlich waren die ihm zur Verfügung stehenden Truppen nicht schlagkräftig genug. Justinian hatte vielleicht auch nicht mehr als eine Machtdemonstration an der Grenze im Sinn, denn zu diesem Zeitpunkt war er nicht darauf aus, sich in einen großen Krieg mit Persien einzulassen. Jedenfalls war er mit seinem Protegé zufrieden, und im April 529, damals schon Alleinherrscher, ernannte er ihn zum Heeresmeister des Ostens und Oberbefehlshaber an der persischen Front. Hypatius, der General, der ihm weichen mußte, war ein Neffe des Kaisers Anastasius. Im Militärdienst ergraut, hatte er wenig auffallende Leistungen erbracht. Gegen Ende der Regierungszeit seines Onkels hatte er eine vernichtende Niederlage durch den Aufrührer Vitalian erlitten, war aber doch ein Mann, der Kaiser hätte werden können. Jetzt also übernahmen jüngere Leute das Kommando, doch Justinian ging kein unnötiges Risiko ein. Hermogenes, ein erfahrener Offizier, der schon unter Anastasius und Justin gedient hatte, wurde Chef des Führungsstabes, wahrscheinlich um realitätsferne strategische Überlegungen nach Möglichkeit zu unterbinden. Belisar tat auch auf diesem Kommandoposten nichts, was auf seine hervorragende Begabung hindeutete, die sich bald zeigen sollte. Immerhin verteidigte er die Stadt Daras gegen überlegene persische Kräfte, wobei er das Gelände klug ausnutzte, seine Truppen rasch umgruppierte und zur rechten Zeit angriff. Nach dem Urteil Prokops war dies der erste entscheidende Sieg römischer Waffen über die Streitmacht der Perser seit langer Zeit. Im nächsten Jahr folgte er den zurückweichenden Truppen, vermied sorgfältig den Kampf, doch beschleunigte er im Nachdrängen den Rückzug des Feindes. Dabei ließ er sich durch den Rat einiger Offiziere bei dem Ort Kallinikos zu einem vorzeitigen Angriff verleiten. Die Perser durchbrachen die römischen Linien, eine kopflose Flucht war die Folge. Belisar kämpfte daraufhin selbst mannhaft zu Fuß und befahl seinen Stabsoffizieren, vom Pferde zu steigen und das gleiche zu tun. Zuletzt gelang es ihm, dem persischen Angriff standzuhalten; eine mögliche Katastrophe war abgewendet. Wenig später wurde er nach Konstantinopel zurückgerufen, jedoch kaum wegen dieser Niederlage, sondern weil Justinian ihn mit wichtigeren Aufgaben betrauen wollte. In Konstantinopel heiratete der junge General, kaum dreißigjährig. Seine Frau Antonina war beträchtlich älter als er – um wie viele Jahre wissen wir nicht. Sie war eine enge Freundin Theodoras und ebenfalls Schauspielerin. Ob sie zuvor verheiratet war, ist nicht bekannt, doch hatte sie viele Kinder, von denen zumindest ein Sohn namens Photius bei ihr wohnte. Prokop, der Antonina nur zu gut kannte, haßte und fürchtete sie. In seiner *Geheimgeschichte* bezeichnet er sie als Zauberin, Ehebrecherin und Mörderin. Zweifellos war sie nicht die treue Gattin wie Theodora. Sie nutzte offensichtlich skrupellos ihre Machtposition und bereitete Belisar viel Ärger. In Zeiten, in denen der Ehekrieg bis zur Erschöpfung geführt wurde, mußte sogar die Kaiserin eingreifen, hauptsächlich wegen eines jungen Mannes namens Theodosius. Belisar hatte ihn sozusagen offiziell adoptiert, und Antonina nahm ihn sich eine Zeitlang als Liebhaber. Der Haussegen hing dementsprechend sehr oft schief; man quälte sich bald mit Anklagen, bald mit Versöhnungsversuchen unter Tränen – auch Mord und Totschlag waren in diesem Zusammenhang nicht auszuschließen. Prokops Schauergeschichten geben da manches Rätsel auf. Belisar war seiner Frau gegenüber offenbar in jeder Beziehung nachsichtig. Auf fast allen seinen Feldzügen begleitete sie ihn, soviel ist sicher. Vielleicht war sie in seiner Gegenwart weniger gefährlich; vielleicht mochte er trotz ihrer Untreue nicht von ihr lassen. Höchstwahrscheinlich geriet er schon früh in eine Art emotionaler Abhängigkeit – immerhin war sie älter und erfahrener als er –, die einen Bruch unmöglich machte.

Ein anderer General aus Thrakien war Sittas. Er war wohl nur wenig älter als Belisar und hatte wie dieser gegen Ende der Herrschaft Justins im Osten ein Heereskommando inne. Im Jahre 528, ein Jahr vor der Ernennung Belisars, wurde er Heeresmeister in Armenia und Pontus. Er hatte damit die Verantwortung für einen heiklen Frontabschnitt, denn die Regierung in Byzanz versuchte damals mit militärischer und politischer Einflußnahme die Stämme des Lazenlandes von ihrem Bündnis mit Persien abzubringen, um so den Zugang zum Schwarzen Meer zu blockieren. Kurz nach seiner Ernennung erfuhr er einen besonderen Gunstbeweis des Kaiserpaares. Comito, die ältere Schwester Theodoras, wurde seine Gemahlin. Im Jahre 530 war er erneut auf seinem Posten in Armenien, wo er mit außerordentlichem Geschick die einflußreichen, in ihrer Ehre schnell verletzlichen Stammeshäupter für sich gewann. Insbesondere verschaffte er ihnen die Möglichkeit, in römische Dienste zu treten. Ihre loyale Haltung sollte damit belohnt werden; er wollte aber auch ihren engen Horizont weiten, die Kämpfe und Streitigkeiten im heimatlichen Gebirge beenden und ihnen Aufgaben in größerem Rahmen zuweisen. Mit Sittas begann für viele Armenier das Leben in der Diaspora. Ohne sein Einfühlungsvermögen wären sie vielleicht in ihren Hochgebirgstälern verblieben, wie etwa die Bewohner des Gebiets von Suania, die bis auf den heutigen Tag völlig bodenständig sind. Die Armenier hätten ihre bemerkenswerte geschichtliche Rolle wohl kaum spielen können wie etwa im byzantinischen Imperium, später im ottomanischen Reich oder in der Welt sonst. So gesehen schien Sittas als Rivale von Belisar im Vorteil zu sein. Warum aber ist er heute nur wenigen Kennern ein vertrauter Name? Vielleicht veranlaßte sein Charakter Justinian zur Vorsicht. Seine politische Begabung, die in der Armenienfrage erkennbar wurde, sprach möglicherweise auch gegen ihn. Höchstwahrscheinlich aber liegt des Rätsels Lösung in der Tatsache, daß er im Jahr 532, also zur Zeit des Nika-Aufstands, nicht in Konstantinopel war. Damals mußten Justinians Freunde die Feuerprobe bestehen. Belisar war zur Stelle, loyal wie immer. Sittas, der *magister militum praesentalis* (höchste Rangstufe in der Militärlaufbahn), leitete gerade einen erfolgreichen Feldzug gegen die Nomaden der Steppengebiete jenseits der Donau. Bei seiner Rückkehr wurde er vom Kaiser und der begeisterten Menge herzlich empfangen, er gehörte jedoch nicht mehr zum Kreis derer, denen sich Justinian voll anvertraute. Eine Revolte, durch unzufriedene Stammeshäupter angezettelt, rief ihn im Jahr 538 nach Armenien zurück. Dort fiel er bei einem Scharmützel im Kampf.

Ein Mann, der nicht nur Belisar, sondern selbst Justinian hätte gefährlich werden können, war Germanus. Er war ein Neffe Justins, mithin Justinians Vetter und war wie dieser seinem Onkel nach Konstantinopel gefolgt. Vor Justins Ableben treffen wir ihn als Heeresmeister in Thrakien. Germanus war ein sieggewohnter General. Warum also, müssen wir uns fragen, bevorzugte Justin seinen unkriegerischen Vetter Justinian? Vielleicht spielte das Alter eine Rolle bei der Entscheidung – Germanus war wohl beträchtlich jünger als Justinian. Mag sein, daß nach Meinung des betagten Kaisers sein eleganter Lebensstil und seine Verbindungen zur Aristokratie nicht für Germanus sprachen. Denn er hatte in die unermeßlich reiche Adelsfamilie der Anicii eingeheiratet, eine römische Familie der Hocharistokratie, die in den Osten gekommen war, als sich das ostgotische Reich in Italien etablierte. Germanus schien in dieser Aristokratie aufgegangen zu sein. Prokop berichtet voller Wohlwollen von ihm; er hält ihn für einen unbestechlichen, freigebigen *grand seigneur*, der im ganzen Reich Paläste und Landgüter besaß und mit Verachtung auf die Zirkusspiele und den besessenen Pöbel herabblickte; freilich verschweigt er nicht, daß Theodora ihn verabscheute. Die Abneigung beruhte wohl auf Gegenseitigkeit. Man halte sich nur die Gefühle seiner Gattin vor Augen, einer Dame, deren Stammbaum mit Kaisern und Konsuln geschmückt war, wie sie vor der schlechterdings unerträglichen Ex-Schauspielerin in die Knie sinken mußte.

Theodora verstand sich auf solche Dinge sehr wohl und wird auf genaueste Einhaltung des Protokolls gedrungen haben, wenn sie mit ihrer hochedlen Schwägerin zusammenkam. Justinian aber verstand sich gut mit Germanus. Er schätzte seine Stetigkeit, seine militärische Begabung, seine persönliche Integrität. Die enge Beziehung zueinander bestand schon Jahre, bevor beide die Stufenleiter des Erfolges erklommen – wahrscheinlich seit den Tagen der gemeinsamen Arbeit auf einem Bauernhof im Balkan –, und Justinian wußte, daß er Germanus überlegen war. Er übertrug ihm die Leitung verschiedener wichtiger Unternehmungen, so in Afrika 536, im Osten 540, in Italien 550.

Nach Theodoras Tod im Jahr 548 kam es zu einer Verschwörung mit dem Ziel, Germanus auf den Thron zu erheben, doch sie mißlang, hauptsächlich, weil Germanus sich nicht dafür erwärmen konnte – er informierte einen Offizier der Palastwache, welcher Justinian in Kenntnis setzte. Der Kaiser bebte zwar vor Zorn, weil er nicht früher, und zwar durch Germanus selbst, informiert worden war, doch zweifelte er nicht an der Unschuld seines Vetters. Als er zwei Jahre danach den Oberbefehl in Italien übernahm, heiratete er mit großem Pomp – er war damals Witwer – die gotische Prinzessin Matasuntha, Witwe König Witigis' und Enkelin Theoderichs. Die Hochzeit symbolisierte Justinians Vorhaben, die Verhältnisse in Italien durch eine Verbindung der Interessen Konstantinopels mit den

Ansprüchen der gotischen Königsfamilie dauerhaft zu ordnen. Germanus wurde hier als möglicher Nachfolger Justinians herausgestellt; immerhin war der Kaiser damals achtundsechzig. Wie viele Pläne Justinians scheiterte auch dieser großartige Entwurf. Die Goten setzten den Kampf unter anderen populären Anführern fort, außerdem starb Germanus im Herbst des Jahres 550 in der Stadt Serdica (Sofia).

Ein Heerführer, der als echter Rivale Belisars gelten konnte, war ein im Vergleich zu Germanus ganz andersgearteter Charakter, obwohl er wie dieser – ebenso wie Justinian – ein Mann von einfacher Herkunft war. Narses war nicht einmal Römer, er kam aus einem Teil Armeniens, das zum persischen Einflußgebiet gehörte. Er kam als Sklave und Eunuch nach Konstantinopel, die näheren Umstände sind unbekannt. Sein Geburtsjahr wird mit 480 angegeben. Auch sein Eintritt in kaiserliche Dienste bleibt höchst mysteriös. Er betritt die Bühne der Weltgeschichte zu Beginn der Regierung Justinians als Kommandeur der ganz aus Eunuchen gebildeten Leibwache des Kaisers; damals ist er schon über vierzig. Seine Stellung machte ihn automatisch zum Vertrauten des Kaisers. Er wäre jedoch nicht lange im Amt geblieben, wenn ihm nicht Theodora voll vertraut hätte. Nach dem Zeugnis der Zeitgenossen teilte er ihre Neigung zu den Monophysiten. Falls er eine bestimmte Auffassung zu den theologischen Kontroversen seiner Zeit gehabt hat, behielt er sie wohl ganz für sich, denn die Lebenserfahrung hatte ihn Umsicht und Besonnenheit gelehrt. »Ein schmächtiger, dem äußeren Anschein nach schwächlicher Mann«, so charakterisiert ihn der Historiker Agathias, der ihn wahrscheinlich gut kannte, »zeigte er neben hervorragender Fachkompetenz einen ans Unglaubliche grenzenden Mut.« Kein Mann von Bildung, ungeübt in der formalen Rhetorik, erfaßte er dennoch komplizierte Probleme rasch und scharfsichtig. Hatte er eine Entscheidung gefällt, setzte er sie gründlich und mit Energie in die Tat um. Die warme Menschlichkeit, die er in den verschiedensten Situationen an den Tag legte, wird von den Zeitgenossen ganz besonders gerühmt. Auffallend auch, daß er in der boshaften *Chronique scandaleuse* Prokops nicht vorkommt. Kurz, ein Mann, wie er sein soll: charakterfest, befähigt, intelligent; aber kaum einer, der das Zeug zum Feldmarschall hat. Doch befand sich Narses als Kommandeur der Leibwache Justinians in einer Schlüsselposition während des Nika-Aufstands, als Justinians Schicksal am seidenen Faden hing. Seine Loyalität war unerschütterlich, auch entwickelte er unerwartete militärische Fähigkeiten. Seine Beförderung folgte auf dem Fuß. Er studierte eifrig Militär- und Waffentechnik und war ein begieriger Schüler seines engen Freundes Johannes, des Neffen von Vitalian, der ein langgedienter, erfahrener Soldat war. Im Jahr 538 sandte ihn Justinian nach Italien mit dem Auftrag herauszufinden, ob man den Krieg dort nicht schneller beenden könne. Dies kam faktisch einer kritischen Beurteilung Belisars gleich. Der große Feldherr war empört und im Innersten getroffen. Kein Wunder, daß er den feierlich und elegant daherkommenden Eunuchen, dessen Alter noch dazu rätselhaft war, regelrecht haßte. Querelen waren an der Tagesordnung, so daß einer der beiden gehen mußte. Zur großen Überraschung aller war es Belisar, der den kürzeren zog und nach Konstantinopel zurückkehrte, nicht Narses. Doch Justinian wußte, was er tat. Am Ende war es Narses, der den langen Gotenkrieg beendete. Er war im Jahr 552 wieder Oberbefehlshaber geworden; und zwar hatte er diesmal eine Armee, die im Vergleich zu der Belisars weit besser ausgerüstet war. Er führte den Krieg nicht kühn und schwungvoll wie dieser, doch war er ein sorgfältiger Architekt des Sieges. Am 20. Juli 561 fiel Verona, Justinians Traum war damit Wirklichkeit geworden. Sogleich kümmerte sich Narses, damals etwa achtzig Jahre alt, um die militärische Reorganisation Italiens. Trotz der Bestimmungen der *Pragmatischen Sanktion*, die in Italien die frühere Zivilverwaltung wieder herstellte, regierte er de facto als ein Stellvertreter des Kaisers das Land bis zum Tode Justinians. Er war der einzige unter seinen engen Mitarbeitern, der Justinian überlebte. Als er um das Jahr 575 starb, soll er fünfundneunzig Jahre alt gewesen sein.

Auch andere von Justinian schon früh herangezogene Offiziere erfüllten seine Erwartungen. Johannes Troglites war *magister militum* in Mesopotamien, danach mindestens bis zum Jahr 552 Oberbefehlshaber in Afrika. Er war Spezialist für militärische Säuberungsaktionen und Vergeltungsschläge; seine wohlvorbereiteten und schneidig durchgeführten Feldzüge stabilisierten die Moral der byzantinischen Armee ganz entscheidend, denn sie hatte viele Probleme, auch psychologischer Art: Dem raschen Sieg auf dem Schlachtfeld folgte die mühsame Befriedung des unterworfenen

Landes. Merkwürdig, daß gerade ein Mann wie er zur Hauptfigur der letzten epischen Erzählung im Stil der lateinischen Klassik wurde. Flavius Cresconius Corippus, ein Lehrer aus Karthago, verherrlichte ihn in seiner *Johannis*.

Solomon, aus Daras in Mesopotamien, zeichnete sich ebenfalls in Afrika aus. Er war Eunuch, als Folge eines Unfalls. Wir wissen nicht, wo und wie er das Kriegshandwerk erlernte. Zunächst wurde er anscheinend von Belisar protegiert, der ihn als Stabschef mit nach Afrika nahm. Als Belisar im Jahr 533 nach Sizilien und Italien ging, avancierte er zu seinem Nachfolger. Er galt als undiplomatischer, rücksichtsloser Bürokrat – Solomon war kaum für die Aufgabe vorbereitet worden, die seiner harrte – und machte sich bei Soldaten und Zivilbevölkerung gleichermaßen unbeliebt. Am Ostersonntag des Jahres 536 mißlang ein Versuch, ihn in der Kathedrale von Karthago zu ermorden. Eine Militärrevolte folgte auf dem Fuß. Justinian, obwohl vorrangig mit Italien beschäftigt, kam zu der Einsicht, daß es in Afrika nicht zum Besten bestellt war, und berief Solomon ab. Es hätte das Ende seiner Laufbahn sein können. Doch der Kaiser ließ seine Mitarbeiter nicht so leicht fallen. Im Jahr 539 kehrte Solomon mit frischen Truppen und neuer Weisung nach Afrika zurück und begann sogleich mit einer Operation gegen die Berber in der Gegend von Aurès, um auch dort den byzantinischen Einfluß geltend zu machen. Das Unternehmen wurde erfolgreich abgeschlossen und stürmisch gefeiert, doch nur wenig später sah er sich einer weit schwierigeren Aufgabe gegenüber. Ein Teil der Armee meuterte 543, von der Bevölkerung unterstützt. Solomon reagierte schnell und entschieden, errang auch Erfolge; im darauffolgenden Frühjahr fiel er jedoch im Kampf. Inschriften in Tunesien und Algerien bezeugen noch heute den Bau von Straßen und Kastellen sowie die anderen Ingenieurleistungen dieses bedeutenden Eunuchen aus Mesopotamien.

Auch Goten gehörten zu den Generälen Justinians. Bessas, ein Ostgote, stammte aus Thrakien und hatte schon im Perserkrieg des Kaisers Anastasius mitgekämpft. Zur Zeit der Thronbesteigung Justinians war er Unterführer im Osten. Vielleicht wurde Belisar dort auf ihn aufmerksam, vielleicht hatte Justinian ihn sich schon früher vorgemerkt. Er wurde jedenfalls unter Belisar in Sizilien und Italien befördert und war Befehlshaber in Rom während der kühnen Belagerung der Stadt durch Totila im Jahr 545. Man warf ihm damals Mangel an Tatkraft vor; auch soll er wenig flexibel gewesen sein. Es kam zu einer Vereinbarung zwischen Totila und einem römischen Geistlichen mit dem Resultat, daß die Bevölkerung evakuiert, die Stadt geräumt wurde. Justinians Vertrauen in Bessas blieb dennoch unerschütterlich. Er ernannte ihn zum *patricius* und sandte den Siebzigjährigen als Oberbefehlshaber an die heikle armenische Front. Dort leitete er fünf Jahre lang schwierige Operationen in den wildzerklüfteten Bergen von Armenien und Lazika. Obwohl er keine großartigen Siege erfocht, gelang es ihm doch, den römischen Einfluß in diesem wichtigen Klientelstaat zu sichern. Sozusagen über Nacht und ohne erkennbaren Grund hatte Justinians geduldiges Zuwarten ein Ende. Bessas wurde seiner Würde entkleidet und in ein kleines Dorf im Land der Abasgen am Ostufer des Schwarzen Meeres verbannt, sein Vermögen wurde konfisziert. Justinian war damals schon über siebzig und kränkelnd, womöglich erklärt dies sein Verhalten. Doch daß jemand wie Bessas nach dreißigjährigem treuem Dienst bei ihm in Ungnade fiel, war die große Ausnahme.

Gote oder Thraker war auch Johannes, der Neffe jenes Vitalian, der mit Erfolg gegen Anastasius den Aufstand erprobt hatte, dann durch die Aussicht auf das Konsulat nach Konstantinopel gelockt und dort prompt auf Befehl Justinians umgebracht worden war. Er war Heerführer unter Belisar in Italien, aber auch mit Narses eng befreundet. Beim Zwist der beiden Generäle hielt er es mit Narses. Möglicherweise wurde er deswegen von Belisar nach Konstantinopel geschickt. Doch Justinian nahm von der offenkundigen Kritik Belisars an Johannes keine Notiz. Zurück in der Hauptstadt, heiratete Johannes eine Tochter des weltgewandten Germanus, der ein Vetter Justinians war. Bald darauf kehrte er nach Italien zurück und blieb dort als bewährter General unter Narses und Germanus bis zum siegreichen Abschluß des Krieges im Jahr 561.

Prokop zählt Namen und Taten von vielen anderen Heerführern in seinen Werken auf. Doch nur Belisar und Narses offenbarten die strategische Begabung, die den großen Feldherrn ausmacht. Die anderen waren brillante Taktiker mit Organisationstalent, durchaus tüchtige Militärs; im übrigen gehörten sie zum engeren Kreis der Männer um Justinian. Eifrig vertieft in Landkarten und Lageberichte, lenkte der kaiserliche Stratege im Palast am Bosporus vom grünen Tisch aus mit visionärer Energie diese sonderbar gemischte Schar von Heerführern. Ihr loyales Verhalten wurde mit Reichtum, Prestige und Protektion belohnt.

3.2 Die hohen Staatsbeamten

Im zivilen Bereich der Staatsverwaltung waren Führungsqualitäten vielleicht weniger wichtig. Eine Bürokratie kann bis zu einem gewissen Grad sehr gut auch ohne Ressortchef funktionieren; eine Armee ohne General ist hilflos. Wegen der traditionell kurzen Amtszeit der hohen Beamten waren in der Zeit der Spätantike die einzelnen Ministerien relativ autonom. In seiner um das Jahr 550 verfaßten Schrift *Über die römische Staatsverwaltung* gibt Johannes Lydos einen guten Einblick in die altväterische, ganz von Protektion bestimmte Atmosphäre der Amtsstuben und in die Arbeitsweise der Beamten mit ihrer Vorliebe für juristische Präzedenzfälle. Johannes erhielt durch Vermittlung eines Verwandten eine Stelle als Beamter in Diensten des Prätorianerpräfekten und erklomm langsam die Rangstufenleiter, oftmals begünstigt durch gezielte Eigeninitiative. Eine zweckentsprechende, vom Vorgesetzten arrangierte Heirat war ihm ebenfalls von Nutzen. Die höchste Rangstufe im Ministerium und damit auch die Annehmlichkeiten einer solchen Stellung wurden ihm letztlich verwehrt durch ein Revirement im Bereich der Staatsverwaltung. Seine Hoffnungen wurden vereitelt, seinen Ruhestand verbrachte er in ärmlichen Verhältnissen, dennoch konnte nichts seine Begeisterung für das Regierungssystem beeinträchtigen, obwohl er die vom Minister Justinians in Gang gesetzte Reform mit beißender Schärfe zu kritisieren wußte.

Belisar und Narses hatten beinahe täglichen Umgang mit ungehobelten, streitsüchtigen, auf Beute bedachten Soldaten. In der Welt der Ämter und Behörden geht es anders zu. Der Griff zum Schwert schon beim kleinsten Verdacht einer Beleidigung war in den Büros des *magister officiorum* oder des *quaestor sacri palatii* durchaus unbekannt. Den Scharen von Schreibern, Stenographen, Sekretären, Registratoren *(chartularii)* und Haushofmeistern *(castrenses)* kam niemals der Gedanke, einen bewaffneten Aufstand zu inszenieren. Trotzdem benötigte ein Herrscher, der bestimmte politische

Ziele verfolgte und nicht nur repräsentieren wollte, sehr vertrauenswürdige Männer als Leiter der großen Ressorts. Auch hier wählte Justinian seine Mannschaft frühzeitig aus; sie konnten sich ebenso ganz auf ihn verlassen. Da die wichtigste historische Darstellung der Zeit, das Werk Prokops, das Schwergewicht auf Kriegsereignisse legt, kennen wir diese Beamten weniger gut. Prokop erzählt jedoch einiges von ihnen in seiner *Geheimgeschichte*. Vielen Mitarbeitern Justinians werden wir begegnen, wenn wir seine Lebensgeschichte erzählen. Drei verdienen an dieser Stelle erwähnt zu werden aufgrund der Schlüsselposition, die sie von Anfang an bei der praktischen Durchführung der kaiserlichen Politik innehatten, aber auch ihrer auffallenden Persönlichkeit wegen.

Johannes der Kappadokier stammte aus Caesarea im Herzen Kleinasiens. Von einfacher Herkunft und geringer Bildung, war er Justinian aufgrund seiner persönlichen Qualitäten aufgefallen. Sie zu erkennen, muß nicht einfach gewesen sein, denn sein Auftreten war alles andere als das des eleganten Weltbürgers. Seine Sprache war derb und kunstlos, seine Beziehung zur christlichen Lehre blieb wohl eher oberflächlich. Zeitgenossen charakterisieren ihn als Trunkenbold, Vielfraß und Wüstling. Was Justinian an ihm bewunderte, war seine außergewöhnliche Tüchtigkeit, seine Fähigkeit, eine Vielzahl von Einzelproblemen, die zur Bearbeitung vorlagen, rasch und umsichtig zu erfassen. Ein weiterer Vorzug lag darin, daß Johannes gegenüber Pressionen wohlhabender, einflußreicher Kreise völlig unempfindlich war. Ebenso wie Narses war er freimütig und offen, auch im Umgang mit Justinian, doch Narses wurde von Theodora protegiert. Was den Kappadokier so unangreifbar machte, muß seine unbedingte Integrität gewesen sein. Gefälligkeiten hier und da mehrten wohl seinen Reichtum, doch hätte aller Überfluß der Welt seine Prinzipientreue nicht erschüttert. Prokop haßte ihn, doch auch er ist voll des Lobes über seine Energie, seinen klaren Verstand, seinen Sinn für das Praktische.

Johannes begann als Angestellter im Büro eines Standortoffiziers in der Provinz und muß Justinian irgendwie aufgefallen sein. So wurde er nach Konstantinopel versetzt und dort rasch befördert; im Jahr 531 wurde er zum Prätorianerpräfekten ernannt. Dieser hohe Beamte war verantwortlich für Verpflegung und Aushebung der Truppen sowie für die Steuerpolitik, die damit zusammenhing.

Er hatte außerdem die Aufsicht über die Statthalter der Provinzen. Vielleicht war er deswegen auch die Schlüsselfigur im Kabinett, das ja keinen Premierminister kannte. Wohl mit Kenntnis und Zustimmung Justinians setzte Johannes sogleich Reformvorhaben in Gang. Teilweise ging es auch darum, mit Mißständen aufzuräumen; er bremste die inflationäre Personalpolitik in den staatlichen Büros und gestaltete den Steuereinzug effektiver. Andere Reformen betrafen die allgemein übliche Korruption und den Ämterkauf oder zielten auf Einsparungen ab, um damit die Feldzüge Justinians im Westen besser finanzieren zu können. Die Verpflegungskosten für die Truppen wurden zwar reduziert, der Überschuß jedoch nicht an die Produzenten weitergegeben. Man belastete die Bevölkerung mit neuen Steuern, darunter war z.B. auch eine Abgabe, die den von der Baubehörde nicht genehmigten Abstand zwischen Gebäuden betraf. Als wichtigste Reformmaßnahme ist die Organisation der Staatsmonopole zu nennen. Das Römische Reich war bis in die Zeit Justinians hinein eine locker gefügte Ansammlung von Stadtgemeinden, die von der Zentralverwaltung, wenn nötig, zu größeren Einheiten zusammengefaßt wurden, z.B. zu Verteidigungszwecken, zum Straßenbau, bei der Organisation des Postwesens und der Zölle oder bei der Nutzung der Staatsgüter. Für die Durchführung bestimmter Maßnahmen waren jeweils verschiedene Ministerien zuständig. Viele Verwaltungen suchten so oft ein und dasselbe Problem zu lösen. Böswillige Bevormundung und viele unerfreuliche Zusammenstöße waren die Folge. Im selben Umfang, in dem die Städte die Fähigkeit verloren, sich selbst zu verwalten, und je häufiger der Provinzstatthalter intervenieren mußte, desto größer wurde seine Machtbefugnis; oft nahm sie bedrohliche Ausmaße an. Diese schwierigen Probleme bewältigte Johannes der Kappadokier mit Hilfe eines ganzen Bündels geeigneter Maßnahmen.

Steuerbeamte sind niemals populär, und wenn sie nicht nur tüchtig sind, sondern auch energisch Reformen durchsetzen, machen sie sich viele Feinde. Die Oberschicht verabscheute den Kappadokier zutiefst, zweifellos auch viele kleine Leute, besonders natürlich die Bevölkerung der Hauptstadt. Seine Ablösung war ein Ziel, das man während des Nika-Aufstands im Jahr 532 erreichen wollte, und Justinian mußte ihn auch absetzen, um der Krise wenigstens teilweise Herr zu werden. Als jedoch wenige Monate später Ruhe und Ordnung wiederhergestellt waren, befand er sich wieder im Amt, um sein Reformprogramm weiterzuführen. Er machte sich wohlhabende und einflußreiche Steuerhinterzieher zu Feinden, als er sie hie und da dieselbe barbarische Strenge fühlen ließ, unter der das einfache Volk seit eh und je stöhnte. Johannes Lydos erzählt viele illustrative Details, die man jedoch mit der Skepsis zur Kenntnis nehmen sollte, die einseitiger Berichterstattung gegenüber angebracht ist. Während einer Inspektionsreise durch die Ostprovinzen in den Jahren 540/541 zettelte Antonina, die Gattin Belisars, ein Komplott gegen ihn an. Sie erschlich sich das Vertrauen von Euphemia, der Tochter des Kappadokiers, und überredete ihn mit ihrer Hilfe, nach seiner Rückkehr an einem geheimen Treffen teilzunehmen, bei dem die Ablösung Justinians durch Belisar diskutiert wurde. Insgeheim hatte man an diesem Treffpunkt Schergen postiert, die Johannes festnahmen. Von seiner bewaffneten Leibwache wurde er jedoch befreit. Justinian maß der Angelegenheit offenbar keine Bedeutung bei, doch im Jahr 541 gab er dem Drängen Theodoras nach. Johannes wurde erneut abgesetzt, sein riesiges Vermögen konfisziert. Als wenig später Theodoras Unmut besänftigt schien, gab der Kaiser ihm sein Vermögen zurück, doch mußte er nach Kyzikos ins Exil gehen, einer schön gelegenen Stadt mit gesundem Klima. Theodora aber vergaß ihn nicht, sie hatte weitreichende Verbindungen. Als im folgenden Jahr der Bischof von Kyzikos ermordet aufgefunden wurde, klagte man Johannes an. Eine kaiserliche Untersuchungskommission befand ihn für schuldig; so wurde der einst allmächtige Präfekt ausgepeitscht, danach mit Schimpf und Schande nach Antinoopolis in Oberägypten abgeschoben. Sogar von dort aus informierte er den Kaiser wie früher über Unkorrektheiten der städtischen Beamten. Nach Theodoras Tod im Jahr 548 erlaubte man ihm, in die Hauptstadt zurückzukehren, er wurde dort noch zum Priester geweiht; sein Todesjahr ist unbekannt. Johannes der Kappadokier war eindeutig das Opfer einer Intrige. Man kann darüber streiten, ob Justinian ihn hätte in Schutz nehmen sollen. Wenn er aber zwischen Theodora und seinem Prätorianerpräfekten wählen mußte, konnte er praktisch nicht anders. Viele Maßnahmen zur Verwaltungsreform wurden von Johannes' Nachfolger aufgehoben, das zentralisierte, klar durchorganisierte Einheitsreich, das ihm und Justinian vorschwebte, blieb ein Traum. Vielleicht war es ein

Traum, der angesichts der byzantinischen Gesellschaftsstruktur nie Wirklichkeit werden konnte, denn der politische Einfluß im lokalen Bereich verlagerte sich langsam von den Städten mit ihren Ratsversammlungen und ihrer Beamtenschaft hin zu den Großgrundbesitzern auf dem Lande. Wir wollen uns keine Illusionen machen: Johannes der Kappadokier war rücksichtslos und habgierig. Man braucht nicht alles zu glauben, was seine Feinde berichten, doch waren seine Liebhabereien wohl kaum kultiviert zu nennen. Er war aber auch ein loyaler, tüchtiger und unbestechlicher Untergebener. Justinian hatte ihn durchaus zutreffend beurteilt, als er gerade ihn unter vielen Kollegen auswählte.

Wenn auch die Leistungen des Kappadokiers mit ihm untergingen, dauert das Werk eines anderen Mitarbeiters von Justinian bis auf den heutigen Tag an und beeinflußt den ganzen westlichen Kulturkreis. Tribonian wurde im pamphylischen Side an der Südküste Kleinasiens geboren. Er tritt zum erstenmal während der Regierung Justins in Erscheinung, und zwar als erfolgreicher Anwalt beim Gericht des Prätorianerpräfekten. Er war ein hochgebildeter Mann, seine Gelehrsamkeit setzte die Zeitgenossen in Erstaunen. Auch in anderer Hinsicht war Tribonian das genaue Gegenteil des Kappadokiers, denn er war neben seiner Habgier außerordentlich bestechlich. Ein Anwalt ist verpflichtet, die Sache seines Klienten im besten Licht erscheinen zu lassen; was Tribonian tat, ging weit darüber hinaus. Und als er später die Verantwortung für das Gesetzgebungswerk des Kaisers übernommen hatte, hob er Gesetze auf oder erließ neue, nur um des eigenen Vorteils willen. Dieser Charakterzug machte ihn beim Volk verhaßt, und auch er gehörte zu jenen, die für kurze Zeit während des Nika-Aufstands abtreten mußten, danach aber bald wieder in ihr Amt eingesetzt wurden. In Justinians erstem Regierungsjahr wurde er zum *magister officiorum*, im Jahr 529 zum *quaestor sacri palatii* ernannt; er war nun als Justizminister verantwortlich für die Ausarbeitung von Gesetzen und Gegenzeichnung der kaiserlichen Erlasse. So wurde Tribonian die treibende Kraft bei Justinians großartiger Kodifikation des römischen Rechts in den dreißiger Jahren des sechsten Jahrhunderts. Im Vorwort der Erstausgabe des *Codex*, einer Sammlung der damals gültigen Kaisergesetze, wird er zusammen mit den anderen Mitgliedern der Kommission genannt. In den Vorbemerkungen zu den *Digesten* jedoch, einer systematischen Auswahl der Schriften der wichtigsten römischen Juristen, auch in einer Vielzahl anderer kaiserlicher Verfügungen steht sein Name zuerst; er also war die Seele des ganzen Unternehmens. Zweck und Ziel der Kodifikation, auch die Art und Weise der Durchführung des Unternehmens werden wir im Detail behandeln. An dieser Stelle genügt es, sich zu vergegenwärtigen, daß die Aufgabe äußerst schwierig war. Sie erforderte ständige Modifikationen, Interpretationen und Interpolationen, außerdem ein gutes Gespür für die Organisation anspruchsvoller Texte – das alles hatte Tribonian zu leisten. Die Überlegung mag sonderbar erscheinen, doch das Lateinische kann nicht seine Muttersprache gewesen sein. Er muß diese Sprache notwendigerweise für das Rechtsstudium gelernt haben. War sie doch bis zu einem gewissen Grad weiterhin die Sprache der staatlichen Organe, der Armee, der Gerichte und der Zentralverwaltung.

Daß er daneben wohl noch andere durchgreifende Neuerungen Justinians konzipierte und sehr wahrscheinlich auch selbst durchführte, erhellt aus der Tatsache, daß der breite Strom der kaiserlichen Gesetzgebung nach seinem Tod im Jahr 543 plötzlich versiegt. Die *Novellen*, so nennt man jene Kaisergesetze, sind das Werk eines brillanten Juristen, das seine ganz persönliche Handschrift erkennen läßt. Wir hören auch von einer Gedichtsammlung und von verschiedenen wissenschaftlichen Abhandlungen eines gewissen Tribonian, die wahrscheinlich unser berühmter Quästor verfaßt hat, doch sie sind verloren. Man kann ihn folglich nur anhand des *Corpus Juris* beurteilen, freilich genügt diese Arbeit als Monument für das Lebenswerk eines Mannes.

Johannes der Kappadokier war ein lauer Christ ohne besonderen Tiefgang, Tribonian machte aus seinem Heidentum keinen Hehl. Daß er in einem christlichen, theokratisch strukturierten Reich eine so verantwortungsvolle Position innehatte, berührt vielleicht seltsam. Doch waren weite Kreise der Oberschicht noch Anhänger eines philosophisch verbrämten Heidentums, obwohl z.B. ein General oder ein Prätorianerpräfekt mit derartigen intellektuellen Neigungen untragbar gewesen wäre. Darüber hinaus hatte die heidnische Gesinnung Tribonians den Vorteil, daß er bei den theologischen Streitfragen seiner Zeit neutral bleiben konnte. Nach dem Urteil der Zeitgenossen war sein Auftreten gewinnend und angenehm, seine

Rede wohlgesetzt. Fügt man diesen Qualitäten noch die Energie und den Schwung hinzu, ohne die er seine Aufgaben niemals so zügig hätte vollenden können, beginnt man einzusehen, warum Justinian ihn als Mitarbeiter auswählte bei einem Unternehmen, das sich als das dauerhafteste Monument für das Wirken des Kaisers erwies.

Ein anderer Mitarbeiter Justinians, dessen Werk noch Bestand hat, war Anthemius. Er stammte aus Tralles im westlichen Kleinasien, dort war sein Vater Arzt. Dessen fünf Söhne zeichneten sich allesamt in akademischen Berufen aus, Anthemius wurde Mathematiker und Ingenieur. Sein Studienort ist unbekannt, für Alexandria spricht am meisten. Denn dort lebte die Tradition griechischer Mathematik und Physik fort; man studierte die Werke der Klassiker und arbeitete an neuen Untersuchungen. Anthemius und sein Bruder Metrodorus, Lehrer für griechische Sprache und Literatur, wurden in ihrer Heimatprovinz so bekannt, daß Justinian auf sie aufmerksam wurde und sie nach Konstantinopel kommen ließ. Das muß gegen Ende der Regierungszeit Justins oder sehr bald nach der Thronbesteigung Justinians gewesen sein. Denn als im Jahr 532 während des Nika-Aufstands die alte, von Konstantin und seinem Sohn erbaute Sophienkirche in Flammen aufging, beauftragte der Kaiser Anthemius mit dem Bau einer neuen großen Kirche. Sie sollte Macht und Größe des christlichen Reichs symbolisieren. Anthemius war nicht nur ein guter Baumeister, sondern auch ein erstklassiger Theoretiker und hervorragender Architekt. Seine Leistungen auf dem Gebiet der mathematischen Theorie sind weniger auffallend als sein großartiger Kirchenbau, doch ist das eine nicht ohne das andere zu verstehen. Wie man eine so riesige Kuppel konstruiert, wie man sie auf rechteckiger Basis abstützt, dies alles erfordert neben handwerklichem Geschick auch Kenntnis der mathematischen Prinzipien des Gewölbebaus, um nur ein Beispiel zu nennen. Isidor von Milet, der mit ihm zusammen die Bauleitung hatte und vielleicht sein Lehrer war, hatte einen wissenschaftlichen Kommentar zu der Arbeit des Heron von Alexandria über den Gewölbebau geschrieben. Eutocius, ein anderer Schüler Isidors, widmete Anthemius seinen Kommentar zur Abhandlung des Apollonius von Perge über die Kegelschnitte. Dies alles geschieht im Umkreis der klassischen griechischen Mathematik. Daß Anthemius Theorie und Praxis schöpferisch verband, zeigt sich auch bei Konstruktionen, die mit dem Bau der Hagia Sophia nicht zu vergleichen sind. In Konstantinopel wohnte er in einem Haus zusammen mit einem Redner namens Zeno. Die beiden stritten über Eigentumsrechte daran, man ging vor Gericht, und Zenos Beredsamkeit nahm die Richter für ihn ein. Zeno konnte zwar reden, doch Anthemius handelte. Er installierte große Wasserkessel in einem Raum unter Zenos Wohnung und stellte mit ledernen Schläuchen eine Verbindung zu den Querbalken an der Decke her. Dann brachte er das Wasser in den Kesseln zum Kochen, und der Fußboden der Wohnung darüber schwankte wie bei einem Erdbeben. Zeno stürzte aus dem Haus und eilte zum Palast – er war ein berühmter Mann und hatte jederzeit Zutritt –, um sich zu erkundigen, wie es dem Kaiser und den anderen ergangen war. Leider wissen wir nicht genau, wie Anthemius das bewerkstelligte. Die Einzelheiten, die uns der Historiker Agathias an die Hand gibt, erklären den Vorgang selbst nicht, den er beschreibt – Agathias war ein Geisteswissenschaftler ohne Einblick in die technisch-naturwissenschaftliche Praxis seiner Zeit. Anthemius war auch an optischen Phänomenen interessiert. Er schrieb eine Abhandlung über Hohlspiegel und demonstrierte ihre Anwendung in Konstantinopel. Wahrscheinlich sollten diese Arbeiten militärisch nutzbar gemacht werden, denn er war dabei, für Justinian eine Geheimwaffe zu konstruieren. Das Projekt scheiterte an der mangelhaften Technologie, ein Problem, das für die alte Welt seit jeher typisch war. Daß Justinian einen Wissenschaftler ausfindig machte, der Theorie und Praxis gleichermaßen beherrschte, zeigt beispielhaft sein Talent, geeignete Mitarbeiter aufzuspüren und an sich zu binden.

Anthemius erlebte noch die Vollendung seiner ›Großen Kirche‹, starb aber kurz danach um das Jahr 534. Als die Kuppel einige Jahre später bei einem Erdbeben niederstürzte, baute sie der Sohn seines Kollegen, Isidor von Milet, nach einem verbesserten Plan neu auf, und Isidors Kuppel steht noch heute. Aber der Entwurf, die vollendete Harmonie und Würde des Bauwerks, geht auf Anthemius zurück, Justinians Ingenieur und Minister für öffentliche Bauten.

4 RÖMISCHES RECHT UND NIKA-AUFSTAND

Seit August 527 war Justinian Alleinherrscher. Neun Jahre lang hatte er als ›Graue Eminenz‹ im Hintergrund gestanden, ohne daß seine Position sicher gewesen wäre: Der senile und kraftlose Justin konnte jederzeit gestürzt werden, er konnte in der Wahl seines Nachfolgers unsicher werden und mit seinem Tode einen Machtkampf auslösen. Es stand zu befürchten, daß er sich bei den einflußreichen Kreisen der Gesellschaft so unbeliebt machen würde, daß man seinen designierten Nachfolger kaum akzeptieren würde. Justinian hatte Voraussicht, Geduld, eine sichere Hand und einen klaren Kopf sehr wohl brauchen können. Obwohl von Natur aus eher verschlossen, hatte er gelernt, mit anderen zusammenzuarbeiten. Er hatte seine frühere Unentschlossenheit abgelegt und sich dazu erzogen, klare Entscheidungen zu treffen. Wählerisch und vornehm zurückhaltend wie er war, wußte er nun auch mit Querulanten umzugehen, die vor nichts zurückschreckten. Seine Vermählung mit Theodora hatte zunächst wenig zur Stärkung seiner Position beigetragen. Aber ihre Verbindung zu den Führern der Monophysiten, ihr derzeit unbescholtener Lebenswandel und ihr unbestreitbares Talent, jede sich bietende Gelegenheit in ihrem Sinne zu nutzen, ließen sie doch immer mehr zu einer wirksamen Stütze werden.

Das Römische Reich hatte vor mehr als fünfhundert Jahren seine größte Ausdehnung erreicht. Während dieser Zeit war das Mittelmeer immer ein römisches Binnenmeer gewesen, und Rom hatte alle angrenzenden Länder beherrscht. Der Austausch von Menschen, Waren und Ideen war kein Problem gewesen in diesem riesigen Staat mit seinem einheitlichen Rechtssystem, seiner Weltkultur und seinen unzähligen Städten, die einander immer stärker ähnelten. Zweifellos bestimmte die zentrale Reichsverwaltung weniger das alltägliche Leben des Durchschnittsbürgers als heute in einem modernen Staat. Vieles war lokaler Initiative überlassen. Was man erreichen wollte im Leben, konnte man innerhalb der Grenzen der Vaterstadt oder der Provinz erreichen. Der Fernhandel beschränkte sich auf teure Luxusgüter und die Beschaffung von Grundnahrungsmitteln für wenige große Städte. Römische Armeen waren an allen Grenzen präsent, und römische Magistrate sprachen Recht für eine Bevölkerung, die seit 212 n. Chr. nur aus römischen Bürgern bestand. Im Osten lag das riesige, aber militärisch schwache Persien, das zuerst die Parther regierten, später deren aktivere Nachfolger, die persischen Sassaniden. Die Grenze zwischen diesen beiden Supermächten war ständig Schauplatz von Zwischenfällen und Scharmützeln, die bestimmten umstrittenen Gebieten galten. Trotzdem war das römisch-persische Verhältnis mehr durch Verhandlungen als durch Krieg gekennzeichnet. Beide Staaten wollten und konnten den anderen nicht besiegen. In anderen Teilen der Welt waren die Reichsgrenzen identisch mit den Grenzen der Zivilisation. Es gab dort keine dauerhaften Staatsgebilde, lediglich ein ständig sich veränderndes Mosaik von Stammesbündnissen, abhängigen Klientelfürsten und Nomadenvölkern. Mitunter wurde dieser oder jener Grenzabschnitt bedroht. So waren im Jahr 267 Goten von der Donaugrenze nach Süden vorgestoßen und hatten einschließlich Athen alles zerstört, was ihnen im Weg lag. Solche Zwischenfälle waren durchaus alarmierend, aber sie stellten keine ernsthafte Bedrohung für den Staat dar. Die Bürger sahen in diesen Vorgängen auch nicht das drohende Ende des Reiches kommen.

Das politische Weltbild der römischen Bürger erhielt eine neue Dimension, als Konstantin im frühen vierten Jahrhundert Christ wurde. Bald darauf wurde das Christentum die Hauptreligion, dann sogar die offizielle Staatsreligion. Die Fortdauer des römischen Imperiums war nicht nur eine selbstverständliche Tatsache, sondern wurde jetzt als wichtiger Bestandteil des göttlichen-Heilsplans zur Rettung der Menschheit angesehen. Den ersten Schritt hierzu hatte Augustus getan, als er zur Zeit von Christi Geburt die zivilisierte Welt unter seiner Herrschaft vereinte. Diesen Vorgang begriff man nun als notwendige Voraussetzung für die schnelle Ausbreitung des Christentums. Der römische Staat war jetzt nicht mehr nur passiv an der Ausbreitung des wahren Glaubens beteiligt – obwohl mancher feindlich gesinnte Herrscher ihn stark behindert hatte –, nun galt Rom als aktiver Wegbereiter der christlichen Wahrheit. Es war jetzt das Reich, welches das künftige göttliche Königreich am Ende der Zeiten auf Erden widerspiegelte. Da es nur einen Gott gab, konnte es auch nur ein Reich und einen Kaiser geben.

Diese Vorstellung hatten Justinian und seine Zeitgenossen übernommen. Selbst der einfachste Bürger wäre nicht auf die Idee gekommen, sie in Frage zu stellen. Und Justinian war alles andere als ein einfacher Bürger. In den Jahren, die seit seiner Kindheit bei den Bauern von Bederiana vergangen waren bis zu dem Tag, an dem die Menge im Hippodrom von Konstantinopel ihm und Theodora an seiner Seite zujubelte, war er zu der Überzeugung gelangt, daß er der vom Schicksal bestimmte Mann sei. Es war ihm inzwischen klar geworden, daß die Dinge in den letzten hundert Jahren falsch gelaufen waren. Das Reich war nicht mehr identisch mit der zivilisierten Welt westlich von Persien. Gallien war an die Westgoten verlorengegangen, die wiederum von den Franken vertrieben worden waren. In Spanien herrschte ein westgotischer König. Nordafrika war von den Wandalen erobert worden; sie hatten ihren Machtbereich bis nach Sardinien, Korsika und zu den Balearen ausgedehnt. Und Italien mit der ehrwürdigen Hauptstadt Rom war ein ostgotisches Königreich, seine Abhängigkeit von der byzantinischen Oberherrschaft eine bloße Fiktion. Zudem galten die Herrscher dieser neuen germanischen Königreiche, deren Untertanen katholische Römer waren, als arianische Häretiker. Nur die Franken machten da eine Ausnahme. Entlang der Nordgrenze siedelten neue feindselige Völkerschaften. Bulgaren, Hunnen und Slawen bedrängten in einem bisher nicht gekannten Maß das Reichsgebiet. Sollten die Ostprovinzen das Schicksal des Westens teilen? Im Reich selbst war die Einheit des Glaubens noch nicht wiederhergestellt. Nicht nur bestanden heidnische und jüdische Gemeinschaften fort, auch die dualistische Religion der Manichäer gewann immer mehr Anhänger. Auch einige christliche Sekten wie die Montanisten, die schon lange mit der Kirche gebrochen hatten, gediehen weiterhin. Das Schlimmste war, daß die Kirche selbst, weit davon entfernt, eine einheitliche Lehre zu verkünden, sich immer mehr zersplitterte. Die westliche Kirche unter dem Bischof von Rom und die östlichen Patriarchate waren durch ein Schisma getrennt, das um so ärgerlicher war, als es kaum von der Lehre her begründet werden konnte. Das Konzil von Chalcedon im

Jahre 451 hatte es nicht vermocht, die Streitereien innerhalb der Kirche beizulegen. Die Monophysiten waren immer selbstbewußter geworden. Es gab jetzt unzählige monophysitische Gemeinden im ganzen Reich. Unter Anastasius hatten sie sogar die orthodoxe Kirchenorganisation kontrolliert. Ihre Anhänger besaßen auch jetzt noch beträchtlichen Einfluß in der Hauptstadt. In Syrien und besonders in Ägypten waren sie in der Mehrzahl. Die monophysitische Kirche war bis zu einem gewissen Grad zum Wortführer eines ethnischen Separatismus geworden. Die Masse der ägyptischen und syrischen Bauern, die ohnehin nur oberflächlich hellenisiert waren und an ihren überkommenen Sprachen und Traditionen festhielten, sahen in einer eigenen Sonderkirche die Möglichkeit, einer Art von Nationalbewußtsein Ausdruck zu verleihen. Eine lebendige monophysitische Literatur in syrischer und koptischer Sprache wertete den Nationalstolz der Bevölkerung auf. Die Anhänger des orthodoxen Glaubens nannte man in Syrien Melkiten, ›Leute des Kaisers‹. In Ägypten beherrschten die Monophysiten die gesamte Kirchenorganisation mit Ausnahme von Alexandria.

War Gottes Plan zur Rettung der Menschen durcheinandergeraten? Wo war das ökumenische Einheitsreich, in dem Lehre und Glaube übereinstimmten? Justinian, der nur wenig Schlaf benötigte, muß solchen Fragen in mancher Nacht nachgegangen sein. Historiker unserer Tage sprechen gerne von einer ganzen Reihe von Problemen: vom persischen Problem, vom Problem der Donaugrenze, vom Problem des Westreiches, vom Problem der Papstkirche, vom Monophysitenproblem usw. Es handelte sich tatsächlich um einzelne Problembereiche, die auf ganz unterschiedliche Art und Weise gelöst werden mußten. Für Justinian aber waren sie ihrem Wesen nach offensichtlich verschiedene Aspekte eines einzigen Problems, das der Erneuerung des römischen Imperiums. In dieser Welt wie in der transzendenten Seinsordnung, von der diese Welt nur ein unvollkommenes Abbild ist, wollte er dem Reich den ihm zukommenden Platz wieder verschaffen. Wenn in unserer Zeit jemand mit einer ernsten Situation konfrontiert wäre, bei der das Gemeinwohl besonders gefährdet erscheint, so würde er zunächst an Reformen denken. Für den Menschen des sechsten Jahrhunderts und besonders für jemanden, der so tief mit den Traditionen der Vergangenheit verwurzelt war wie Justinian, war ein solcher Gedanke unmöglich.

›Erneuerung‹ war ein Wort mit stark negativem Unterton; in der Theologie war es praktisch gleichbedeutend mit ›Ketzerei‹. Weder im philosophischen Bereich noch im Vokabular des täglichen Lebens gab es präzise Begriffe für Fortschritt oder ständige Veränderung. Obwohl Justinian, wie wir sehen werden, viele Neuerungen in der römischen Welt einführte, war er dazu nur in der Lage, wenn er sich und andere davon überzeugte, daß er lediglich Vergangenes wiederherstellte. Es war sein großartiger Plan, die Fehler des vergangenen Jahrhunderts wiedergutzumachen und das Reich, das christliche Imperium Konstantins, in noch größerer Pracht und Herrlichkeit wiederherzustellen. Den Westen zurückerobern, die religiöse Einheit wiederherstellen, die Gesetze kodifizieren, Moral und Disziplin erneuern, öffentliche Aufträge für Bauten vergeben, Kunst und Kultur fördern – das alles war für ihn ein einziges Programm, an dessen Verwirklichung er mit Beharrlichkeit, ja mit fast fanatischer Hingabe arbeitete.

Ein großes Ziel ist eine Sache, die praktische Durchführung jedoch eine andere. Im Jahr 527 konnte Justinian auf eine lange Zeit der Erfahrung mit der komplizierten Regierungspraxis zurückblikken. Er wußte, daß man viele Vorhaben nur langsam durchführen kann, daß er von fehlbaren Menschen abhängig war und daß er Widerstand und Irrtümer nicht durch bloße Worte überwinden konnte. Umständlich wie er oft war, bevorzugte er es, schwierige Probleme stets indirekt anzugehen; es mag dahingestellt sein, ob dies anlagebedingt oder anerzogen war. Besprach er jemals seine Pläne mit seinen Ministern? Es gibt keine Berichte darüber. Er hatte wohl auch kaum Veranlassung dazu, denn er war ja kein Präsident oder Premierminister im modernen Sinn, der sein Kabinett ständig um sich hatte. Vielleicht pflegte er sich mit Theodora auszusprechen. Aber sogar sie hatte nicht immer sein volles Vertrauen. Außerdem darf man vermuten, daß sie ihrem erlauchten, aber etwas weitschweifigen Gemahl nicht immer zuhörte: Ihre Art war intuitiver, nicht so weit ausholend. In den Präambeln zu seinen Erlassen jedoch umreißt er hin und wieder die Grundlinien seiner Politik. Es handelt sich dabei um Propagandadokumente, die ganz für die Öffentlichkeit bestimmt waren. Detaillierte und ausgewogene Erläuterungen waren hier fehl am Platz. Trotzdem sind sie als die wichtigsten Quellen anzusehen, wenn man das Regierungsprogramm Justinians untersucht. Im übrigen ist man darauf angewiesen, seine Maßnahmen zu interpretieren; aber wessen Motive sind schon dem Betreffenden selbst oder gar anderen restlos klar?

4.1 Krieg mit Persien

Persien war das erste Problem. Wenn Truppen im Westen eingesetzt werden sollten, so mußte vor allem eine Klärung der vielen Grenzstreitigkeiten mit Persien versucht werden, die ständig drohten, sich zu lokalen Auseinandersetzungen auszuwachsen. Justinian entsandte sofort nach seinem Regierungsantritt Diplomaten nach Persien. An ihrer Spitze stand der Heeresmeister Hypatius, Anastasius' Neffe, und Pharesmanes, ein proromischer Führer der Lazen – eines Volkes aus den wilden Gebirgsregionen an der Südostküste des Schwarzen Meeres. Pharesmanes hatte den Römern schon bei verschiedenen Gelegenheiten gute Dienste geleistet, er war dafür mit hohen militärischen Ehren belohnt worden; zugleich war er offenbar auch *persona grata* am persischen Hof. So war diese Mission alles andere als reine Routine. Justinian war an einer dauerhaften Regelung sehr gelegen. Zur gleichen Zeit jedoch hatte er Belisar den Auftrag gegeben, eine neue Festung an der Grenze zu bauen. Die Perser faßten das als Provokation auf und brachen die Verhandlungen ab. Im Frühjahr des nächsten Jahres – 528 – brachen in Lazika und in Mesopotamien Kämpfe aus. Anfangs erlitten die Römer an beiden Fronten schwere Niederlagen. Justinian beauftragte Pompeius, den Bruder des Hypatius, in Konstantinopel Verstärkungen bereitzustellen. Aber er verließ sich nicht nur auf Waffen. Große Teile des Kaukasus waren zu jener Zeit in den Händen der Sabiren, einem mit den Hunnen verwandten Nomadenvolk. Sie bildeten keinen einheitlichen Staat, sondern waren eine Vielzahl von Stämmen, die sich oft feindlich gegenüberstanden. Einige von ihnen standen in persischem Sold und kämpften auf persischer Seite in Lazika. In deren Nähe herrschte eine Fürstin namens Boa über eine Reihe anderer Stämme. Justinian und Theodora nahmen brieflichen Kontakt mit dieser Barbarenprinzessin auf und fügten gleichzeitig kostbare Geschenke und Gold bei. Folglich fielen Boas Krieger über die eigenen perserfreundlichen Landsleute her und vernichteten sie. Zur gleichen Zeit griff die römische Armee unter ihrem neuen Befehlshaber Peter in Lazika an, und die Perser wurden nach schweren Verlusten zurückgeschlagen. Lazika, die Pforte zum Schwarzen Meer, blieb römisches Einflußgebiet. Im Herbst 528 führten neue Verhandlungen zu einem Waffenstillstand mit den geschwächten Persern.

Justinian kann sehr wohl der Meinung gewesen sein, daß es keine weiteren Zwischenfälle mehr mit Persien geben würde. Tatsächlich blieb es auch während der besonders kalten Wintermonate des Jahres 528/529 ruhig. Kaum daß der Frühling begonnen hatte, machte Mundhir, der Herrscher über eines der arabischen Fürstentümer in Mesopotamien und schon lange ein Vasall der Perser, einen neuen Vorstoß über die Grenze. Wir wissen nicht, ob er im Auftrag des Großkönigs in Ktesiphon handelte. Über diese Art von Maßnahmen sind Staatsoberhäupter meist nicht informiert – bis der Erfolg sicher ist. Mundhirs wilde Beduinenreiter stießen also in römisches Gebiet vor, durchstreiften Nordsyrien, plünderten, brannten nieder und raubten, was ihnen in den Weg kam, und erreichten schließlich die Mauern Antiochias, der drittwichtigsten Stadt des Reiches. Durchaus glaubhafte Quellen berichten, daß der Heide Mundhir seinen Göttern an einem einzigen Tag vierhundert christliche Jungfrauen opferte. Justinian mußte handeln. Noch im selben Monat wurde Belisar zum Oberbefehlshaber im Osten ernannt.

Justinian suchte durch direkte Kontaktaufnahme mit dem persischen König zu einer Einigung zu kommen. Solange die Perser militärische Siege errangen, war Justinian mit großen Komplimenten zurückhaltend. Aber zu Beginn des Jahres 529 schickte er den *magister officiorum* Hermogenes mit einem eindrucksvollen Gefolge und kostbaren Geschenken nach Ktesiphon. Im Juli konnten die direkten Verhandlungen beginnen. Keiner der beiden Verhandlungspartner war gewillt, Konzessionen zu machen, und keiner von beiden war stark genug, Zugeständnisse vom anderen zu erzwingen. So zogen sich die Gespräche hin.

Der persischen Regierung waren die Hände gebunden, weil sie einen großen, von der utopischen Idee der mazdakitischen Gleichheitslehre inspirierten Bauernaufstand niederschlagen mußte. Auch auf römischer Seite gab es Schwierigkeiten, die Justinian nicht vorhergesehen hatte. Die Samariter waren ein kleines Bauernvolk, das bei Neapolis in Nordjudäa lebte. Während sie jahrhundertelang von orthodoxen Gemeinden getrennt waren, die sie verachteten, ja sogar haßten, galten sie in den Augen der Christen praktisch als Heiden. Ihr niedriger sozialer Status und ihre Schutzlosigkeit machten sie gegenüber der Habgier römischer Steuereinzieher noch verwundbarer als die meisten anderen Bauern. Doch die Ursache für ihr Elend war ihre kompromißlose Solidarität untereinander, die auf der festen Überzeugung gründete, daß sie die Auserwählten des Herrn seien. Achtzig Jahre zuvor hatten sie sich in einer bewaffneten Revolte erhoben und ihre unfruchtbaren Berge in einem Guerillakrieg verteidigt. Justinian aber, dessen Endziel die Wiederherstellung einer orthodoxen christlichen Lehre in einem ökumenischen Reich war, sah in ihnen nur eine lästige, halsstarrige Minderheit, die man zur Räson bringen mußte. Deshalb erließ er im Jahr 528 ein Edikt, in dem er die Schließung ihrer Synagogen anordnete und sie zwang, ihr Eigentum nur Christen zu verkaufen oder zu hinterlassen. Als Antwort griffen die Samariter prompt zu den Waffen. Ihr Führer Julian, den römische Quellen natürlich einen Banditen nennen, ließ sich in Neapolis zum Kaiser ausrufen. Die römischen Soldaten in der Stadt wurden umgebracht. Ein Hoherpriester der Samariter setzte Julian die Krone aufs Haupt. Er präsidierte bei Wagenrennen im Hippodrom von Neapolis und imitierte damit den Kaiser in Konstantinopel. In anderen Regionen des Ostens stationierte Truppen mußten in Eile nach Samaria geholt werden. In den Jahren 529 und 530 wurde das Land mühsam zurückerobert. Harte Strafmaßnahmen folgten der Befriedung. Alles in allem wurden mehr als hunderttausend Samariter getötet. So hörten zunächst einmal die Unruhen auf, und Justinian konnte seine Pläne weiterverfolgen. Aber die Feindschaft der Samariter dauerte fort. Zwanzig Jahre später konnte der Bischof von Caesarea berichten, die Samariter seinen nun kooperativer eingestellt. Man lockerte deshalb die Restriktionen. Innerhalb weniger Jahre brachen wieder Aufstände los, diesmal bezeichnenderweise auch unterstützt von den Juden der Umgebung. Die Christen in Caesarea wurden hingerichtet, der Statthalter von Palästina ermordet. Nur erneuter blutiger Terror konnte die verbliebenen Samariter zum Gehorsam zwingen. Wäre Justinian nicht so selbstsicher gewesen, hätte er angesichts des politischen Widerstands einer so unbedeutenden Minderheit leicht den Mut verlieren können.

Im Jahr 530 nahmen die Römer ihre Offensive gegen Persien wieder auf. Sittas im Norden und Belisar im Süden konnten große Siege verzeichnen, obwohl eine persische Gegenoffensive in Mesopotamien das Gleichgewicht bald wiederherstellte. Justinians Ingenieure folgten den Armeen und bauten und reparierten Straßen und Festungen im gesamten Grenzgebiet. Die Konfrontation mit Persien wurde teuer für Rom. Truppen, die man für die schon seit langem geplante Offensive im Westen gebraucht hätte, wurden im Osten benötigt. Der große Staatsschatz des Anastasius wurde beträchlich in Anspruch genommen. Aber auch die Perser gerieten in Schwierigkeiten. Sie hatten, wie schon bemerkt, ebenfalls interne Probleme. Die Nomaden der zentralasiatischen Steppe verstärkten ihren Druck auf die Nordostgrenze. Kavadh, der König der Könige, war alt. Er hatte den Thron im Jahr 488 bestiegen, zu einer Zeit, als Justinian noch sehr jung war, und nun wollte er sein viertes Kind, den Lieblingssohn Chosroes, zum Nachfolger machen. Deshalb war Justinian erleichtert, wenn auch nicht überrascht, als im Juni des Jahres 531 der Araberführer Mundhir einem römischen Beamten gegenüber vorsichtige Andeutungen machte, die erkennen ließen, daß die Wiederaufnahme der Verhandlungen zwischen den beiden Herrschern erwünscht sei. Kaum war die schwerfällige diplomatische Maschinerie in Gang gesetzt – die Reise von Konstantinopel nach Ktesiphon war lang –, als ein erschöpfter, von den Strapazen der Reise gezeichneter Reiter Justinian die Nachricht überbrachte, auf die er gewartet hatte. Der König der Könige war tot. Sein Sohn Chosroes hatte alle Hände voll zu tun, sich der Rivalen zu erwehren, die ebenfalls Anspruch auf den Thron geltend machten, und wollte so schnell wie möglich zu einer Einigung kommen. Der Kaiser wünschte zwar im Osten Frieden, er wußte jedoch, daß er nun nicht zu eilfertig erscheinen durfte. Hermogenes, der *magister officiorum*, und der *patricius* Rufinus wurden zur persischen Hauptstadt entsandt. Nach insgesamt drei Monaten Waffenstillstand wurde im September 532 der Friedensvertrag unterzeichnet. Man nannte ihn den Ewigen Frieden, weil er ewig andauern sollte; selbstverständlich war das nicht der Fall. Die Römer erhielten die Herrschaft über Lazika zurück und schnitten so die Perser vom Schwarzen Meer ab. Gebiete, die während der vergangenen Feindseligkeiten erobert worden waren, wurden von beiden Seiten zurückgegeben. Persiens Oberherrschaft über Iberia, das heutige Georgien, erkannte Rom an. Das beendete vorerst den römischen Versuch, Persiens Flanke nach Norden zu verlegen. Die Römer erklärten sich bereit, die stattliche Summe von elftausend Pfund Gold jährlich an Persien zu zahlen. Angeblich erfüllte man damit einen Vertrag, der schon vor hundertfünfzig Jahren abgeschlossen wurde. Er sollte die Unkosten der Verteidigung kaukasischer Pässe gegen die Angriffe der Nomaden aus der Steppe abdecken. In Wahrheit handelte es sich aber um eine Tributzahlung. Der Vertrag war kostspielig, aber er lief wesentlichen römischen Interessen nicht zuwider und machte Justinians Hände frei für andere Unternehmungen.

4.2 Kaiserliche Freigebigkeit und religiöse Minderheiten

Während seine Armeen kämpften, hatte Justinian sich anderen Aufgaben zugewandt. Am 1. Januar 528 feierte er den Beginn seines zweiten Konsulats. Ein neuernannter Konsul mußte in der späten Kaiserzeit das Volk reich beschenken, andere Aufgaben kamen nämlich nicht auf ihn zu. Justinian wollte seinen Untertanen die neue Herrschaft zu Bewußtsein bringen. Deshalb übertrumpfte er alle seine Vorgänger, indem er aus einem Sack Goldmünzen wie Konfetti unter die Bürger warf, die dichtgedrängt die Straßen der Hauptstadt säumten. Zur gleichen Zeit ließ er verschiedene vom Verfall bedrohte Städte auf Staatskosten wiederherrichten und stattete sie zusätzlich mit Theatern, Bädern und Kolonnaden aus. Einige dieser Städte, vielleicht auch alle, benannte er um in Justinianopolis, Justinianstadt. Der neue Kaiser gab sich jede erdenkliche Mühe, auch die Römer davon zu überzeugen, daß ein neues Zeitalter begonnen hatte.

Wahrscheinlich besuchte Justinian seinen Geburtsort in Westthrakien nicht mehr, obwohl er ihn sicher nicht vergaß. Eine seiner ersten Maßnahmen, die er als Alleinherrscher veranlaßte, war die Gründung einer neuen Stadt bei Bederiana. Sie wurde von Ingenieuren und Architekten der Hauptstadt geplant und gebaut und mit Staatsgeldern finanziert. Er nannte sie Justiniana Prima – die erste Stadt Justinians. Um das Jahr 535 war die Stadt immerhin schon Sitz eines Erzbischofs. Zu Beginn des folgenden Jahrhunderts ging

Justiniana Prima während der großen Slaweneinfälle im Balkanraum unter; 602 wird die Stadt zum letzten Mal erwähnt. Die Erinnerung an diese Stadt blieb aber erhalten, ihr Name erschien in der Titulatur einiger serbischer Erzbischöfe bis zum Jahr 1718. Man weiß nicht mehr mit Sicherheit, wo sie lag, wahrscheinlich bei Caricin Grad, südlich von Niš, wo Archäologen auf die Spuren einer großen befestigten Stadt stießen, die sie mit Hilfe von Münzen auf das sechste Jahrhundert datieren. Nicht weit entfernt, beim heutigen Lipljan, ließ Justinian die alte, von Trajan gegründete Stadt Ulpiana wieder aufbauen und gab ihr den Namen Justiniana Secunda.

Am 29. November 528 wurde die syrische Großstadt Antiochia durch ein Erdbeben stark beschädigt. Justinian und Theodora – in zeitgenössischen Berichten über dieses Ereignis wird sie ausdrücklich zusammen mit ihrem Mann genannt – halfen schnell und großzügig, die Stadt wieder aufzubauen. Auch auf anderen Gebieten kam Theodoras außergewöhnliche Persönlichkeit zur Geltung. Im Sommer 528 reiste sie zu einem Kuraufenthalt bei den Heilquellen von Pythion im nordwestlichen Kleinasien. Die Fahrt dorthin wurde zu einer pompösen Demonstration. Sie wurde begleitet vom Stadtpräfekten, von den Palastwachen, Eunuchen und einer viertausend Mann starken Begleitmannschaft. Auf ihrem Weg durch das Land verteilte sie Geschenke ans Volk und überraschte Kirchen und Dörfer mit fürstlichen Präsenten. Wahrscheinlich veranlaßte Justinian selbst diese Schauparade. Die Initiative zu einer anderen Demonstration kaiserlicher Freigebigkeit ging eher von Theodora aus. Sie ließ eines Tages alle Bordellinhaber Konstantinopels zu sich in den Palast rufen, hielt ihnen eine Strafpredigt über ihren schlechten Lebenswandel und fragte sie nach dem Preis, den sie den Eltern der Mädchen bezahlt hatten. Sie beteuerten, der zur Zeit übliche Preis sei fünf Goldsolidi. Theodora zahlte jedem einzelnen seine Auslagen zurück und redete ihnen ernstlich zu, in Zukunft einer anderen Beschäftigung nachzugehen. Dann ließ sie die Mädchen zu sich kommen, schenkte jedem einen Goldsolidus und ein neues Kleid und schickte sie zu ihren Eltern zurück. Selbstverständlich blieben die Bordelle nicht lange geschlossen. Theodora war keine Soziologin, und die feste Verankerung der Prostitution in der antiken Gesellschaft war ihr sicherlich nicht ganz klar. Aber sie wußte, wie sehr dieser Beruf ein mittelloses Mädchen entwürdigte. Doch dies war erst eine der vielen Anstrengungen, die sie im Kampf gegen eine Institution unternahm, mit der sie besser vertraut war als irgendeine Kaiserin vor oder nach ihr.

Justinian konnte sehr wohl zwischen staatlicher und kirchlicher Macht unterscheiden, wie er selbst im Vorwort zu einem seiner Gesetze schreibt:

Die größten Segnungen des Menschengeschlechts sind die Gaben Gottes, die er uns durch seine vorausschauende Gnade geschenkt hat, das Priesteramt und das Kaisertum. Das Priesteramt ist Diener der Theologie, das Kaisertum ist über die Menschen gesetzt zur gewissenhaften Fürsorge. Beide haben denselben Ursprung, und beide schmücken das Leben der Menschen. Deshalb widmet sich der Kaiser dem Ansehen und der Würde des Klerus mit allergrößter Sorgfalt, um so mehr, als der Klerus unermüdlich für ihn Fürbitte tut. Denn wenn die Priesterschaft vor Gott untadelig und gläubig ist und das Kaisertum gerecht und verantwortungsvoll das ihm anvertraute Gemeinwesen regiert, dann wird glückliche Eintracht herrschen und die Wohlfahrt der Menschen gesichert sein.[6]

Wer aber bürgt dafür, daß sich die Priester in jeder Hinsicht untadelig verhalten? Für Justinian, der vom Wesen her ein Autokrat und von seiner Mission überzeugt war, das christliche Römerreich wiederherzustellen, gab es hier keinen Zweifel. Einen Teil der Sorgepflicht für das Reich und seine Bürger sah er darin, die Ordnung in der Kirche zu gewährleisten. Als man z. B. im ersten Jahr seiner Regierung den beiden Bischöfen Esaias von Rhodos und Alexander von Diospolis in Thrakien homosexuelle Praktiken nachweisen konnte und sie daraufhin von der Kirchenleitung entlassen wurden, ließ Justinian sie sofort festnehmen, kastrieren und in Schande durch die Straßen von Konstantinopel führen. Darauf folgte eine Art Hexenjagd, in deren Verlauf viele Menschen zu grausamen Strafen verurteilt wurden.

Die gegenseitige Durchdringung von Kirche und Staat hatte noch einen anderen Aspekt. Für die Völker außerhalb des römischen Imperiums hatte die Bekehrung zum Christentum fast den Stellenwert eines festen Bündnisses mit Rom. So wurde oft als Zeichen erfolgreich abgeschlossener Verhandlungen ein ausländischer Herrscher getauft. Justinian und Theodora wußten ihren Vorteil daraus zu ziehen. Der Täufling wurde nach Konstantinopel eingeladen, man zeigte ihm die Sehenswürdigkeiten der Stadt, taufte ihn in der Großen Kirche, während das Kaiserpaar für ihn Pate stand, und entließ ihn hochgeehrt und mit kostbaren Geschenken in seine Heimat. In den ersten Jahren seiner Herrschaft hatte Justinian eine ganze Reihe solcher Staatsgäste. Alle diese Zeremonien wurden durch lange Verhandlungen auf diplomatischer Ebene vorbereitet, wobei der Kaiser sich stets als die treibende Kraft erwies.

Den Sekten im Reich machte man das Leben so unerträglich wie nur möglich. Das Schicksal der Samariter spricht für sich. Im gleichen Jahr, in dem ihre Synagogen geschlossen wurden, erließ Justinian auch Gesetze gegen Heiden, Manichäer und Häretiker. Wer den manichäischen Glauben praktizierte, und sei es unter dem Deckmantel der Orthodoxie, sollte mit dem Tode bestraft werden. Andere Gruppen erhielten allgemeines Berufsverbot, durften keine Erbschaften annehmen, vor Gericht nicht als Zeuge auftreten. Diese Menschen wurden so zu Bürgern, die ihren Pflichten nachkommen mußten, ohne die entsprechenden Rechte zu besitzen. Zumindest in den Augen der höheren Gesellschaftsschicht sanken sie zu Parias ab. Das alles war sehr gerecht und logisch. »Es ist rechtens«, bemerkte Justinian, »daß die, die Gott nicht in der rechten Art und Weise verehren, auch die Vorteile dieser Welt nicht in Anspruch nehmen sollen.« Trotzdem war der Kaiser kein engstirniger Fanatiker. Die arianischen Goten, von denen viele als Söldner in der römischen Armee dienten, ließ er unbehelligt. Die aktive Unterstützung der Orthodoxie durch Justinian war auch der Grund für die Schließung der Universität von Athen. Seit tausend Jahren war die Stadt ein Zentrum der Philosophie und der Literatur gewesen; sechs oder sieben Jahrhunderte lang hatten die Schulen und besonders die Akademie von Athen für Studenten aus dem gesamten griechisch-römischen Kulturkreis ihre Anziehungskraft nicht verloren. Die Schulen waren im Laufe der Jahrhunderte mit vielerlei Stiftungen bedacht worden, ihr Prestige war groß. Als Justinian den Thron bestieg, leitete Damascius die Akademie als Direktor, ein eifriger, doch etwas langweiliger Kommentator Platos. Sein Kollege Simplicius, der Aristoteles lehrte, war ein ehrenwerter und verdienstvoller Vertreter der tausendjährigen Tradition griechischer Philosophie. Justinian selbst war gebildet und belesen und fand Gefallen an gelehrten Disputen. Er hatte selbstverständlich keine persönlichen

Einwände gegen Damascius und Simplicius. Aber sie waren in seinen Augen überspannte Geister, die im Reich nichts mehr zu tun hatten. Ihre intellektuelle Leuchtkraft gab der heidnischen Lehre gefährlichen Auftrieb. Vielleicht waren auch die Stiftungen, über die die Akademie verfügte, für einen Herrscher, der wegen seiner großartigen Projekte ständig unter Geldmangel litt, eine besonders große Versuchung. Sie wurden jedenfalls Opfer des allgemeinen Berufsverbots, das die Heiden in öffentlichen Schulen traf. Die Akademie wurde aufgelöst und ihr Besitz eingezogen. Die Gelehrten selbst durften natürlich nicht persönlich gedemütigt werden. Die kaiserlichen Beamten behandelten sie zuvorkommend, und sie konnten sich in einer Stadt ihrer Wahl niederlassen, zweifellos mit einer Staatspension versehen. Zu Justinians großem Erstaunen nahmen sie einige Jahre später eine Einladung des neuen persischen Königs Chosroes an und zogen nach Ktesiphon. Chosroes hatte viele geistige Interessen und war sehr darauf bedacht, mit den Römern Schritt zu halten. Außerdem wollte er keine Gelegenheit auslassen, Justinian eins auszuwischen. Er initiierte ein ehrgeiziges Übersetzungsprogramm aus dem Griechischen in die Pahlawi-Sprache – die mittelpersische Sprache des sassanidischen Hofes – und gewährte den sieben Professoren, die sich zur Auswanderung entschlossen hatten, jede nur denkbare Unterstützung. Es waren Damascius, Simplicius, Eulamius, Prician, Hermeias, Diogenes und Isidor. Aber schon nach wenigen Jahren machte sich Enttäuschung breit. Vielleicht vermißten sie den Anreiz ständiger Auseinandersetzung. Auf jeden Fall kehrten sie alle mit Justinians Erlaubnis ins Reich zurück, wo sie bis an ihr Lebensende verblieben.

Die Maßnahmen gegen religiöse Abweichler waren keine leeren Drohungen. Eine ganze Reihe von Manichäern, unter ihnen Männer und Frauen von hohem gesellschaftlichem Rang, wurden hingerichtet, nicht selten auf dem Scheiterhaufen. Justinian war nicht der Mann, der grundlos Grausamkeiten anordnete. Da er sich auf sein Talent zum Diskutieren einiges zugute hielt, versuchte er manchmal selbst, den Verurteilten noch vor Vollstreckung des Urteils zu bekehren. Enttäuscht und erstaunt über das geringe Echo, das die Stimme der Vernunft hervorrief, gab es für ihn keinen anderen Weg, als der Gerechtigkeit ihren Lauf zu lassen. Er nahm jedoch nie selbst an diesen grausamen Exekutionen teil. Im Herbst des Jahres 529 beschuldigte man eine Anzahl hoher Beamter heidnischer Praktiken. Unter ihnen waren der *quaestor sacri palatii* Thomas, der höchste Justizbeamte im Reich, sodann Asclepiodotus, ein ehemaliger Präfekt, und der *patricius* Phokas. Thomas wurde entlassen, Asclepiodotus beging Selbstmord, während Phokas offensichtlich freigesprochen wurde, nur um sechzehn Jahre später erneut beschuldigt zu werden. Danach beging auch er Selbstmord.

Justinian war sich klar darüber, daß er die Monophysiten nicht so behandeln konnte. Sie waren zu zahlreich und im Südosten des Reiches zu einflußreich. Außerdem hatten sie eine Fürsprecherin am Hof; denn Theodora war, ob sie nun die theologischen Streitfragen im Detail begriff oder nicht, gefühlsmäßig der monophysitischen Sache tief ergeben und war einigen ihrer angesehensten Führer freundschaftlich verbunden. Sie gewährte auch einer ganzen Reihe von ihnen in einem von ihr gegründeten und unterhaltenen Kloster in Konstantinopel Zuflucht. Justinian war davon überzeugt, daß die Unterschiede zwischen Monophysiten und Orthodoxen auf einem Mißverständnis beruhten. Durch eine beide Seiten zufriedenstellende Formel glaubte er, das Problem lösen zu können. Sich selbst hielt er für den geeigneten Mann, jene Formel zu finden. Die Monophysiten wurden nicht mehr so streng verfolgt wie früher, obwohl die harten Gesetze, mit denen Justin gegen sie vorgegangen war, in den *Codex* übernommen wurden. Im Exil lebende Bürger durften zurückkehren. Monophysitische Führer wurden in den Palast eingeladen, wo Theodora sie besonders gastfreundlich bewirtete, während ihr Gemahl mit ihnen theologische Gespräche führte. Im Jahr 532 schließlich kam es zu einem offiziellen Streitgespräch in Konstantinopel, an dem von jeder Seite sechs Bischöfe teilnahmen. Die ersten zwei Sitzungen leitete ein hoher ägyptischer Beamter des Hofes. In der letzten Sitzung übernahm der Kaiser selbst den Vorsitz. Die Versammlung geriet unter starken Druck, nun zu einer Einigung zu kommen, man erreichte aber nur wenig. Ein einziger monophysitischer Bischof erklärte, er sei bekehrt worden. Doch Justinian war sehr zufrieden. Er glaubte, den Weg zu einer einigenden Formel gefunden zu haben. Am 15. März 533 veröffentlichte er in Form eines kaiserlichen Edikts ein Glaubensbekenntnis, das keines der ökumenischen Konzilien erwähnte, den Ausdruck ›zwei Naturen‹ umging und erklärte, daß ein Wesen der Dreifaltigkeit körperliche Leiden erduldet habe. Der Kirchenbann wurde über die Anhänger des Nestorius verhängt, »die unseren einen Herrn Jesus Christus teilen und nicht zugeben, daß die heilige Jungfrau Maria in Wahrheit die Mutter Gottes war«, desgleichen über die extremen Monophysiten, »die leugnen, daß Jesus Christus in seinem göttlichen Wesen eins mit dem Vater und als Mensch wie wir menschlicher Natur war«. Das, so glaubte Justinian, sei ein mit dem katholischen Glauben übereinstimmendes Bekenntnis, das gleichzeitig von keinem vernünftig denkenden Monophysiten angefochten werden könne. Einige Kirchenhistoriker nennen ihn deshalb leichthin den Amateurtheologen. Man muß aber bedenken, daß es in Konstantinopel keine Berufstheologen gab in dem Sinne, daß jemand ein systematisches Studium absolviert und mit einem Examen abgeschlossen hätte. Außerdem war Justinian kein dilettantischer Stümper. Er kannte sich in der sehr umfangreichen, den Leser eigentlich abschreckenden Literatur genauso gut aus wie die meisten Bischöfe der Zeit. Er war sich der zerstörenden Wirkung ideologischer Differenzen wohl bewußt. Was er nicht durchschauen konnte, war die tiefgehende soziale Unzufriedenheit, die in den Glaubensunterschieden ihren Ausdruck fand. Er kam wahrscheinlich nie auf den für uns heute selbstverständlichen Gedanken, daß eine kaiserliche Verfügung tiefe religiöse Überzeugungen nicht ändern kann. Seine neue ›theopaschitische‹ Doktrin trug letztlich auch nicht zur Religionseinheit im Reich bei.

4.3 Die Rechtsreform

Erfolgreicher war ein bei seinem Regierungsantritt begonnenes Unternehmen, das ebenfalls der Vereinheitlichung dienen sollte. Justinian war der Meinung, daß neben der Religion vor allem das Recht den Zusammenhalt in einer Gesellschaft fördere. Auf ihr Rechtssystem konnten die Römer wirklich stolz sein. In seiner Genauigkeit, seinem logischen Aufbau und unerschöpflichen Fülle überragte es alles, was die griechische Welt auf diesem Gebiet hervorgebracht hatte. Im sechsten Jahrhundert jedoch bekam man Schwierigkeiten. Die Hauptquellen des Rechts waren die Kaisergesetze und die Interpretationen dieser Gesetze durch berühmte Rechtsgelehrte. Ihre

Zahl war bis dahin derart angestiegen, daß es selbst für einen tüchtigen Anwalt unmöglich war, alle nötigen Texte zu besitzen, geschweige denn zu lesen. Außerdem waren bei den vielfältigen Kommentaren, die in einem Zeitraum von mehr als einem halben Jahrtausend entstanden, Widersprüche und Unklarheiten unvermeidlich. Einige der überkommenen Rechtsauffassungen waren auch mit der christlichen Gesellschaftsordnung unvereinbar. Die Eheschließung z.B. betrachtete man als Angelegenheit des Zivilrechts, ohne die religiösen Aspekte zu betonen. Das Sachenrecht war überladen mit altmodischen Vorschriften, die man im sechsten Jahrhundert nicht mehr anwenden konnte. Alles in allem war das römische Recht zu einem Dschungel geworden, in dem ein geschickter Anwalt Gesetze finden konnte, die an der Gerechtigkeit völlig vorbeigingen. Frühere Versuche, das Recht zu kodifizieren – die letzte Kodifikation war von Kaiser Theodosius II. hundert Jahre zuvor veranlaßt worden –, bestanden nur darin, einfache Sammlungen von Kaisergesetzen anzulegen; sie waren außerdem jetzt schon wieder veraltet. Justinian hatte das alles schon vor seiner Thronbesteigung häufig durchdacht. Seiner Meinung nach war eine radikale Rechtsreform absolut notwendig, um das römische Recht in seiner ursprünglichen Reinheit wiederherzustellen. Alle Unsicherheiten und Widersprüche mußten beseitigt, alle unwichtigen, veralteten Passagen gestrichen werden. Nur ein solcher Gesetzeskodex würde zu dem christlichen Reich passen, das er als Erbe von Augustus und Konstantin aufbauen wollte. In Tribonian, einem hochgelehrten heidnischen Rechtsanwalt, fand Justinian den Mann, der an seinem großen Vorhaben Gefallen fand, der Energie, das fachliche Können und das Organisationstalent besaß, um die Sache durchzustehen. Die nächstliegende Aufgabe war, alle noch gültigen Kaisergesetze zusammenzustellen, ohne sie dabei nur additiv aneinanderzureihen. Wiederholungen und Widersprüche mußten durch Veränderung des Wortlauts beseitigt, die Dekrete im erforderlichen Maß gekürzt oder ergänzt werden, oft auch durch die Zusammenfassung mehrerer Texte zu einem. Außerdem sollte die Arbeit rasch erledigt werden. Am 13. Februar 528 gab Justinian ein Edikt heraus, in dem er das Projekt ankündigte.

Was viele frühere Kaiser korrigiert wissen wollten, doch keiner bisher wirklich gewagt hat, wollen Wir mit der Hilfe Gottes dem Ge-

meinwesen schenken und die lange Dauer der Gerichtsverfahren abkürzen, indem Wir die Menge der Konstitutionen der drei Codices des Gregorius, des Hermogenes und des Theodosius von unnötigem Ballast befreien, ebenso jene, die nach der Publikation der Codices von Theodosius selbst und seinen Nachfolgern erlassen wurden, Unsere Konstitutionen eingeschlossen, und einen einzigen Codex zusammenstellen, der Unseren Namen tragen und die Konstitutionen der erwähnten drei Codices samt den folgenden Gesetzen enthalten soll.[7]

Justinian berief eine Kommission, die seinen neuen *Codex* zusammenstellen sollte. Die Aufgabe wurde erstaunlich schnell gelöst. Am 8. April 529 stellte der Kaiser den neuen *Codex* in einem weiteren kaiserlichen Edikt vor. Von nun an durften keine anderen Kaisergesetze vor Gericht verwendet werden als die des *Codex Justinianus*. Kaiserliche Reskripte an Einzelpersonen, Städte oder Körperschaften waren nur gültig, wenn sie den Vorschriften des neuen *Codex* nicht widersprachen. Der Prätorianerpräfekt Menas erhielt den Auftrag, mehrere Exemplare des *Codex* für die offizielle Unterzeichnung durch den Kaiser vorzubereiten, damit sie in alle Provinzen des Staates verteilt werden konnten, denn am 15. April sollte der neue *Codex* in Kraft treten.

Als nächster Schritt der Rechtsreform sollten alle Kommentare von Rechtsgelehrten der klassischen Zeit gesammelt, nach Themenbereichen geordnet und in fünfzig Kapitel aufgeteilt werden. Dieses anspruchsvolle Vorhaben wurde am 15. Dezember 530 durch ein an den *quaestor sacri palatii* Tribonian gerichtetes Edikt bekanntgegeben, der sich selbst einen Arbeitsausschuß zusammenstellen sollte. Die Aufgabe dieser Kommission bestand darin, aus den Schriften der Rechtsgelehrten, die von den früheren Kaisern offiziell als Kommentatoren anerkannt worden waren, Wiederholungen und Widersprüche zu eliminieren, das Original zu verändern, wo es nötig erschien, und veraltete Passagen zu streichen. Tribonian wählte sechzehn Kollegen aus. Es waren der *comes sacrarum largitionum* Konstantin, Theophilus und Cratinus, Professoren in Konstantinopel; Dorotheus und Anatolius, Professoren an der Rechtsschule in Berytus und elf renommierte Rechtsanwälte. Sie hatten eine sehr umfangreiche Aufgabe vor sich. Die Mitglieder der Kommission lasen zweitausend Bücher von neununddreißig Autoren, alles in allem etwa drei Millionen Zeilen, und kürzten sie auf hundertfünfzigtausend Zeilen oder annähernd eine Million Worte. Außer den genannten Fachleuten müssen an dieser Arbeit noch Hunderte von Angestellten, Schreibern und Stenographen beteiligt gewesen sein. Aber ihre Namen erscheinen nicht in der selbstbewußt formulierten Konstitution, die das neue Werk, die *Digesten*, am 16. Dezember 533 der Welt vorstellte:

So groß ist die Fürsorge Gottes Uns gegenüber, daß sie Uns fortwährend mit großzügiger Freigebigkeit unterstützt. Denn jetzt, da der Partherkrieg durch den Ewigen Frieden beendet, die Wandalen geschlagen und Karthago, ja ganz Libyen dem römischen Reich wieder eingegliedert ist, können dank Seiner Gnade die durch hohes Alter gebeugten Gesetze, durch Unsere Sorgfalt angemessen bearbeitet, in neuer Schönheit erstrahlen.[8]

Es war verboten, zu den neuen *Digesten* Kommentare zu verfassen. Sie würden nach Ansicht des Kaisers nur zu neuen Mehrdeutigkeiten und Unsicherheiten führen. Es waren nur kurze Zusammenfassungen und Hinweise auf parallele Passagen erlaubt sowie wörtliche Übersetzungen ins Griechische. Denn die Gesetzessprache war das Lateinische, die traditionelle Rechts- und Amtssprache im Reich – zufällig auch Justinians Muttersprache –, während die meisten Bürger griechisch sprachen. Moderne Rechtshistoriker, die das klassische Recht der frühen Kaiserzeit rekonstruieren wollten, haben lange nach den Interpolationen und Modifikationen der Kommission Tribonians gesucht. Daß sie dabei relativ wenig Erfolg hatten, ist nicht zuletzt ein Beweis für die großartigen Fähigkeiten dieses Mannes und für die gut fundierten Grundsätze, die er selbst und Justinian zu Beginn ihrer Arbeit aufgestellt haben.

Das große Rechtsgebäude war damit auf eine neue Grundlage gestellt. Am 21. November 533 wurde das neue von Tribonian, Theophilus und Dorotheus zusammengestellte Werk der Öffentlichkeit vorgestellt und in einer Konstitution als geltendes Recht erklärt. Die neuen *Institutionen* hielten sich im Aufbau und oft auch im Wortlaut an die des Gaius, eines Rechtsgelehrten aus dem zweiten Jahrhundert. Viele Kapitel über Verfahrensfragen erwiesen sich als veraltet und wurden ausgelassen, neue Kapitel über die Aufgaben des Richters und über das Strafrecht wurden eingefügt. Auch nahm man eine Vielzahl von kleineren Änderungen vor, die zum Teil auf Justinians eigene Gesetzgebung zurückgingen. Gleichzeitig wurde die Dauer des Rechtsstudiums in Konstantinopel und Berytus von vier auf fünf Jahre verlängert, der Lehrplan durch eine kaiserliche Verfügung für jedes Studienjahr genauestens festgelegt. Justinian schenkte sogar den verschiedenen Namen Aufmerksamkeit, mit denen man Studenten der einzelnen Semester auseinanderhielt. Die Studienanfänger, bisher wohl etwas abfällig *dupondii* genannt, sollten ab sofort die Bezeichnung *novi Justiniani* tragen.

In der Zwischenzeit hatte die kaiserliche Kanzlei auf Veranlassung Justinians eine ganze Reihe von Gesetzen erlassen, die zum großen Teil auch von Tribonian verfaßt worden waren. Dadurch war der *Codex* zu einer unzuverlässigen Quelle geworden. Sobald die Arbeit an den *Digesten* beendet war, erhielt deshalb eine Fünferkommission – Tribonian, Dorotheus und drei Anwälte, die auch schon an den *Digesten* mitgearbeitet hatten – den Auftrag, eine zweite Ausgabe des *Codex* vorzubereiten. Sie erschien am 16. November 534 und ist die heute bekannte Version.

Wir sind mit dem Bericht über die große Rechtsreform schon ins Jahr 534 geraten. Doch im Januar 532 ereigneten sich in Konstantinopel Dinge, die Justinian fast den Thron gekostet hätten.

4.4 Finanzprobleme

Der persische Krieg hatte viel gekostet, der Ewige Friede war noch teurer. Neben Sold und Verpflegung für die Truppen und den jährlichen Zahlungen an die Perser erforderte das Netz von Festungen, Straßen und Brücken, mit denen Justinian die Verteidigung der Ostgrenze sichern wollte, große Ausgaben, besonders wenn schweres Baumaterial über große Entfernungen hinweg transportiert werden mußte. Seine Politik, sich die Unterstützung oder Neutralität fremder Nationen zu erkaufen, führte zu ständig zunehmenden Belastungen des Haushalts. Wenn die Barbaren für die Zusage, sich ruhig zu verhalten, einmal Geld erhalten hatten, kamen sie bald wieder und verlangten mehr. Dazu kam, daß Justinian eine Menge Pläne hatte. Eine sparsame Haushaltsführung im Stil von Anastasius war nicht nach seinem Geschmack. Er wollte seinen Untertanen die Größe des neuen Zeitalters zum Bewußtsein bringen. So sind auch die großzügigen staatlichen Subventionen in Notfällen zu erklären. Antiochia z.B. wurde nach dem Erdbeben von 528, bei dem viertausendachthundertsiebzig Menschen den Tod fanden, drei Jahre lang von allen Steuern befreit und mit Zuwendungen in Geld und Naturalien bedacht. 529 Jahr war Laodicea an der Reihe – siebentausendfünfhundert Menschen kamen durch ein Erdbeben ums Leben –, später Amasea und Myra. Im Jahr 530 litt das Reich unter ausgedehnten Dürreperioden und einer Reihe von kleineren Erdbeben. Bei all diesen Katastrophen stellten Justinian und Theodora ihre große Freigebigkeit unter Beweis. Nach der Unterwerfung Samarias wurden alle Kirchen auf Staatskosten wiederaufgebaut. Dann sind die unzähligen neuen Gebäude in der Hauptstadt und anderen Städten zu nennen. In den ersten Jahren seiner Regierungszeit ließ Justinian eine große unterirdische Zisterne anlegen, um Wasserreserven für die trockene Jahreszeit zu haben. Als sein Onkel noch regierte, hatte Justinian in Konstantinopel eine Reihe von Kirchen bauen bzw. wieder aufbauen lassen, einschließlich der großen Kirche der Muttergottes in Blachernae am Goldenen Horn, außerhalb der Theodosianischen Mauern. Wahrscheinlich in den ersten Jahren von Justinians Regierungszeit wurden die Arbeiten an der Kirche begonnen, die den beiden Heiligen Sergius und Bacchus geweiht ist. Die Architektur dieses Gebäudes zeigt eine Abkehr vom traditionellen Basilikastil. Statt eines langen rechteckigen Gebäudes mit Apsis und einem oder mehreren Seitenschiffen baute man ein Oktogon, das, von Säulen und Bogen unterstützt, eine Schirmkuppel trägt. Das äußere Mauerwerk ließ Platz für zahlreiche Arkaden und Ecknischen. Dabei stieß man auf schwierige technische Probleme, die nicht alle zufriedenstellend gelöst werden konnten. Trotzdem ist der Bau jeder Bewunderung würdig. Alle diese Vorhaben summierten sich und belasteten die Finanzen des Staates außerordentlich.

Dabei war das Problem lösbar. Der Staat hatte Mittel genug und konnte dazu noch einige ungenutzte Finanzquellen erschließen. Drei Dinge standen im Vordergrund: Die staatlichen Maßnahmen mußten effektiver werden. Man durfte die Steuereinnahmen nicht länger verschwenden. Das Steuersystem mußte reformiert werden, so daß in Zukunft auch die Gesellschaftsschichten einen angemessenen Beitrag leisteten, die bisher so glimpflich davongekommen waren. Das betraf vor allem die Stadtbevölkerung und die Oberschicht. Im Altertum wurden nämlich die Bauern grundsätzlich am höchsten besteuert, weil deren Erträge – im Gegensatz zu denen der Kaufleute oder Ladeninhaber – leicht zu taxieren waren, und weil man von dieser Bevölkerungsschicht keine Repressalien zu befürchten hatte. Steuerliche Reformmaßnahmen dieser Art lassen sich seit Beginn der Herrschaft Justinians verfolgen. Verschiedene Bereiche der kaiserlichen Domänenverwaltung, die über umfangreichen Besitz im gesamten Reich verfügte, wurden reorganisiert, um die Einkünfte besser kontrollieren zu können. Es war vor allem Aufgabe des Prätorianerpräfekten, für den Ausgleich des Budgets zu sorgen. Sein Ministerium hatte den größten Teil der Einnahmen zu verwalten, gab allerdings auch am meisten aus. Nach einigen anderen Präfekten, die nur kurze Zeit im Amt blieben, wurde 531 Johannes der Kappadokier *praefectus praetorio*. Kurz vor, besonders aber nach seinem Amtsantritt diskutierte man die staatlich garantierten Provisionen bei der Steuererhebung heftig, denn ein Großteil dieser Gelder ging andere Wege und erreichte die Staatskasse nie. Es war außerdem üblich geworden, daß Beamte für ihre Leistungen Sporteln erhielten. So verlangte z. B. das Personal des Prätorianerpräfekten die unglaubliche Summe von siebenunddreißig Goldsolidi, damit ein Fall vom Gericht überhaupt bearbeitet wurde. Es gab noch andere Möglichkeiten, Geld einzusparen, indem man die viel zu großen Mitarbeiterstäbe der Ministerien reduzierte, die Inhaber von Sinekuren aus ihren Ämtern entfernte und die Namen verstorbener Mitarbeiter von der Lohnliste strich. Außerdem wurden kostspielige Dienstleistungsbereiche durchforstet, wie z. B. die staatliche Post. Nur auf der Hauptstrecke zur persischen Grenze hin hielt der Staat einen Postdienst aufrecht, mit Stationen, auf denen alle fünfzig Kilometer die Pferde gewechselt werden konnten. Überall sonst stellte man den Postdienst entweder ganz ein oder reduzierte ihn. Schließlich unternahm der Staat den ernsthaften Versuch, die Reichen zu besteuern. Sie waren ja am besten in der Lage, Steuern zu zahlen. Viele Privilegien gerieten ins Wanken, so z. B. das Vorrecht der führenden Schichten, keine körperliche Züchtigung erdulden zu müssen. Auch die Mauscheleien zwischen Mitgliedern der Oberschicht und den lokalen Beamten sollten ein Ende haben. Zeitgenössische Quellen, die meist aus der Oberschicht stammen, erfreuen uns mit gespenstischen Berichten von grausigen Schandtaten der Leute des Kappadokiers, die tatsächlich Männer von Rang und Namen wegen

Steuerhinterziehung hinter Schloß und Riegel brachten oder gar auspeitschen ließen. Schon die Namen, die man einigen gab, sprachen Bände: Alexander, die ›Kneifzange‹ und Johannes ›mit dem bleiernen Kiefer‹. Sicherlich ging man oft übereifrig vor. Viele Helfer des Johannes arbeiteten auch genauso in die eigene Tasche wie ihre Vorgänger. Doch der Staat nahm mehr Steuern ein, und so konnten Löcher gestopft werden.

Als erste Folge dieser Maßnahmen kamen alle, die mit dem Staat unzufrieden waren, nach Konstantinopel. Entlassene Beamte, Postangestellte, kleinere Landbesitzer, die nicht nur ruiniert, sondern auch vor ihren Mitbürgern gedemütigt worden waren, Siedler, die man von den Domänen vertrieben hatte, Diener von Leuten, die sich nun kein Gefolge mehr leisten konnten – alle strömten aus den Provinzen in die Hauptstadt, weil das Leben dort leichter war und weil sie immer noch hofften, der Kaiser oder seine höchsten Beamten würden das geschehene Unrecht wiedergutmachen. Da das Transportwesen mangelhaft organisiert und der Lebensunterhalt in den Provinzen unsicher geworden war, kam es in der Hauptstadt zeitweise zu Schwierigkeiten in der Lebensmittelversorgung. Das Brot, das jeder registrierte Haushalt erhielt, wurde immer schlechter. Die Spannungen wuchsen.

In den letzten Regierungsjahren Justins hatten die Blauen und Grünen auf starken staatlichen Druck hin in Konstantinopel, Antiochia und anderen Orten sehr an Macht und Einfluß verloren. Justinian brauchte sie nicht mehr. Trotzdem blieben sie Organisationen, die, wie wir gesehen haben, die bedingungslose Gefolgschaft der Massen mobilisieren konnten. Ihre erfolgreichen Wagenlenker waren echte Volkshelden. Wenn Zehntausende von Parteigängern im Hippodrom zusammenkamen, konnte man mit Hilfe der Massen direkten Druck auf die Regierenden ausüben. Auf der Suche nach Rat und Unterstützung wandten sich während der ersten Regierungsjahre Justinians, einer Zeit wachsender Unruhe und Unsicherheit, wieder viele Menschen an die Organisationen. Für ihre jahrelange Gegnerschaft, wie verbissen sie auch äußerlich wirkte, gab es eigentlich keinen Grund, da die beiden Parteien mehr verband als trennte.

In den ersten Januartagen des Jahres 532, mitten im kalten und feuchten Winter, war die Stimmung in Konstantinopel äußerst gereizt. Die Grünen organisierten eine Demonstration im Hippodrom, in der sie sich über die Willkür der Regierung beklagten und selbst den Kaiser dabei nicht schonten. »Wäre dieser Sabbatius nie geboren worden«, schrien sie, »dann hätte er uns nicht einen Mörder als Sohn hinterlassen.« – »Ihr seid die einzigen Mörder hier«, schrien daraufhin die Blauen zurück. Dann artete die Demonstration in die üblichen Schimpfkanonaden zwischen beiden Parteien aus und endete mit dem Abzug der vor Wut kochenden Grünen. In den folgenden Tagen kam es zu Straßenschlachten, so daß die Polizei des Stadtpräfekten einige Rädelsführer verhaften mußte. Manche wurden zum Tode verurteilt. Die schaulustige Menge, die sich wegen der Hinrichtungen zusammenrottete, war in explosiver Stimmung. Der nervöse Henker arbeitete stümperhaft. Zwei der Verurteilten, ein Blauer und ein Grüner, fielen lebend vom Schafott. Die Menge begann zu schreien: »Zur Kirche, zur Kirche!« Aus dem nahegelegenen Kloster von St. Konon liefen einige Mönche herbei und brachten die beiden Opfer unter dem Schutz der Menge in einem Boot über den Bosporus in die Kirche St. Laurentius, die Asylrecht besaß. Der Präfekt ließ bewaffnete Wachen vor die Kirche stellen, während die Menschen weiter durch die Straßen zogen und die Freilassung der beiden Männer forderten.

Drei Tage später, am Dienstag, dem 13. Januar, begannen die Rennen im Hippodrom. Wieder bildeten die Zuschauer Sprechchöre und verlangten die Freilassung der beiden Verurteilten. Die Behörden blieben jedoch unnachgiebig. Spät am Nachmittag taten sich die beiden Parteien plötzlich gegen die Regierung zusammen. Ihre traditionelle Feindschaft war vergessen, beide stimmten den gemeinsamen Schlachtruf an: Nika (Siege)! Das war eigentlich der Ruf, mit dem sie bei den Rennen ihre Favoriten anfeuerten. »Nika, die Grünen!«, »Nika, die Blauen!« Jetzt aber war Grün und Blau unwichtig. Man sprach mit einer Stimme. Die Menge brach gewaltsam in den Palast des Stadtpräfekten ein, tötete alle Polizeibeamten, die Widerstand leisteten, befreite die Gefangenen und steckte das Gebäude in Brand. Der Anblick der Flammen brachte sie erst recht in Rage. Die Massen stürmten über den Platz zum großen Tor des Kaiserpalastes und legten auch dort Feuer. Es breitete sich rasch aus, und die Sophienkirche war schon abends nur noch ein Trümmerhaufen. Viele öffentliche Gebäude entlang der Mese standen in Flammen. Im Laufe der Nacht zerstreute sich die Menge, ihre Führer jedoch blieben aktiv. Als am nächsten Morgen die Rennen weitergingen, hoffte Justinian sicherlich, daß sich ihre Wut erschöpft hätte und sie ihre üblichen gegenseitigen Schimpfkanonaden wieder aufnehmen würden. Er wurde aber enttäuscht. Ihre Solidarität blieb ungebrochen, ihre Forderungen waren jetzt offen politischer Natur. Während einige Trupps lärmend durch die Straßen zogen und Häuser ansteckten, versammelte sich die Menge im Hippodrom und forderte nicht nur die Entlassung des Stadtpräfekten Eudaimon; auch Johannes der Kappadokier und Tribonian sollten über die Klinge springen. Der Kaiser, der wieder Herr der Situation werden wollte und in einer schnellen Entscheidung seine einzige Chance sah, ließ die Entlassung der drei Beamten sofort verkünden.

Die Bürger von Konstantinopel hatten jedoch an der Macht Gefallen gefunden und wollten sie so einfach nicht aus der Hand geben. Während überall in der Stadt das Feuer wütete, belagerte die Menge den Kaiserpalast. Justinian, seine Minister und Senatoren befanden sich in einer schwierigen Lage. In der Stadt waren viele Soldaten stationiert, hauptsächlich Einheiten, die man kürzlich von der Ostgrenze abgezogen hatte, dazu kamen noch die Regimenter der Palastwachen. Aber wer wußte schon, ob man sich auf sie verlassen konnte? Belisar und Mundus, ein anderer General, befanden sich mit ihren germanischen Söldnertruppen im Palast. Ein Versuch, mit Hilfe dieser Soldaten die Ordnung wiederherzustellen, schlug fehl, weil die römischen Truppen sie nicht unterstützen wollten. Und was war mit den Senatoren im Palast? Zwei von ihnen, Hypatius und Pompeius, waren Neffen des Anastasius und hatten als Rivalen Justins gegolten. Konnte man sich darauf verlassen, daß sie nicht einen zweiten Versuch starten würden? Und wie viele Senatoren wollten womöglich ihr Schäfchen ins Trockene bringen und waren innerlich schon auf einen neuen Herrscher eingestellt? Am Abend des 15. Januar rief das Volk Probus, den dritten Neffen des Anastasius, zum Kaiser aus. Der aber hatte, wie viele andere wohlhabende Bürger, die Stadt verlassen. Die Menge rächte sich, indem sie sein Haus in Brand steckte. Justinian mußte nun damit rechnen, daß die im Palast Versammelten ihm nach dem Leben trachteten. Deshalb befahl er am 17. Januar den meisten Senatoren, den Palast sofort zu verlassen. Auch Hypatius war dabei, der wohl ahnte, was auf ihn zukam.

Am nächsten Morgen faßte Justinian neues Vertrauen. Er war entschlossen, dem vorbildlichen Verhalten des Kaisers Anastasius zu folgen. Er erschien in der Kaiserloge mit der Bibel in der Hand und erklärte, er alleine sei für das Geschehene verantwortlich, und versprach eine vollständige Amnestie. Aber er war ein schlechterer Schauspieler als Anastasius, die Situation war auch erheblich gefährlicher. Denn zu diesem Zeitpunkt traten einige prominente Männer auf, die entschlossen waren, den Tumult für ihre Zwecke auszunutzen und Justinian loszuwerden. Die Nachricht vom Auftritt des Kaisers ließ die Menschen im Hippodrom zusammenströmen. Einige aus der Menge jubelten ihm zu, die meisten jedoch reagierten auf seine Rede mit Wutausbrüchen wie: »Du lügst, du Schwein!« Justinian kehrte schnell in den Palast zurück. Die Menge machte sich auf die Suche nach dem unglücklichen Hypatius, dem es nicht mehr gelungen war, die Stadt zu verlassen. Als sie ihn fanden, trugen sie ihn auf ihren Schultern zum Forum Konstantins und krönten ihn mit einem goldenen Band, das zufällig jemand um den Hals trug. Im ersten Augenblick war der alte General zu Tode erschrocken, langsam faßte er jedoch wieder Mut, als er merkte, daß viele wichtige Persönlichkeiten und Senatoren seine Sache unterstützten. Als das Gerücht aufkam, Justinian sei heimlich aus der Stadt geflohen, ließ er die Massen gewähren. Im Triumphzug zogen sie mit ihm ins Hippodrom, ließen ihn, mit der Purpurrobe angetan, auf dem Thron in der Kaiserloge Platz nehmen. Die Menge jubelte Hypatius zu und beschimpfte Justinian und Theodora.

Inzwischen hielt Justinian hinter verschlossenen Türen eine Lagebesprechung mit seinen engsten Mitarbeitern ab. Im kaiserlichen Privathafen stand eine schnelle Galeere bereit. Der Kaiser war entschlossen, nach Heraklia in Thrakien zu fliehen. Belisar äußerte die Ansicht, daß sich die Wut des Volkes am ehesten legen würde, wenn man des Hypatius habhaft werden könnte. Justinian ließ ihn halbherzig gewähren. Aus seinen Herulern formierte er in Eile einen Stoßtrupp und marschierte vom Palast durch den Gang zum Kathisma, der Kaiserloge. Aber einige Palastwachen stellten sich ihm in den Weg. Er wollte unbedingt vermeiden, daß auch diese Truppen gegen Justinian eingenommen wurden, und brach sein Vorhaben erfolglos ab. Justinian wußte nicht mehr ein noch aus und ordnete den sofortigen Rückzug zum Hafen an. Da erhob sich Theodora, die die

Überlegungen der Männer bisher schweigend mit angehört hatte, und tat ihre Meinung kund:

Ob eine Frau den Männern ein Beispiel an Tapferkeit geben soll, das zu entscheiden ist hier nicht der Ort. Im Augenblick der äußersten Gefahr muß man das Nötige tun. Ich jedenfalls glaube, daß die Flucht für uns nicht von Vorteil ist, auch wenn sie Rettung bringen sollte. Jeder, der das Licht der Welt erblickt, muß sterben. Daß aber ein Kaiser seine Tage als Flüchtling zubringen muß, dieser Gedanke ist mir unerträglich. Möge ich nie ohne diesen Purpur sein, möge ich den Tag niemals erleben, an dem mich die Menschen nicht mehr »Herrin« nennen. Wünschst du Sicherheit, o Kaiser, ist das Problem einfach zu lösen. Wir sind reich, und dort ist die See, da unsere Schiffe. Sieh aber zu, daß dich nach der Rettung nicht das Verlangen ankommt, den Tod dieser Rettung vorzuziehen. Was mich betrifft, liebe ich das alte Wort: ›Der Purpur ist das schönste Leichentuch.‹[9]

Sie nahm wieder Platz. Die Männer schauten sich nervös an. Belisar und General Mundus brachen als erste das Schweigen und begannen hastig Pläne zu schmieden. Sie wollten den Palast getrennt verlassen, jeder mit seinen Söldnern, und sich den Toren des Hippodroms in einer Art Zangenbewegung nähern. Unterdessen mischten sich einige Polizeispitzel unter die Menge. Hier und dort hörte man plötzlich die Rufe »Lang lebe Justinian«. Zwischen den rivalisierenden Parteien brachen Kämpfe aus. In genau diesem Augenblick stürmten Belisar und Mundus auf ein verabredetes Zeichen hin durch zwei Tore in das Hippodrom und fielen der zerstrittenen Menge in den Rücken. Die germanischen Söldner kümmerten sich nicht um Grün oder Blau, sondern metzelten alles nieder, was ihnen in die Quere kam. Die Bänke trieften von Blut, und dieses Mal hallte das Hippodrom wider von den Schreien der Verwundeten und dem Stöhnen der Sterbenden. Narses hatte inzwischen eine Abteilung der bewaffneten Palastwache zu einem anderen Eingang geführt. Dort ließ er die herausströmenden Flüchtenden niedermetzeln. Hinter Hypatius wurden plötzlich die Türen aufgebrochen. Justus und Boraides, zwei Vettern Justinians, sprangen in das Kathisma und schleppten den vor Schreck starren Mann in seinen Purpurgewändern in den Palast.

Bald war alles vorbei. Etwa dreißigtausend Menschen kamen im Hippodrom um, bevor Belisar und Mundus ihren erschöpften Soldaten Einhalt geboten. Hypatius brachte man vor Justinian, der jetzt mit eiskalter Selbstsicherheit auftrat. Warum, so fragte ihn der Kaiser, hatte er sich krönen lassen. Hypatius erwiderte, daß er nur die Menge zum Hippodrom hatte lenken wollen, wo Justinians Leute sie besser packen konnten. Warum, so lautete die nächste Frage, hast du dann gewartet, bis die halbe Stadt niedergebrannt war? Hypatius konnte sich nur noch dem Kaiser zu Füßen werfen und um sein Leben flehen. Justinian hatte nichts übrig für persönliche Grausamkeiten. Da er Hypatius seit zwanzig Jahren kannte, war er bereit, ihm das Leben zu schenken. Doch Theodora hielt ihn zurück. Am folgenden Tag wurden Hypatius und sein Bruder hingerichtet, die Leichen warf man ins Meer. Ihr Eigentum wurde samt dem Vermögen verschiedener Senatoren, die ins Exil gehen mußten, beschlagnahmt, Justinian brauchte kein Blut mehr zu vergießen, um seine Stellung zu sichern. Er wußte nun, auf wen er sich verlassen konnte: auf Belisar, Mundus, Narses und vor allem auf Theodora.

5 BAU DER HAGIA SOPHIA UND RÜCKEROBERUNG AFRIKAS

Während man die letzten Toten aus dem Hippodrom zur Grabstätte wegkarrte und die letzten Schwelbrände an der Mese gelöscht wurden, waren Justinian und seine Mitarbeiter schon wieder mit Zukunftsplänen beschäftigt. Die Bürger der Hauptstadt waren verwirrt und eingeschüchtert. Der Kaiser erholte sich zusehends vom Zustand der panikartigen Kopflosigkeit, die ihn zeitweise befallen hatte, und war nun wieder ganz von seiner Mission eingenommen. Zunächst standen vor allem Räumungs- und Reparaturarbeiten an, für die der Stadtpräfekt und seine Leute zuständig waren. Der Zustand der zerstörten Stadt forderte jedoch auch Justinian selbst heraus. Von der großen Sophienkirche gegenüber dem Bronzetor des Palastes auf der anderen Seite des Augusteums war nur Schutt und Asche übriggeblieben. Konstantin, der erste christliche Kaiser und Gründer der Stadt, hatte mit ihrem Bau begonnen und sein Sohn Constantius II. hatte sie vollendet. Sie symbolisierte die Stellung des Reiches innerhalb der göttlichen Ordnung der Dinge. Sie mußte wieder aufgebaut werden, auf keinen Fall aber nur als einfache Nachbildung. Die neue Kirche sollte jedes andere Gebäude, das jemals zur Ehre Gottes errichtet worden war, übertreffen und gleichzeitig allen Völkern bis an das Ende der Zeiten den Ruhm ihres Erbauers Justinian verkünden.

In Konstantinopel gab es genug Baumeister, Justinian kannte die besten unter ihnen. Sie hatten in seinem Auftrag die Kirche der Heiligen Sergius und Bacchus erbaut. Aber sie bauten in traditionellem Stil und mit Hilfe althergebrachter Regeln. Sie waren für Justinians Vorhaben nicht geeignet. Seit Konstantin hatte man die meisten Kirchen im Basilikastil erbaut. Ursprünglich war die Basilika eine geräumige, für die Geschäfte des öffentlichen Lebens geeignete Halle, deren Baustil die Römer von hellenistischen Vorbildern übernommen hatten. Als Kirche war sie ein rechteckiges Gebäude mit einem

Satteldach, manchmal trug sie auch ein Tonnengewölbe. Meist wurde an der Ostseite der Kirche eine halbrunde Apsis hinzugefügt. Parallel zum Hauptschiff hatte das Gebäude häufig zwei oder vier Seitenschiffe, deren Schrägdächer, in der Höhe gestaffelt und niedriger als das Dach des Hauptschiffes, von einer Reihe von Säulen und Bögen getragen wurden. So sahen im Prinzip die meisten berühmten Kirchen jener Zeit aus, z.B. Konstantins Sophienkirche, die jetzt zerstört war; die Kirche des hl. Demetrius in Thessaloniki; S. Apollinare Nuovo in Ravenna, von Theoderich begonnen und 519 vollendet; S. Sabina in Rom, die nach Alarichs Plünderung im Jahr 410 auf dem Aventin erbaut wurde; die große Basilika S. Paolo fuori le Mura nahe der Porta Ostiense an der Straße nach Ostia, die 440 vollendet wurde; S. Maria Maggiore im Herzen Roms, die Papst Sixtus III. Mitte des fünften Jahrhunderts erbauen ließ. Nach dem gleichen Prinzip waren eine Vielzahl kleinerer Kirchen im gesamten Reichsgebiet gebaut worden, auch in einigen barbarischen Königreichen des Westens.

Die Bauten mit rechteckigem Grundriß, die ihrerseits schon den Höhepunkt einer langen architektonischen Tradition bildeten, konnten ästhetischen Maßstäben vollauf gerecht werden. Mit ihren festen äußeren Begrenzungen und ihrem cartesianischen Raum waren sie unmißverständlich Bestandteil dieser Welt. Sie sprachen eher den Intellekt an als die Phantasie.

Ein anderer Bautypus der spätantiken Kirchenarchitektur war der Zentralbau mit kreisförmigem Grundriß. Er geht auf bestimmte antike Grabdenkmäler zurück; solche Kirchen wurden vor allem über Märtyrergräbern errichtet, wegen der technischen Schwierigkeiten waren es meist kleine Bauten. Als Variante hatten einige Kirchen einen sechs- oder achteckigen Grundriß, der weniger problematisch war, so z.B. die orthodoxe und die arianische Taufkapelle in Ravenna, der Hauptstadt des Gotenreiches, oder das Mausoleum, das sich Theoderich dort hatte errichten lassen. Diese Bauten hatten meistens Schrägdächer, der Innenraum wirkte einfach und übersichtlich. Die rechteckige Basilika und die runde Märtyrerkirche gehörten ganz der klassisch-rationalistischen Tradition der Antike an.

Doch für Justinian und seine Zeitgenossen war der Kirchenraum der Ort, an dem Himmel und Erde zusammentrafen, um den Willen Gottes zu offenbaren. Die Kirche war für sie das Tor zwischen dem

Faßbaren und dem Unfaßbaren. Und das galt besonders für die Große Kirche von Konstantinopel, in der Patriarch und Kaiser an hohen Feiertagen den festlichen Gottesdiensten beiwohnten. Der Kirchenbau sollte funktionell gestaltet sein. Er sollte dem Besucher die Vorstellung vermitteln, als sei er an der Schwelle zu einer anderen Welt. Das erforderte ein radikales Umdenken, was die räumlichen Verhältnisse betraf. Schon vor 532 hatte man verschiedentlich versucht, ›moderne‹ Kirchen zu bauen. Die Kirche Justinians und Theodoras, SS. Sergius und Bacchus in Konstantinopel, galt als ein Schritt in diese Richtung. Hier trugen acht Mittelpfeiler, die man in ein viereckiges Rahmenmauerwerk hineinstellte, eine Kuppel. Im fernen Ravenna, wo um das Jahr 520 der byzantinische Einfluß am stärksten war, unternahm man einen noch eindrucksvolleren und erfolgreicheren Versuch in dieser Richtung. Julianus, ein reicher Bankier der Stadt, finanzierte den Bau einer neuen Kirche, die dem hl. Vitalis geweiht wurde. Zur Zeit des Bischofs Ecclesius (521–532) wurde mit dem Bau begonnen. Anders als bei den früheren Kirchenbauten der ostgotischen Hauptstadt, die entweder im Basilikastil oder auf rundem Grundriß erbaut worden waren, bildete ein Oktogon das Herzstück der neuen Kirche. Es ruhte auf acht Säulen und Bögen, die sich zu einem Rundgang öffneten. Ecknischen ragten in ihn hinein. Die wechselseitige Durchdringung von innerem und äußerem Bereich verwirrt zunächst den Besucher, eine Galerie erschwert die Orientierung zusätzlich: die Raumgeometrie scheint unausgewogen. S. Vitale blieb etwa zwanzig Jahre lang unvollendet. Dann befand sich Ravenna in byzantinischer Hand. Unter kaiserlichem Patronat wurde die Kirche schließlich vollendet und mit Mosaiken Justinians und Theodoras geschmückt, ein Symbol für die Größe des Reiches im wiedereroberten Italien. Schon als man in der damals noch gotischen Hauptstadt mit dem Bau begonnen hatte, war der byzantinische Einfluß nicht zu leugnen. Die Gestaltung erinnert an die ›moderne‹ Architektur von ss. Sergius und Bacchus.

Das waren die Anfänge. Die Große Kirche der Hauptstadt erforderte radikalere Lösungen des Raumproblems und eine aufwendigere Ausführung. Justinian wandte sich daher nicht an die städtischen Baumeister, sondern zog Anthemius von Tralles und Isidor von Milet zu Rate. Beide waren Ingenieure und Mathematiker, die infolge ihrer Ausbildung und gesellschaftlichen Stellung einer anderen sozialen Schicht angehörten als die gewöhnlichen Architekten und Baumeister der Antike. Die Aufgaben, die sich ihnen stellten, konnten nicht empirisch, sondern nur durch genaueste theoretische Analyse bewältigt werden. Justinian hatte wohl selbst diese beiden ungewöhnlichen Architekten ausgesucht, denn die Angelegenheit war zu brisant, als daß man sie untergeordneten Stellen hätte überlassen können. Auf Anthemius und Isidor war er sicherlich in Verbindung mit irgendeiner militärischen Aufgabe an der Ostgrenze aufmerksam geworden oder beim Versuch, Konstantinopels Wasserversorgung zu verbessern, wobei er auch ihre technischen Fähigkeiten schätzen gelernt hatte. Inzwischen waren Säulenstücke und Marmorplatten aus allen Teilen der Ägäis und sogar von der französischen Atlantikküste herbeigeschafft worden, denn der Arm des Kaisers reichte weit, und seine Diplomaten unterhielten freundschaftliche Beziehungen sogar mit dem fernen Königreich der Franken. Bauleute, Bildhauer und Fachleute der Intarsienkunst holte man aus den Städten des Reiches herbei. Justinian scheute keine Ausgaben, er hat offenbar um die dreiundzwanzig Millionen Goldsolidi für dieses Projekt ausgegeben. Sein persönliches Engagement hat die Aufgabe der Architekten wohl sehr erleichtert. Doch ist es vor allem dem Organisationstalent von Anthemius und Isidor zu verdanken, daß die Kirche Ende 537 geweiht werden konnte.

Justinian hatte sich oft persönlich vom Fortgang der Arbeiten überzeugt, Anthemius hatte ihm seine Vorstellungen stets erläutert. Trotzdem ist es für einen Laien nicht leicht, sich auf einem Bauplatz zurechtzufinden. Erst kurz vor der Einweihung wurden das riesige Gerüst entfernt und die vielen Bauhütten und Materiallager beseitigt, so daß man das Gebäude als Ganzes sehen konnte. In Begleitung Isidors überquerte Justinian von seinem Palast aus das Augusteum, die Tore wurden geöffnet, und der Kaiser durchschritt den Narthex, den von der Kirche getrennten Vorraum, gelangte dann zum Rundgang und betrat schließlich den großen, von einer gewaltigen Kuppel überwölbten zentralen Raum. Um ihn herum schimmerte vielfarbiger polierter Marmor im Licht, das durch die Fensterreihe an der Kuppelbasis einfiel. Die Mosaiken an den Wänden wirkten wie eine zweite Fensterreihe, durch die man in das Reich Gottes schauen konnte. Überall taten sich vielgestaltige und verwirrende Perspektiven auf, die in den Kirchenraum zurückzuweichen schienen. Justinian stand lange in Schweigen versunken da. Als er sich wieder etwas gefaßt hatte, konnte er nur flüstern: »Salomo, ich habe dich übertroffen!«

Die Architekten hatten tatsächlich einen Kirchenbau geschaffen, der alles bisher Vorstellbare bei weitem übertraf. Auch der heutige Besucher ist davon überwältigt. Das Gebäude ist seiner Anlage nach ziemlich einfach. Vier riesige Pfeiler ragen an den Ecken eines Quadrats empor, dessen Seitenlänge hundert byzantinische Fuß beträgt. In einer Höhe von siebzig Fuß werden sie durch vier große Bögen miteinander verbunden. Die Nord- und Südpfeiler sind mit den Seitenwänden des Hauptschiffes verbunden; die West- und Ostpfeiler stehen frei und ermöglichen die halbkreisförmige Verlängerung des Zentralraumes. Die Bögen sind durch Hängezwickel (Pendentifs) verbunden. Vom Scheitelpunkt der Bögen und Pendentifs aus erhob sich eine flache Kuppel von hundert Fuß Durchmesser – die Kirche ist heute nicht mehr in dem Zustand, den die Architekten damals konzipiert hatten. Im Osten und Westen der Hauptkuppel ruhten etwas tiefer zwei Halbkuppeln auf den Hauptpfeilern und je zwei zusätzlichen Pfeilern. Kleinere Konchen füllen die vier Zwischenräume zwischen der Hauptkuppel und den zwei größeren Halbkuppeln.

Ein rechteckiges Mauerwerk umschließt diese kühne Konstruktion sowie die Rundgänge, Galerien und den Narthex. Die Mauern sind für die Statik der Innenkonstruktion ganz ohne Bedeutung. Die Bögen und Pendentifs, die die Seitenschiffe, den Narthex und die Galerien überdachen, ruhen auf freistehenden Säulen und Pfeilern. Mit den Hauptpfeilern und Seitenwänden sind sie mit kleineren Kreuz- und Tonnengewölben verankert.

Das Innere der Kirche muß man vom Zentrum aus betrachten. Der erste Eindruck ist der eines großen, formlosen, hellen Raumes. Erst nach einiger Zeit wird die Form klarer. Die riesigen Nischen im Osten und Westen bilden einen ovalen Raum, der durch die Konchen nach vier Seiten hin erweitert wird. Vertikal wird der Raum durch die Zentralkuppel begrenzt, er senkt sich dann ab zu den beiden Halbkuppeln im Osten und Westen bis hin zu den Bögen und Konchen. Die Höhenunterschiede kann man jedoch mit dem Auge kaum abschätzen. Im Norden und Süden wird der Raum durch senkrechte

Mauern abgeschlossen. Zwischen den Pfeilern und über die Halbkuppel und Konchen hinaus wird die Raumgliederung für den Betrachter schwer faßbar. Es fehlen festumrissene Ebenen, leicht abschätzbare Entfernungen, weil der Zentralraum die ihn umgebenden Säulenreihen durchdringt und durch sie wieder reflektiert wird. Richard Krautheimer, ein Architekturhistoriker unserer Zeit, schreibt: »Innerhalb des Baukerns ist der Zusammenhang der einzelnen Raumabschnitte erfaßbar. Außerhalb dieses Kerns bleibt der Raum für den Betrachter rätselhaft, wenn er sich im Zentrum befindet. Form und Ineinanderwirken räumlicher Verhältnisse bauen sich auf, um gleich wieder in Frage gestellt zu werden.«

Bunte Marmorplatten verhüllten die massiven Pfeiler und verdeckten so ihre eigentliche Größe. Säulen aus grünem geädertem Marmor und dunkelrotem Porphyr stützten die Arkaden. Die Pfeiler und Wände des Hauptschiffes waren mit grünem, rotem, gelbem und blauem Marmor ausgekleidet, die Hauptkuppel, die Halbkuppeln und Pendentifs mit Mosaiken ausgeschmückt. Silber und Gold erstrahlten in der Apsis und im hohen Chor, goldene Lampen hingen zwischen den Säulen. Sie fielen im achten Jahrhundert Ikonoklasten zum Opfer. Daß sich Justinian mit Salomo verglich, war keine überhebliche Prahlerei. Rom war das neue Israel, Justinian sein von Gott gesalbter Herrscher. Er vollendete das großartigste Gotteshaus, das die Welt bis dahin gesehen hatte. Selbst heute ist der Besucher beim Betreten des Gebäudes tief beeindruckt, obwohl die dekorative Ausstattung größtenteils entfernt wurde.

Die Zeitgenossen waren voller Bewunderung für die große neue Kirche. Durch ein Erdbeben stark in Mitleidenschaft gezogen, wurde sie im Jahre 563 erneut geweiht. Aus diesem Anlaß trug Paulus, Sohn des Cyrus, ein junger Dichter, der seinem schriftstellerischen Talent einen Platz als Zeremonienmeister am Hof verdankte, dem ergrauten alten Kaiser ein langes Gedicht vor. In reichen Bildern beschrieb es die Schönheit der Kirche, die damals als sein berühmtestes Werk galt. Sicher, ohne Anthemius hätte Justinian die Hagia Sophia nicht bauen können. Andererseits aber hätte Anthemius sie ohne Justinian auch nicht bauen können. Der Kaiser sorgte nicht nur für die nötigen Geldmittel, sondern zeigte auch lebhaftes Interesse für jedes Detail und ermutigte die Baumeister, etwas so Außerordentliches, nie vorher Gesehenes zu versuchen. Geht man von annähernd vergleichbaren Voraussetzungen aus, wurde bis heute nichts Derartiges mehr geschaffen.

Justinian hatte die Hagia Sophia vielleicht aus Dankbarkeit für seinen Sieg im Nika-Aufstand begonnen, oder auch um sein schlechtes Gewissen wegen der dreißigtausend Leichen im Hippodrom zu beruhigen. Als sie vollendet war, hatte er die Leichen längst vergessen, denn es gab größere Siege zu feiern.

5.1 Der Wandalenkrieg

Justinian befahl Belisar aus dem Osten zu sich, weil er Arbeit für ihn hatte. Er sollte das Kommando in einem Feldzug gegen das Königreich der Wandalen in Nordafrika übernehmen. Die Wandalen hatten im zweiten Jahrhundert n. Chr. Skandinavien verlassen. Im späten vierten Jahrhundert siedelten sie nördlich des Asowschen Meeres. Dann zogen sie unter dem Druck nomadischer Steppenvölker jenseits der römischen Nordgrenzen quer durch Europa bis zum Rhein, durchquerten Gallien und die Pyrenäen und versuchten dann erneut Fuß zu fassen, dieses Mal in Spanien. Unterwegs waren sie zum Arianismus bekehrt worden. In ihrer neuen spanischen Heimat blieben sie nicht lange unbehelligt. Die Westgoten übten von Norden her Druck auf sie aus, außerdem setzte ihnen ein römisches Expeditionskorps hart zu. Im Jahre 429 überquerten sie unter Leitung ihres jungen Königs Geiserich die Straße von Gibraltar und durchstreiften plündernd das römische Nordafrika. Im nächsten Jahr belagerten sie die Stadt Hippo (Bône). Der betagte Bischof dieser Stadt, der hl. Augustin, lag zu dieser Zeit im Sterben. Nachdem die weströmische Regierung mit ihnen zunächst einen befristeten Waffenstillstand abgeschlossen hatte, der sie von Karthago fernhielt, eroberten sie schließlich die Stadt und errichteten ein Königreich, das sich vom Atlantik bis zur Wüste östlich von Tripolis erstreckte.

Anders als die übrigen barbarischen Königreiche des Westens, lehnte der Staat der Wandalen eine formale römische Oberherrschaft ab. Anders auch als die Goten in Italien und Spanien waren die Wandalen fanatische Arianer, die die katholische Kirche verfolgten und ihr Eigentum beschlagnahmten. Zuerst praktizierten sie eine Art Apartheid: Römer und romanisierte Afrikaner waren Bürger zweiter Klasse. Aber mit der Zeit führten die Anziehungskraft der römischen Zivilisation und die geringe eigene Volkszahl zu einem engeren Verhältnis der verschiedenen Bevölkerungsgruppen zueinander. Ein weiterer Gesichtspunkt hob die Wandalen unter den Barbarenvölkern der damaligen Zeit hervor: sie verstanden die Möglichkeiten einer Seemacht zu nutzen. Die wandalische Flotte hielt zwar keinen Vergleich mit den römischen Seestreitkräften zur Zeit der größten Machtentfaltung des Reiches aus, doch beherrschte sie das ganze westliche Mittelmeer. Die Wandalen eroberten Sizilien, Sardinien, Korsika und die Balearen. Sizilien wurde ihnen später von Theoderich und seinen Ostgoten wieder entrissen. Rom und die Städte Italiens waren damit von der Weizenzufuhr aus Afrika abgeschnitten. Im Jahr 455 landete König Geiserich an der Tibermündung, eroberte Rom und plünderte die Stadt rücksichtslos aus. Unbeherrschte Zerstörungswut wird seither auch begrifflich mit den Wandalen in Verbindung gebracht. 468 entsandte der oströmische Kaiser Leo eine große Flotte von Konstantinopel aus gegen das afrikanische Königreich. In einer Seeschlacht wurde sie völlig zerstört, die Römer erlitten schwerste Verluste. Als König Geiserich 477 starb, konnte er auf ein halbes Jahrhundert ununterbrochener Erfolge zurückblicken.

Fünfzig Jahre später hatten sich die Verhältnisse verändert. Hilderich, Geiserichs Enkel, galt als Nachkomme eines römischen Kaisers. Denn seine Mutter, Prinzessin Eudokia, die Tochter Valentinians III., war eines der kostbarsten Beutestücke gewesen, die König Geiserich nach der Plünderung Roms mit zurück nach Karthago gebracht hatte. Hilderich war auf seine römischen Vorfahren stolz und lehnte das wandalische Kulturgut ab. Er gab sogar seinen arianischen Glauben auf und wurde katholisch.

Justinian sah in Hilderich den Mann, mit dessen Hilfe Afrika wieder römisch werden konnte. Schon lange vor Justins Tod hatte er mit ihm korrespondiert, ihn reich beschenkt und ihn seiner Freundschaft versichert. Eine Zeitlang sah es auch aus, als könne Afrika ohne kriegerische Auseinandersetzung in die Einflußsphäre des Römischen Reiches zurückkehren. Hilderich fiel jedoch einem Komplott wandalischer Adliger zum Opfer. Sie erhoben Gelimer, seinen Vetter und designierten Nachfolger, zum König, einen Mann, der ihnen besser zusagte. Das geschah im Jahr 530. Justinian, mittlerweile Alleinherrscher, protestierte auf diplomatischem Wege gegen die Behandlung seines Freundes, erhielt aber von Gelimer eine schroffe Abfuhr.

Der Kaiser mußte seine Pläne ändern. Das Reich der Wandalen stand ihm nicht mehr als Stützpunkt auf seinem Weg nach Italien zur Verfügung, sondern war das erste Angriffsobjekt geworden. Er entschloß sich zu einem Feldzug in Afrika. Dabei diente ihm Hilderichs Schicksal als Vorwand, denn er gab vor, ihn wieder als König einsetzen zu wollen; in Wahrheit aber ging es ihm um die Rückeroberung Afrikas.

*

Ende Juni 533 stach eine große Flotte von Konstantinopel aus in See, nachdem der Patriarch Epiphanius ihr den Segen erteilt hatte. Von seinem Palast aus beobachtete Justinian die Abfahrt. Es waren ingesamt fünfhundert Schiffe, davon zweiundneunzig Galeeren. Die Mannschaften zählten sechzehntausend Soldaten samt dreißigtausend Seeleuten und Marinesoldaten, die meist aus Ägypten oder von der Westküste Kleinasiens kamen. Belisar war der Oberbefehlshaber, wie gewöhnlich von seiner Frau Antonina begleitet. Dorotheus und der Eunuch Solomon waren ihm direkt unterstellt. Die übrigen Generäle, die Prokop aufzählt, waren alle Thraker mit Ausnahme des Hunnen Aigan, des Kommandeurs der Kavallerie. Alle diese Männer kamen aus Justinians Heimat. Sie schätzte er, auf sie konnte er vertrauen. Der Admiral Kalonymos stammte aus Alexandrien. Es war eine bunt gemischte Armee. Neben den normalen römischen Einheiten wurden auch barbarische Söldnerkompanien *(foederati)* und Tausende von Söldnern, die in Diensten Belisars standen *(bucellarii)*, eingeschifft.

Die Flotte lief Herakleia, Abydos und Sigeion an, durchquerte dann die Ägäis bis zur Spitze des Peloponnes und fuhr von dort weiter nach Methone und Zakynthos. Durch Verhandlungen war sichergestellt worden, daß die Flotte Sizilien anlaufen konnte, das zum ostgotischen Königreich gehörte. Das Wetter war günstig, so gelangte man ohne Zwischenfall nach Sizilien und ankerte vor Taormina, um Wasser an Bord zu nehmen. Die Flotte wurde auch mit Lebensmitteln versorgt, denn das Brot, das ihnen Johannes der Kappadokier zugeteilt hatte, war schimmelig geworden, so daß viele Soldaten erkrankten. Während die Schiffe vor Anker lagen, schickte Belisar seinen Sekretär – es war der Historiker Prokop – nach Syrakus, um zu erkunden, ob die Wandalen von dem Herannahen der Flotte Wind bekommen hätten. Prokop hatte Glück: Er traf einen Jugendfreund aus Caesarea in Palästina, der in Syrakus als Kaufmann tätig war. Einer seiner Sklaven war erst drei Tage zuvor aus Karthago zurückgekehrt und berichtete, daß die Wandalen nichts von der Expedition wüßten, daß in Karthago alles ruhig sei und daß der größte Teil der wandalischen Flotte sich in Sardinien aufhielte. Prokop gab vor, mit dem Sklaven in der Stadt spazierengehen zu wollen, führte ihn aber zum Strand, wo ein Schiff der römischen Flotte sie aufnahm. Wenige Stunden später verhörte Belisar den Sklaven auf seinem Flaggschiff.

Der Bericht des Mannes war zuverlässig. Belisar konnte kaum an sein Glück glauben. Er befahl, sofort die Anker zu lichten und Kurs auf Malta zu nehmen. Nach kurzem Aufenthalt setzten sie ihre Fahrt nach Afrika fort, wobei sie aufmerksam nach der gefürchteten wandalischen Flotte Ausschau hielten. Die jedoch befand sich zum größten Teil in sardischen Gewässern, um eine Revolte niederzuschlagen, der Rest lag vertäut im Hafen von Karthago. Der Nordwind trieb die römischen Schiffe weiter südlich als geplant. Sie ankerten bei Caputvada (Ras Kaboudia) zwischen Sousse und Sfax. Belisar hielt an Bord seines Flaggschiffes Kriegsrat. Die Landtruppen sollten die Schiffe verlassen und entlang der Küste nach Norden marschieren, während die Flotte den Auftrag erhielt, sie zur See zu begleiten. Dank Belisars Organisationstalent ging die Landung ohne Zwischenfälle vonstatten, immerhin mußten etwa zehntausend Pferde an Land gebracht werden. Sobald die Soldaten die Küste betreten hatten, warnte sie Belisar davor, sich bei den Bewohnern der Gegend unbeliebt zu machen. »Wir sind hierhergekommen«, sagte er, »um gegen die Wandalen zu kämpfen und die Afrikaner zu befreien, welche auch Römer sind. Disziplinlosigkeit treibt am Ende die Afrikaner nur in die Arme der Wandalen.«

Unterdessen erhielt Gelimer Kunde von der römischen Invasion. Er befand sich gerade auf einer Strafexpedition gegen Berberstämme westlich von Karthago. Sofort ließ er seinem Bruder Ammatas, den er mit der Verwaltung der Hauptstadt beauftragt hatte, den Befehl übermitteln, Hilderich und seine gefangenen Gefolgsleute hinrichten zu lassen. So war Belisar nicht länger gebunden. Den

Vorwand, dem rechtmäßigen wandalischen Herrscher zu seinem Recht zu verhelfen, ließ man nun fallen.

Während Heer und Flotte der Römer die afrikanische Küste entlang vorrückten, plante Gelimer, sie zwischen drei wandalischen Armeen einzuschließen. Belisars Stab leistete jedoch die bessere Arbeit. Eine wandalische Abteilung unter Ammatas kam zu früh an und wurde von der römischen Vorhut vernichtend geschlagen. Dabei fand Ammatas den Tod. Die zweite Abteilung wurde von einer aus sechshundert Hunnen bestehenden Kavallerieeinheit überraschend angegriffen und vernichtet. Der Hauptarmee der Wandalen unter Gelimer gelang es, die römische Vorhut zurückzudrängen. Für einen Augenblick geriet die römische Kavallerie in Unordnung – die Infanterie war zurückgeblieben. Das war Gelimers Chance, doch er verpaßte sie. Als er die römische Armee angreifen

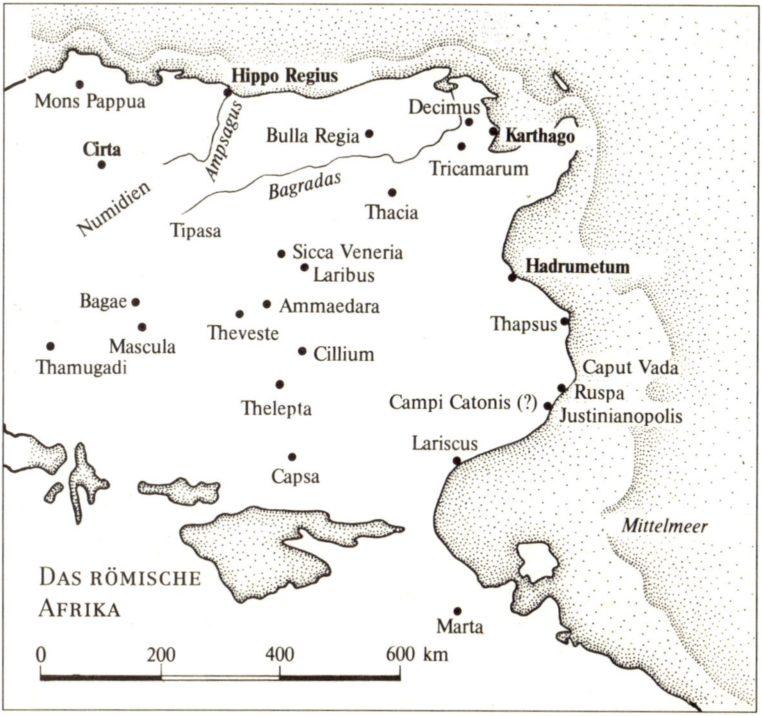

wollte, stieß er auf die Leiche seines Bruders Ammatas, den er noch am Leben glaubte, und erlitt einen Nervenzusammenbruch. Belisar hatte Zeit, seine eigenen Truppen zu ordnen und das erheblich größere wandalische Heer anzugreifen, das erst zur Hälfte aufmarschiert war. Die Wandalen konnten nicht standhalten, und wenig später waren Gelimer und seine Armee auf der Flucht nach Westen, vorbei an Karthago in Richtung Numidien.

Die Schlacht fand am 13. September 533 statt, beim 10. Meilenstein auf der Straße südlich von Karthago am Golf von Tunis, irgendwo in einem der Vororte des heutigen Tunis. Am nächsten Tag lagerte das Heer vor den Mauern der Stadt, während die Flotte in den Golf von Tunis einlief. Belisar hätte in Karthago einmarschieren können, denn die zurückgebliebenen Wandalen hatten sich in den Schutz der Kirchen begeben. Der katholische Klerus besetzte die bisher von Arianern beanspruchten Kirchen einschließlich der großen Basilika des hl. Cyprian. Die Tore waren geöffnet, und die jubelnde Bevölkerung befestigte Fackeln entlang der Mauern, um die Römer willkommen zu heißen. Belisar fürchtete jedoch einen Hinterhalt in den engen Straßen der Stadt. Deshalb zog er erst am nächsten Tag, am Sonntag, dem 15. September, unter dem Jubel der Menge feierlich in Karthago ein und stieg geradewegs zum königlichen Palast empor. Dort empfing er, auf dem Thron König Gelimers sitzend, die Honoratioren der Stadt. Das Zeichen war eindeutig: Die Wandalenherrschaft war zu Ende, Afrika war wieder Teil des Römischen Reiches.

Die Truppen wurden unter strengster Disziplin gehalten – ein Zeitgenosse berichtet, daß sie sogar bezahlten, was sie in den Läden einkauften –, und man bemühte sich um das Vertrauen der Bürger. Auf dem Lande lief nicht alles so glatt. Die Bauern, in Sprache und Kultur den Puniern oder Berbern verwandt, besaßen kaum gefühlsmäßige Bindungen an Rom und fürchteten das gut funktionierende römische Besteuerungssystem. Gelimer und seine Wandalen hatten vier Tagesreisen westlich von Karthago bei Bulla ihr Lager aufgeschlagen. Sie setzten mit Erfolg einen Preis auf den Kopf eines jeden römischen Soldaten aus, der ihnen ausgeliefert wurde. Gelimer hing jedoch anderen Gedanken nach. Er hatte eine Schlacht und seine Hauptstadt verloren, nicht aber den Krieg. Die römischen Verbindungen waren gefährlich lang. Bald war Winter, eine für Seeleute gefährliche Jahreszeit. Er rief eilends seinen Bruder Tzazon und seine Truppen aus Sardinien zurück und versuchte nicht ohne Erfolg, das Verhältnis zu den Berberstämmen zu verbessern, deren Führer fast ausnahmslos nach Karthago geeilt waren, um den neuen Herren ihre Loyalität zu bekunden. Bald schon konnte er sich der Hauptstadt nähern. Belisar ließ gerade hastig die Stadtmauern reparieren. Obwohl Gelimer ein Aquädukt unterbrach, gelang es ihm nicht, die gesamte Wasserversorgung zu unterbinden. In der Stadt wurden seine Agenten aktiv, denn nicht jeder war den Römern so gut gesonnen wie es schien. Er bestach sogar die hunnischen Reiter. Belisar tat, was er konnte. Er versprach ihnen höheren Sold, ließ sie einen Eid ablegen und hoffte das Beste.

Die Wandalen ergriffen wieder die Initiative. Es war fraglich, ob das kleine römische Heer nicht durch Guerillakrieg, Überläufer und Verzweiflung bis zum Ende des Winters ausgelaugt würde. Belisar entschloß sich daher, den Feind zu einer Entscheidungsschlacht zu zwingen. Seine Truppen waren besser ausgebildet, und er war sicher, den mittelmäßigen wandalischen Kommandeuren überlegen zu sein. Mitte Dezember ließ er seine Kavallerie aus der Stadt heraus und zwang Gelimer durch einen drohenden Angriff auf sein Lager zu einem Gefecht, das bei Tricamarum, dreißig Meilen westlich von Karthago, stattfand.

Tzazon fiel, die Wandalen wurden in ihr Lager zurückgedrängt. Erst jetzt entschloß sich auch die Hunneneinheit, welche den Ausgang des Kampfes zunächst mißtrauisch abgewartet hatte, zum Kampf, und ihre Attacke besiegelte die vollständige Niederlage der Wandalen. Ungefähr achthundert Wandalen, nur fünfzig Römer fielen im Kampf. Nach kurzer Erkundung durch Späher griff Belisar das Lager der Wandalen an. Gelimer verteidigte es nicht, sondern floh nach Numidien. Der Rest der Armee folgte dem Beispiel des Königs; die Familien samt Hab und Gut wurden im Stich gelassen. Es gab keine wandalische Armee mehr. Auch das Volk der Wandalen ging unter.

Die Überreste wurden von der römischen Bevölkerung und den Berbern teils umgebracht, teils absorbiert. Belisar nahm das Lager ein, trieb die in die Kirchen geflüchteten Wandalen zusammen und zog weiter nach Hippo, wo er ohne Widerstand einmarschieren konnte. Dort beschlagnahmte er den Königsschatz und ließ viele wandalische Würdenträger festnehmen, die vor den Kirchenaltären auf seine Ankunft gewartet hatten. Gelimer aber entkam ihm. Mit wenigen Getreuen rettete er sich in die unzugänglichen Berge Südnumidiens, wo er bei Berberstämmen Zuflucht fand. Aber als König ohne Untertanen zählte er nicht mehr. Durch die römische Blockade zum Nichtstun verurteilt, vertrieb er sich die Zeit damit, ein lateinisches Gedicht über sein Mißgeschick zu schreiben. Als er fertig war, schickte er einen Boten zu Pharas, einem römischen Kommandeur. Er erbat eine Leier, um sich selbst begleiten zu können, einen Schwamm, um seine Tränen abzuwischen, und einen Laib Brot. Ende März 534 stellte er sich Belisar aufgrund einer Absprache. Inzwischen hatten die Römer Sardinien, Korsika, die Balearen, Caesarea in Mauretanien (Cherchel) und die Festung Septem (Ceuta) besetzt. Belisar war es gelungen, so schien es, innerhalb von sechs Monaten nach der Landung einen ganzen Kontinent der römischen Herrschaft zu unterwerfen.

Die Nachrichtenübermittlung zwischen Afrika und Konstantinopel war schwierig. Die Depeschen des Oberbefehlshabers gelangten wohl per Schiff in einen peloponnesischen Hafen und von dort durch Reiterboten nach Konstantinopel. Wir wissen nicht, wann Justinian die erste Siegesmeldung erhielt. Bis zu jenem Zeitpunkt war die Ungewißheit groß. Eine Niederlage würde jetzt alle Zukunftspläne zunichte machen; und mit Niederlagen mußte man rechnen. Am 21. November jedoch war er über den Sieg am 10. Meilenstein und die Eroberung Karthagos informiert. Daß er den Feldzug als entschieden ansah, erhellt aus einem Dekret, das er an jenem Tag veröffentlichte. Es bildet die Einleitung zu den *Institutionen*, und hier lesen wir:

Die unserer Herrschaft unterworfenen Barbarenvölker müssen unsere Kriegsanstrengungen anerkennen. Auch Africa und zahllose andere Provinzen, die dank der uns vom Himmel gewährten Siege nach so langer Zeit dem römischen Reich wieder zugefügt wurden, legen Zeugnis davon ab.

In der Präambel fügt er seinen Titeln Alamannicus, Gothicus, Francicus, Germanicus und Anticus, die er sich nach dem Vorbild früherer Kaiser selbst verliehen hatten die Beinamen Alanicus, Vandalicus und Africanus hinzu. Er war nicht nur der neue Augustus und der neue Konstantin, sondern auch der neue Scipio.

5.2 Die Früchte des Sieges

Als die Nachricht vom Sieg bei Tricamarum die Hauptstadt erreichte, veröffentlichte der Kaiser zwei lange Edikte, welche die Zivilverwaltung und das Militärwesen in Afrika betrafen. Er errichtete eine dritte Prätorianerpräfektur, die Sardinien, Korsika und die Balearen mit einschloß. Es gab nun sieben neue Provinzen. Stellung und Gehalt eines jeden Beamten bis zum Bürodiener wurden in allen Einzelheiten festgelegt. Das Büro des Prätorianerpräfekten hatte dreihundertsechsundneunzig Angestellte, er selbst bezog ein jährliches Gehalt von hundert Pfund Gold.

Im Sommer 534 wurde Belisar zurückgerufen. Justinian hatte neue Aufgaben für ihn. Mit der Befriedung Afrikas beauftragte er Solomon, einen bewährten General. Es hatte zwar einen Aufstand der Berber von Byzacium gegeben; eine kleine römische Garnison war vernichtet worden. Doch damit würde man schnell fertig werden. Über die heikle Periode zwischen dem Sieg in der Schlacht und der endgültigen Befriedung hatte Justinian nicht nachgedacht. Er sollte seine Erfahrungen noch sammeln, in Afrika und anderswo.

Belisar kehrte mit Gelimer und den übrigen Gefangenen zurück. Auch die Schätze Karthagos führte er mit sich, darunter Teile der Beute, die Geiserich 455 aus Rom mitgebracht hatte. Der Feldherr wurde mit Ehren überhäuft. Wie dies geschah, ließ offenbar werden, welche Bedeutung Justinian dem Sieg in Afrika beimaß. Belisar feierte einen Triumph nach alter römischer Sitte. Die Kaiser selbst hatten den Brauch seit Jahrhunderten vernachlässigt. Lucius Cornelius Balbus war der letzte General gewesen, dem man einen Triumphzug zugestanden hatte. Das war vor fünfhundertdreiundfünfzig Jahren zur Zeit des Kaisers Augustus gewesen, nach dem Sieg über die libyschen Garamanten. Belisar zog an der Spitze seiner Soldaten ein; es folgten in königlichem Purpur Gelimer und die stattlichsten wandalischen Gefangenen. Unzählige mit den kostbarsten Reichtümern Afrikas beladene Wagen bildeten den Abschluß. Man erreichte das Hippodrom, wo Justinian und Theodora im Kathisma warteten, umgeben von Würdenträgern. Als sich Belisar mit seinem könglichen Gefangenen näherte, rissen Soldaten die Purpurrobe von Gelimers Schultern und nötigten ihn, sich vor dem Kaiserpaar in den Staub zu werfen. Der letzte König der Wandalen lag zu Füßen der Herrscher über die Welt und murmelte: »Eitelkeit der Eitelkeiten, alles ist eitel.« An seiner Seite kniete der siegreiche Feldherr. Belisar wurde zum Konsul des nächsten Jahres designiert, und sein Amtsantritt am 1. Januar stand jenem Triumphzug in nichts nach.

Justinian hatte in sieben Jahren mehr erreicht, als man erwarten konnte. Gott förderte sichtbar seine Vorhaben.

Gelimer erhielt ein reiches Anwesen in Galatien als Wohnsitz zugewiesen; dort konnte er keinen Schaden anrichten. Man erlaubte ihm auch, seinen arianischen Glauben frei zu praktizieren. Geeignete wandalische Gefangene wurden zu fünf Regimentern zusammengefaßt und als *Vandali Justiniani* an die persische Grenze abkommandiert. Nichts sollte verschwendet werden. Der Gewinn, den Justinian aus dem Unternehmen zog, war hoch und entschädigte ihn für seine Ausgaben in reichem Maße. Unter den Beutestücken war auch die Menora, der siebenarmige Leuchter aus dem salomonischen Tempel, die Titus im Jahr 71 n.Chr. nach Rom gebracht hatte. Geiserich hatte sie 455 geraubt. Die jüdische Gemeinde der Hauptstadt entsandte eines ihrer einflußreichsten Mitglieder zu einem hohen Beamten, den man für einen engen Mitarbeiter des Kaisers hielt, und ließ durchblicken, es sei unklug, die Menora in Konstantinopel aufzubewahren. Sie habe stets Unglück gebracht. Titus habe Jerusalem erobert, Geiserich Rom, und nun Belisar Karthago. Das beste sei vielleicht, sie nach Jerusalem zurückzubringen, dort sei ihr angestammter Platz. Der Vorschlag wurde dem Kaiser überbracht. Justinian wollte keinen Streit mit den Juden, die er als Teil der göttlichen Weltordnung ansah, auch wenn er das bedauerte. Wie alle seine Zeitgenossen war er abergläubisch und etwas ängstlich. So wurden die Menora und anderes Tempelgerät eilends nach Jerusalem geschafft und dort in verschiedenen christlichen Kirchen aufbewahrt.

6 BELISAR IN ITALIEN

Die Wiederherstellung der römischen Herrschaft in Afrika war ein großer Erfolg der justinianischen Politik. Trotzdem sollte dies nur ein Anfang sein. Das ostgotische Königreich in Italien war für den Kaiser von größerer Bedeutung. Wer Italien beherrschte, konnte den oströmischen Machtbereich auf dem Balkan bedrohen. Tatsächlich war schon ein großer Teil der dalmatischen Küste in ostgotischer Hand. Justinian schätzte Tradition und Geschichtsbewußtsein jedoch höher ein als strategische Überlegungen. Rom, die Ewige Stadt, war die Wiege des Reiches. Vor fast eintausenddreihundert Jahren gegründet, war sie siebenhundert Jahre lang das Machtzentrum im Mittelmeerraum gewesen. Sie war außerdem Sitz der römischen Bischöfe, der Nachfolger des hl. Petrus. Die Auseinandersetzung um den päpstlichen Primat gehörte noch nicht zu den aktuellen Themen, doch war das Prestige der Päpste sehr groß: Sie waren *primi inter pares*. Justinian sah es höchst ungern, daß sich die Stadt in fremden Händen befand, außerdem konnte das gefährlich werden. Denn die Idee der einheitlichen, autokratisch strukturierten Kirche, die mit dem Staat zusammenarbeitete, konnte man kaum verwirklichen, solange der einflußreichste Mann der Kirche vom Kaiser unabhängig blieb.

Auch waren die Ostgoten, von Konstantinopel aus gesehen, ein größeres Problem als die Wandalen. Der Begründer des Königreiches, Theoderich, war nicht nur der König der Goten, sondern auch Vizekönig des Kaisers und Befehlshaber der Armeen des Westreiches. Seit der Bestätigung durch Zenos Nachfolger Anastasius im Jahre 497 hatte diese Konstruktion Bestand gehabt. Wie viele Abmachungen der Art, gab sie jedoch die wirklichen Machtverhältnisse nicht wieder. Die Ostgoten blieben praktisch unabhängig von Konstantinopel. Doch sie trug dazu bei, daß die römische Bevölkerung Italiens und besonders der traditionsverhaftete römische

Senat die gotische Herrschaft erträglicher fanden. Auch konnte man die Herrscher in Ravenna nicht einfach als illegale Unterdrücker abtun. Die Ostgoten tolerierten zudem den Glauben der Katholiken, obwohl sie wie die Wandalen Arianer waren. Theoderich, vielleicht die hervorragendste Persönlichkeit seiner Zeit, achtete sehr auf ein gutes Einvernehmen mit den Päpsten und der römischen Gesellschaft. Sein Ziel – das natürlich nicht zu seinen Lebzeiten verwirklicht werden sollte – war eine Art Verschmelzung des Kulturgutes von Goten und Römern. Dabei hätten beider Vorzüge dem gemeinsamen Wohl dienlich sein können.

Justinian konnte also nicht ohne weiteres mit der Unterstützung der römischen Bevölkerung Italiens rechnen. Auch der Papst zog es vielleicht vor, unter dem Häretikerkönig von Ravenna zu leben, der sich nicht in die Angelegenheiten der Kirche einmischte. Die militärische Aktion blieb deshalb ein Risiko. Leichte Siege waren hier nicht zu erringen. Justinian hatte sich schon seit langem entschieden, die römische Vorherrschaft wiederherzustellen, indem er die konstitutionelle Frage aufrollte. Italien war theoretisch Reichsgebiet. Wenn Präzedenzfälle systematisch geschaffen würden und die kaiserliche Autorität durchgesetzt werden könnte, dann wäre Italien ohne kostspielige und gefährliche Auseinandersetzungen mit den Ostgoten unter Kontrolle zu bringen. Das war in etwa auch Theoderichs Politik. Er hatte keinen männlichen Erben, ihm war sehr an der Absicherung seiner Nachfolge gelegen. Deshalb war er bereit, Justinian gegenüber beträchtliche Zugeständnisse zu machen, um Garantien für die Nachfolge zu erhalten. Der Wille, nach einer friedlichen, wenn auch vagen Lösung zu suchen, kennzeichnete die Verhandlungen des Jahres 518. Sein mutmaßlicher Nachfolger Eutharich, der Mann von Theoderichs Tochter Amalasuntha, wurde von Justin zum Konsul für das folgende Jahr designiert und feierte seinen Amtsantritt mit großer Pracht. Zur gleichen Zeit versicherte der kaiserliche Gesandte Gratus Papst Hormisdas, daß Konstantinopel nicht mehr wie zuvor Anastasius die Monophysiten unterstütze, sondern die Anhänger von Chalcedon. So war das fünfzehnjährige Schisma beendet.

Wenn alles planmäßig verlaufen wäre, hätte Eutharich die Thronfolge übernommen, doch als gefügiger Vertreter des Kaisers in Konstantinopel. Die römische Kirche wäre nicht in die Versuchung gekommen, eine eigenständige Rolle zu spielen. Daß Eutharich ein gotischer Nationalist und gegen den katholischen Glauben eingestellt war, erschwerte die Sache. Doch seine Frau Amalasuntha war römisch erzogen worden und bewunderte wie ihr Vater die Kultur der Römer. Sie war eine bestimmende Persönlichkeit, nach Theoderichs Tod würde sie zudem noch sehr reich sein. In der Männerwelt des gotischen Adels gab es jedoch kaum eine Betätigungsmöglichkeit für Frauen wie sie. Deshalb konnte man damit rechnen, daß Amalasuntha ihre Landsleute im Sinne Konstantinopels beeinflussen würde, welche Ansichten ihr Mann auch haben möge. Der Plan scheiterte, weil Eutharich 522 starb und den vierjährigen Athalarich als Erbe des betagten Theoderich hinterließ.

Nach Eutharichs Tod verschlechterten sich die Beziehungen zwischen Ravenna und Konstantinopel. Theoderich mißtraute den Langzeitplänen Justinians. Als die Thronbesteigung des prorömischen Hilderich 523 zu enger Zusammenarbeit zwischen Konstantinopel und Karthago führte, fühlte sich der Ostgote bedroht. Papst Johannes I. zeigte im Gegensatz zu seinem Vorgänger Hormisdas wenig diplomatisches Geschick, als er sich öffentlich mit der kaiserfreundlichen Gruppe innerhalb der römischen Aristokratie identifizierte. Rechnet man eine gewisse altersbedingte Empfindlichkeit hinzu, kann man verstehen, daß Theoderich mit dem römischen Senat brach und 524 Boëthius, Symmachus und andere bedeutende Römer gefangennehmen und hinrichten ließ. Es war ihnen vorgeworfen worden, die Wiederherstellung der kaiserlichen Herrschaft in Italien betrieben zu haben. In jenen schwierigen Jahren hat Justinian wohl die Hoffnung auf eine friedliche Lösung des Problems aufgegeben. Am 30. August 526 starb der alte König. Die Beziehungen zwischen Ravenna und Konstantinopel waren zwar auf dem Nullpunkt angelangt, doch konnten beide Seiten die Lage jetzt erneut erörtern.

Der acht Jahre alte Athalarich war jetzt König von Italien, Regentin war seine Mutter Amalasuntha. Sie leitete sofort eine Politik der Annäherung an Konstantinopel ein, einmal aus Überzeugung, sodann auch, um ihre Position gegenüber dem ansässigen Gotenadel zu festigen, der sich mit der Herrschaft einer Frau nicht abfinden mochte. Gegen Ende des Jahres 527 kam es in Ravenna zu einem Staatsstreich, der gegen Amalasuntha und ihre prorömischen Minister gerichtet war. Die Erziehung des jungen Königs überließ man nicht länger der Mutter. Er wurde gotischen Nationalisten anvertraut, das Schlimmste, was man tun konnte. Amalasuntha, ihrem Sohn entfremdet, ergriff die Partei Justinians und begann bald einen heimlichen Briefwechsel mit dem Kaiser. Noch einmal schien die Wiederherstellung der römischen Herrschaft in Italien mit friedlichen Mitteln möglich zu sein. Im Jahr 532, als Justinian, der Sieger im Nika-Aufstand, mit Persien den Ewigen Frieden schloß, war Amalasunthas Stellung äußerst gefährdet. Die Macht entglitt zusehends ihren Händen, ihr Leben war durch Intrigen führender Goten ständig in Gefahr. Sie schloß daher mit Justinian ein geheimes Abkommen. Sie sollte sich nach Dyrrhachium (Durazzo in Albanien), dem nächstgelegenen oströmischen Hafen, absetzen. Dort stand ein Palast für sie bereit, und von dort sollte sie Justinian um Hilfe bitten. Um die gleiche Zeit schickte sie ein Schiff mit ihrem Vermögen in Höhe von fast drei Millionen Goldsolidi nach Dyrrhachium mit der Auflage, es vor ihrer Ankunft nicht zu entladen. Die Tochter des großen Theoderich, rechtmäßige Herrscherin im Königreich Italien, als Bittstellerin an seinem Hof – Justinian wäre tatsächlich in einer starken Position gewesen. Viele Goten würden ihn unterstützen, und er könnte seine Armeen zu einer ihm genehmen Zeit in Italien einmarschieren lassen, mit der Aussicht auf einen leichten Sieg.

Wider Erwarten gelang es jedoch Amalasuntha, einige ihrer adeligen Gegner über die Klinge springen zu lassen. Gleichzeitig fand sie Unterstützung bei anderen einflußreichen Goten. Daher blieb sie in Ravenna und übernahm die Regierungsgeschäfte wieder selbst. Wahrscheinlich gab es noch einen anderen Grund für Amalasunthas Entschluß. Sie hatte gehört, daß man in Konstantinopel nicht nur mit Justinian, sondern auch mit Theodora rechnen mußte. Seit dem Nika-Aufstand hatte deren Eigenständigkeit noch zugenommen. Justinian und Theodora brauchten nicht immer ein und derselben Meinung zu sein, doch wenn es darauf ankam, würden sie zusammenstehen. Jeder, der ihnen dazwischenkäme, hätte keine Chance.

Amalasuntha war eine Schönheit. Sie hatte Charme, kultivierte Umgangsformen und war hoch gebildet. Auch war sie die Tochter des Königs von Italien, nicht irgendeines Tierwärters im Hippodrom. 532 war sie ungefähr dreißig Jahre alt – etwas jünger als Theodora. Man brauchte nicht viel Gespür – es fehlte Amalasuntha nicht –, um sich ihre Lage während eines Besuchs in Konstantinopel vorzustellen. Daß sie wichtige politische Themen mit dem Kaiser in lateinischer Sprache erörtern konnte, für Theodora vielleicht viel zu gewandt, würde die Sache nur verschlimmern. Wenn Justinian seinen eigenen Vorteil sähe, was hinderte ihn daran, Theodora loszuwerden – ihre zweifelhafte Vergangenheit wäre Grund genug – und die Tochter Theoderichs zu heiraten? Sie würde ihren arianischen Glauben aufgeben müssen, doch das ließe sich einrichten. Das gotische Problem hätte so im Handumdrehen gelöst werden können, da der junge Athalarich aufgrund seines Lebenswandels wahrscheinlich doch bald sterben würde.

Als ein Kurier aus Dyrrhachium die Nachricht überbrachte, daß Amalasuntha ihre Pläne geändert hätte, war Justinian zwar enttäuscht, doch er blieb gelassen. Im Grunde hatte sich Amalasunthas Lage nicht geändert. Die nächste Krise in Ravenna kam sicher bald. Für die Zwischenzeit hatte er andere Pläne. Das einzige männliche Mitglied der Königsfamilie der Amaler war damals ihr Vetter Theodahad. Er hatte keine große Lust, sich mit Regierungsgeschäften abzugeben, auch fehlte ihm die militärische Erfahrung. Dilettantisches Interesse für die Philosophie Platos, das wohl im Kontakt mit dem Kreis um Symmachus und Boëthius in Rom erweckt worden war, verband er mit einer Geldgier, die Theoderich schon wiederholt verärgert hatte. Als er sah, daß ihn die Umstände möglicherweise in den Mittelpunkt des Geschehens rücken würden, und da er vor allem ein ruhiges Philosophendasein wünschte, das durch ein fürstliches Gehalt abgesichert war, hatte auch er Kontakt mit Justinian aufgenommen. Im Jahr 533 hatte Theodahad angeboten, sein gesamtes Vermögen – zumindest die bewegliche Habe – nach Konstantinopel zu transferieren, wenn er als Gegenleistung eine Stellung am kaiserlichen Hof erhielte. Justinian kam dieses Angebot gelegen, doch er konnte sich Zeit lassen. Wie vermutet, hatte auch Amalasuntha erneut geheimen Kontakt mit ihm aufgenommen. Zu dieser Zeit, als alles nach Wunsch zu laufen schien, erließ Justinian ein seltsames Edikt. Datiert auf den 1. Juni 534, behandelte es trocken die Frage, was mit herrenlosem Vermögen geschehen solle; die Adressaten waren der Senat in Rom und Konstantinopel. Justinian unternahm einen klaren Versuch, seine Oberherrschaft über Italien unter Beweis zu stellen, und offensichtlich blieb eine Reaktion aus Ravenna aus. Ein Präzedenzfall war geschaffen.

Im selben Sommer kam Justinians Botschafter Alexander nach Ravenna, um mit Amalasuntha zu verhandeln. Angeblich ging es um einen Jahre zurückliegenden Grenzzwischenfall. Während des Wandalenkrieges verhielt sich die gotische Regierung den Römern gegenüber positiv neutral. Auch durch ihre allgemein proömische Haltung machte sich Amalasuntha beim gotischen Adel viele Feinde. Wieder war sie in Gefahr. Justinian erwartete ihr Hilfegesuch, das ihm die Gelegenheit verschafft hätte, die rechtmäßige Regierung in Italien wiederherzustellen. Als aber am 2. Oktober 534 ihr Sohn Athalarich starb, mußte Amalasuntha handeln. Denn die einzige Basis ihrer Macht war ihr Status als Regentin gewesen. Der neue König Theodahad hatte schon geheime Verhandlungen mit Justinian aufgenommen. Amalasuntha wußte, daß sie ihren Feinden in Ravenna ausgeliefert war, falls ihr die Macht jetzt aus den Händen glitt. Sie überredete deshalb Theodahad dazu, sie als Mitherrscherin anzuerkennen. Im November 534 wurden Theodahad und Amalasuntha König und Königin des ostgotischen Reiches. Das bedeutete, daß Theodahad sich aller Vorteile des Königtums erfreuen sollte, während er die Staatsgeschäfte Amalasuntha überließ. Das aber war dem königlichen Platoniker zu viel. Er nahm sofort Kontakt mit der gotischen Nationalpartei auf, obwohl er bisher deren größter Feind gewesen war. Ein neuer Staatsstreich beraubte Amalasuntha ihrer Machtstellung.

Justinians Botschafter, Peter Patricius, war gerade auf dem Weg zu Amalasuntha, um die Gespräche mit ihr fortzusetzen. Während er in Valona auf gutes Wetter für die Überfahrt wartete, hörte er von Amalasunthas Sturz, aber auch, daß sie mit großer Ehrerbietung behandelt werde. Zur gleichen Zeit aber berichtete ihm ein Mitglied der Gesandtschaft, daß man Amalasuntha auf einer kleinen Insel im Bolsener See gefangenhielt und ihr Leben in Gefahr sei. Justinian beauftragte Peter, bei den Goten scharf gegen die Behandlung Amalasunthas zu protestieren und darauf hinzuweisen, daß die byzantinische Regierung in Italien intervenieren müsse, wenn Amalasuntha nicht wieder in ihre Rechte eingesetzt werde. Eine zweite Botschaft aber kam von Theodora. Peter sollte den Goten insgeheim versichern, daß der Kaiser keine Einwände habe, wenn Theodahad sich Amalasunthas entledigte.

Was war in Konstantinopel geschehen? Prokop, der Theodora nicht schätzte, berichtet, sie sei von Eifersucht getrieben worden. Sie habe Amalasunthas Einfluß auf Justinian gefürchtet, wäre diese nach Konstantinopel gekommen. Der Kaiser habe von der zweiten Botschaft nichts gewußt. Das mag stimmen. Theodora hätte gegen den Einzug einer gotischen Prinzessin im Großen Palast sicherlich scharf protestiert. Auch hatte sie keine Skrupel, jede ihr unbequeme Person umbringen zu lassen. Aber Amalasuntha dachte damals nicht daran, nach Konstantinopel zu kommen, Justinian hatte auch nicht vor, sie einzuladen. Es gibt noch andere Gründe, die Prokops Schilderung fragwürdig werden lassen. Als Peters Depesche die Hauptstadt erreichte, war der Wandalenkrieg soeben erfolgreich beendet worden. Belisar feierte seinen Triumph nach der Rückkehr aus Afrika. Er war nun frei für andere Aufgaben. Justinian wußte jetzt, daß man ein scheinbar mächtiges germanisches Königreich durch eine entschiedene, doch begrenzte militärische Aktion zerschlagen konnte, hauptsächlich weil die römische Bevölkerung des Landes die byzantinischen Armeen willkommen hieß und unterstützte. Seit fünfzehn Jahren hatte er auf diplomatischem Wege vergeblich versucht, den oströmischen Einfluß in Italien geltend zu machen. Offensichtlich entschloß er sich im Herbst 534 in der Hoffnung auf einen ähnlich leichten Sieg wie in Afrika zu einer militärischen Lösung. Er benötigte nur noch einen Kriegsgrund, der die römische Bevölkerung Italiens auf seine Seite brachte und die Goten spaltete. Wenn Theodahad Amalasuntha umbringen ließe, wäre der *casus belli* gegeben.

Das heißt nicht, daß er und Theodora gemeinsam diese Doppelinstruktion an den Botschafter erarbeitet hätten. Wahrscheinlich handelte Theodora allein aus Bosheit. Aber die Tatsache, daß die Botschaft ihr Ziel erreichte, läßt vermuten, daß Justinian informiert war und das Vorgehen Theodoras begrüßte. War es erfolgreich, um so besser. Wenn nicht, konnte man es immer noch als launischen Einfall einer Frau abstreiten.

Kurz nach seiner Ankunft in Italien erhielt Peter die Nachricht vom gewaltsamen Tod Amalasunthas. In ihrem Gefängnis auf der Insel im Bolsener See war sie erdrosselt worden, und zwar von Verwandten dreier gotischer Adliger, die sie früher hatte umbringen lassen. Für den Mord machte die römische Bevölkerung die Regierung in Ravenna verantwortlich, auch nach dem Urteil vieler Goten war Theodahad zu weit gegangen. Theoderichs Tochter konnte man nicht wie einen Verbrecher hinrichten. Als Peters Kurier Justinian diese Nachricht überbrachte, ließ der Kaiser Mundus, den Heeresmeister von Illyricum, in Dalmatien einmarschieren. Belisar erhielt den Befehl, mit einem Expeditionsheer nach Sizilien zu segeln. Der Gotenkrieg hatte begonnen.

Belisar gewann Sizilien kampflos. Während er seine kleine Armee für größere Aufgaben vorbereitete – er hatte nur etwa zehntausend Soldaten aus Konstantinopel mitgebracht –, erreichten ihn schlimme Nachrichten aus Afrika. Teile der römischen Armee, seit einiger Zeit ohne Sold und durch den Guerillakrieg der Berber völlig demoralisiert, hatten gemeutert. Die Aufrührer machten gemeinsame Sache mit ihren Feinden und rückten auf Karthago vor. Ein kurzer Besuch Belisars konnte die Bedrohung abwenden. Solomon sollte daraufhin allein die meuternden Streitkräfte zügeln. Er selbst mußte schnell zurück nach Sizilien, um die Moral der eigenen Truppen zu heben, die Anstalten machten, dem afrikanischen Beispiel zu folgen. So konnte er erst einige Zeit später, im Sommer 536, in Süditalien an Land gehen.

Inzwischen verhandelte Justinian mit Theodahad. Er hoffte, daß dieser unter dem Druck der militärischen Bedrohung zu Kompromissen bereit wäre. Theodahad war sich seines taktischen Fehlers bewußt. Er veranlaßte den römischen Senat, an Justinian ein von seinem *praefectus praetorio* Cassidor verfaßtes unterwürfiges Schreiben zu schicken, auch Papst Agapet I. sollte nach Konstantinopel reisen. Ende 535 war Peter erneut in Ravenna, und es gelang ihm, mit Theodahad ein Geheimabkommen auszuhandeln. Danach sollte Sizilien an den Kaiser abgetreten werden, an Konstantinopel sollte ein jährlicher Tribut gezahlt, die Mitgliedschaft im römischen Senat sollte vom Kaiser bestätigt und der Name Justinians bei allen öffentlichen Anlässen vor dem Namen Theodahads genannt werden. Der verschlagene Gesandte deutete dem erschrockenen König an, diese Vorleistungen reichten wahrscheinlich nicht aus. »Was will er denn noch?« fragte Theodahad. »Wenn mein kaiserlicher Herr nicht zufrieden ist«, antwortete Peter, »wird es Krieg geben.« Theodahad übertrug schließlich Justinian die Regierung Italiens. Er erhielt dafür eine Entschädigung von eintausendzweihundert Pfund

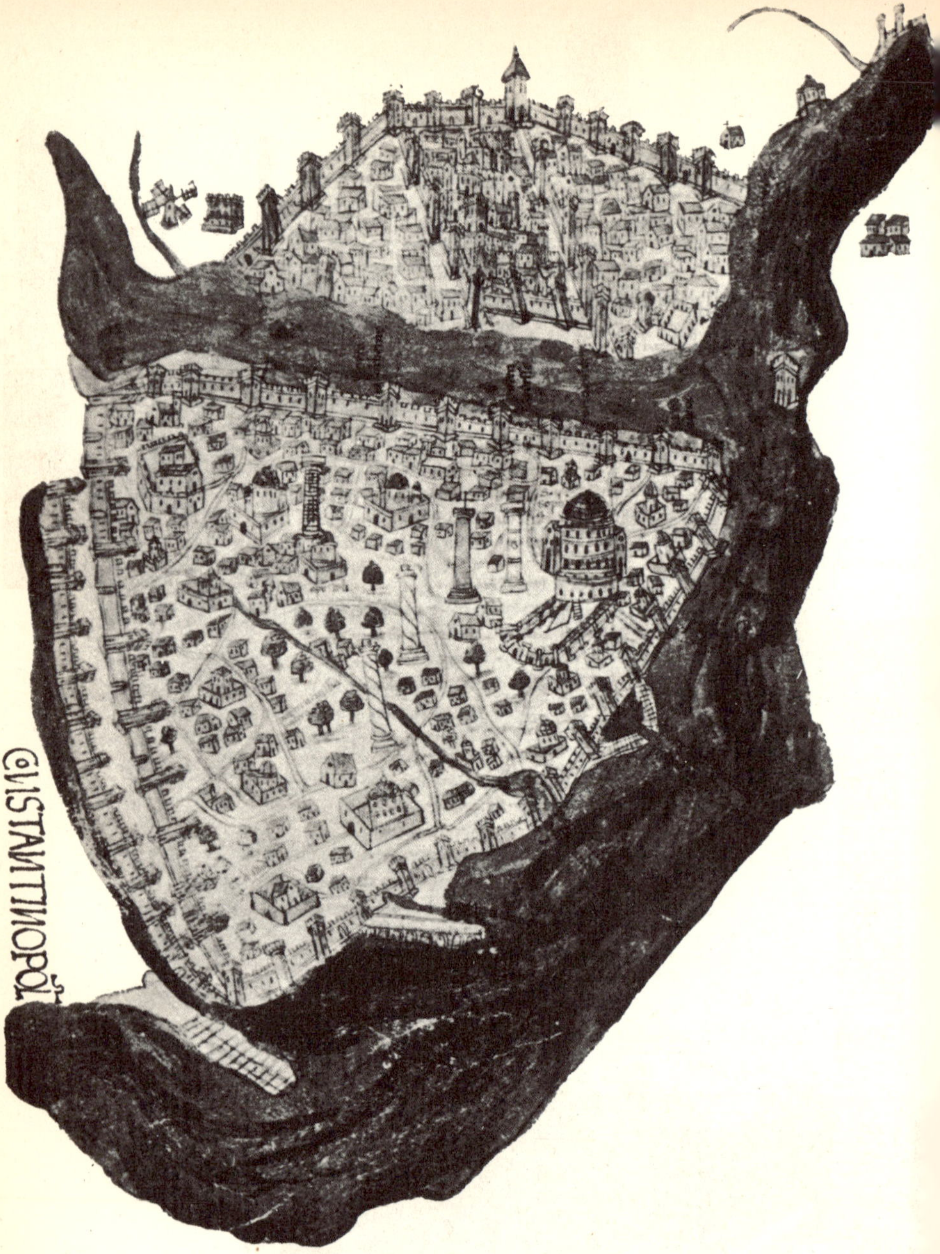

← 1 Kaiser Theodosius mit seinen Söhnen in einer Loge bei den Rennen im Hippodrom, unten Zuschauer und tanzende Mädchen. Relief von der Basis des Theodosius-Obelisken (378-395) auf dem früheren Hippodrom in Konstantinopel.

↑ 2 Der älteste Stadtplan von Konstantinopel, Zeichnung des Florentiners Cristoforo Buondelmonti, um 1420. Der Bosporus liegt rechts der Stadt, das Goldene Horn am oberen Bildrand.

→ 3 Ruinen einer byzantinischen Basilika in Karthago.

← 4 Gelände des früheren Hippodroms in Konstantinopel, im Hintergrund die Hagia Sophia.

5 Die Philosophie besucht
Boëthius im Gefängnis und inspiriert ihn zu seinem
Buch *Trost der Philosophie*. Autorenbild in
einer deutschen Boëthius-Handschrift, 10. Jh.

↖ 6 Kopf eines Kaisers des 6. Jhs., wahrscheinlich Justinian, eingemauert im Markusdom in Venedig.

↑ 7 Konsulardiptychon Justinians aus dem Jahr 521. Elfenbeinerne Diptychen – zusammenklappbare Schreibtäfelchen, innen mit einer Wachsauflage – mit figürlichen oder ornamentalen Schnitzereien verschenkten die Konsuln bei ihrem Amtsantritt.

← 8 Eine Wassermühle, Detail aus dem Fußbodenmosaik im Großen Palast in Konstantinopel, 6. Jh.

↑ 9 S. Irene in Konstantinopel, um 532 von Justinian erbaut.

↗ 10 S. Irene, Außenansicht.

→ 11 Die Kuppel von SS. Sergius und Bacchus in Konstantinopel, 527-536 als einer der ersten Kirchenbauten Justinians errichtet. Die Kuppel ruht auf acht Pfeilern, die ein unregelmäßiges Oktogon bilden, das unabhängig von den rechteckigen Außenmauern ist. Die Konstruktion deutet bereits auf die Hagia Sophia hin.

↖ 12 Das Baptisterium der Orthodoxen in Ravenna, frühes 5. Jh.

↑ 13 Hauptschiff von S. Apollinare Nuovo in Ravenna, vollendet 519. Das Wandmosaik wurde nach 540 anstelle einer Darstellung angebracht, die Theoderich und seine Familie zeigte.

← 14 S. Vitale in Ravenna, vollendet 547, Blick vom Umgang in das Oktogon.

→ 15 Justinian mit Gefolge, Mosaik im Chor von S. Vitale, Ravenna, um 547. Der Kaiser, mit Diadem und Nimbus dargestellt, bringt auf einer goldenen Patene seine Gaben dar. Rechts hinter ihm vielleicht Belisar, links neben ihm Erzbischof Maximian.

⇉ 16 Theodora mit Gefolge, Mosaik im Chor von S. Vitale, Ravenna, um 547. Die Kaiserin, diademgeschmückt und mit einem Nimbus umgeben, trägt einen goldenen Kelch zum Altar.

MAXIMIANUS

↑ 17 Patene, Silber teilvergoldet, aus Riha in Syrien, mit der Darstellung des Hl. Abendmahls. Konstantinopel, zur Zeit Justins II.

↑ 19 Die Investitur eines Würdenträgers durch Kaiser Theodosius (378-395), begleitet von seinen Söhnen Arcadius und Honorius. Silbernes Missorium, Madrid

18 Silberschale mit einem Perserkönig (Chosroes II., 590-628) auf der Jagd.

20 Das Mausoleum Theoderichs
in Ravenna, um 526. Während alle zeitgenössischen Gebäude in Ravenna Backsteinbauten
sind, wurde hier Naturstein verwendet.
Das schöne Ziermotiv des umlaufenden Bandes
ist ohne Parallele.

↑ 21 Porträtkopf des 6. Jhs., wahrscheinlich Königin Amalasuntha, die Tochter Theoderichs.

↗ 22 Kopf einer Kaiserin des 6. Jhs., vielleicht Theodora, Niš, Jugoslawien.

23 Marmorkopf einer Dame, wahrscheinlich Theodora.

25 Justinian,
Münzporträt auf einem Goldsolidus,
538 oder später.

24 Elfenbeindiptychon des Areobindus,
Konsul des Jahres 506 im Osten und Gemahl der
Juliana Anicia. Unten Zuschauer im Hippodrom,
die eine Tierhatz beobachten.

26 Byzantinischer Seidenstoff aus der
kaiserlichen Manufaktur in Konstantinopel, 8. Jh.
Wagenlenker mit Viergespann, zu beiden
Seiten Helfer mit Siegeskranz und Peitsche.
Darunter werden Münzen ausgeschüttet, Symbol der
Freigebigkeit des Kaisers oder Konsuls.

27 Hagia Sophia,
die Minarette stammen aus türkischer Zeit.

Gold pro Jahr sowie eine Ehrenstellung am byzantinischen Hof. Justinian freute sich über die Nachricht, obwohl er Theodahad nicht traute. Er antwortete dem König, daß er die Bedingungen akzeptiere und Belisar mit einer Armee entsenden werde, um das Inkrafttreten des Vertrages zu gewährleisten.

Einige unbedeutende Siege in Dalmatien, wo Mundus im Kampfe fiel, und die Nachricht von der afrikanischen Revolte genügten dem gotischen Philosophenkönig, seine Meinung wieder zu ändern. Im Grunde fürchtete er die Reaktion seiner gotischen Landsleute, wenn sie von seinen Verhandlungen mit dem Kaiser erführen. Als Peter im Frühling 536 wieder nach Ravenna kam, behandelte man ihn von oben herab. Theodahad ließ Münzen prägen, auf denen er im kaiserlichen Ornat abgebildet war. Der im Juni 536 neu gewählte Papst Silverius, Sohn von Papst Hormisdas, war gotisch gesinnt. Theodahad trat auch die Provence für die Zusage militärischer Hilfe an die Franken ab. Die Diplomatie war gescheitert, doch Justinians Position blieb stark.

So war die Lage, als Belisar nach Italien übersetzte. Erst in Neapel stieß er auf Widerstand. Wegen der starken gotischen Garnison in der Stadt begannen die Römer die Belagerung. Theodahad unternahm – ängstlich und unentschlossen wie er war – nichts, um die belagerte Stadt zu befreien, so daß Belisar sie nach wenigen Wochen stürmen konnte. Das war der Augenblick, ein Exempel zu statuieren. Die römischen Truppen durften die Stadt plündern, alle Gotenfreunde in der Stadt wurden umgebracht.

6.1 Zu wenig und zu spät

Die Kunde von der Zerstörung Neapels rief unter den gotischen Soldaten eine Woge der Entrüstung hervor. In Regata bei Terracina erklärte die Armee Theodahad für abgesetzt und rief Witigis, einen gotischen General, der kein Amaler war, zum König aus. Theodahad versuchte, nach Ravenna zu fliehen, wurde aber unterwegs entdeckt und umgebracht. Witigis fehlten die Mittel, sich dem gefürchteten Belisar in offener Feldschlacht zu stellen. Er zog sich deshalb nach Norden zurück und ließ in Rom eine kleine gotische Besatzung. Papst Silverius' Sympathie für die Goten war nicht sehr beständig.

Um Rom das Schicksal Neapels zu ersparen, führte er geheime Verhandlungen mit Belisar. Am 9. Dezember 536 marschierten die römischen Truppen durch die Porta Asinaria nach Rom ein, während die gotische Garnison die Stadt durch die Porta Flaminia verließ. Als die Nachricht und die Schlüssel der Ewigen Stadt Justinian in den ersten Januartagen 537 erreichten, konnte er sein Glück kaum fassen.

Er ernannte sofort einen Prätorianerpräfekten für Italien. Es war ein gewisser Fidelis, ein römischer Senator, der unter den Goten Quästor gewesen war und gerade die Übergabeverhandlungen mit Belisar geführt hatte. Die Einheiten, die Belisar nach Norden und Osten entsandte, um weitere Stützpunkte zu erobern, stießen auf harten Widerstand. Mit frischen Truppen marschierte Witigis auf Rom zu und nahm im Vorbeigehen Belisars Außenposten wieder ein. Belisar ließ die von Aurelian zweihundertfünfzig Jahre zuvor erbaute Mauer instandsetzen und die Vorräte der Stadt auffüllen. Er wußte, daß das gotische Heer zahlenmäßig überlegen war, daß es schwer sein würde, die ganze Länge der Stadtmauer mit Soldaten zu besetzen, und daß er möglicherweise von der See abgeschnitten würde – dort blieb die kaiserliche Flotte noch unbehelligt. Die Bürger hatten Rom ausgeliefert, um eine Belagerung durch die Byzantiner zu verhindern. Sie würden wohl eine gotische Belagerung ebensowenig hinnehmen. Im späten Winter hatte Witigis gotische Truppen aus Italien und der Provence vor Rom konzentriert. Es war eine große Armee, dennoch nicht groß genug, die Stadt ganz einzuschließen. Belisar dagegen standen knapp fünftausend Mann zur Verfügung, der Rest war auf Festungen in Süditalien verteilt.

Die Belagerung dauerte ein Jahr und neun Tage. Wir hören von neunundsechzig Scharmützeln zwischen Belagerern und Belagerten. Belisar war überall: bei der Verteidigung der Mauern, als Anführer von Patrouillen, bei der Organisation des zivilen Arbeitseinsatzes, bei der Erkundung feindlicher Bewegungen. Seine beispielhafte Tapferkeit spornte alle an. Der Kampf um Rom war seine größte militärische Leistung, sie war bedeutender als seine Siege auf dem Schlachtfeld. Belisars Sekretär Prokop schildert alles mit minuziöser Genauigkeit. Die Wasserversorgung war schwierig, da die Goten alle Aquädukte trockenlegten. Damals mußten für immer die großen öffentlichen Bäder geschlossen werden, die die römischen Kaiser von Augustus bis Diokletian hatten erbauen lassen.

Die Zivilbevölkerung wurde bald unzufrieden. Viele Frauen und Kinder wurden nach Neapel evakuiert, die Männer zur Überwachung der Stadtmauern herangezogen.

Im Frühjahr erhielt Justinian, der immer noch vom unblutigen Sieg träumte, die folgende Depesche Belisars:

Wir sind nach Italien gegangen, wie Du befohlen hattest, haben einen großen Teil davon unterworfen und Rom eingenommen, nachdem wir die Besatzung der Barbaren vertrieben hatten, deren Anführer Leutharis ich vor kurzem an Euch sandte. Da wir eine große Anzahl von Soldaten als Besatzungen der festen Plätze in Sizilien und Italien verwenden mußten, blieben uns nur fünftausend Mann. Die Feinde aber sind gegen uns mit einhundertfünfzigtausend Mann ausgezogen. Und zuerst wurden wir auf einem Rekognoszierungsritt am Tiberufer gezwungen zu fechten und wären beinahe der Menge ihrer Geschosse erlegen. Darauf machten die Barbaren einen Sturm auf die Stadt mit ihrem ganzen Heer und griffen mit ihren Maschinen die Mauer auf allen Seiten an, und es fehlte nicht viel, so hätten sie beim ersten Angriff uns und die Stadt in ihre Hände bekommen; aber ein glückliches Geschick bewahrte uns davor. Den Erfolg soll man nämlich nicht auf menschliche Tüchtigkeit, sondern auf Gott zurückführen. Was wir bis jetzt durch Glück oder eigene Tapferkeit vollbracht haben, ist vortrefflich; ich möchte aber, daß das, was noch bevorsteht, für Deine Interessen sich noch günstiger gestalte. Was mir auszusprechen und Euch auszuführen zukommt, daraus will ich keinen Hehl machen, da ich wohl weiß, daß die menschlichen Dinge zwar gehen, wie es Gott gefällt, daß aber die, welche an der Spitze eines Unternehmens stehen, nach ihren eigenen Taten getadelt oder gelobt werden. Wir benötigen Waffen und Soldaten, um für den weiteren Verlauf dieses Krieges unseren Feinden gewachsen zu sein.

Denn man darf nicht alles dem Schicksal überlassen, weil es sich nicht gleichzubleiben pflegt. Du, o Kaiser, mußt erwägen, daß, wenn die Feinde uns jetzt schlagen, wir Dein Italien aufgeben müssen und dazu das Heer verlieren, und noch obendrein wird uns große Schande treffen. Ich möchte ungern erwähnen, daß es so aussähe, als hätten wir's auf das Verderben der Römer abgesehen, die ihre Loyalität über ihr persönliches Wohl stellten. Wenn wir Rom und Kampanien und ganz zu Anfang Sizilien gar nicht bekommen hätten, so wäre immer noch das am leichtesten zu tragen, daß wir uns mit fremden Gütern nicht hatten bereichern können. Auch das mußt Du bedenken, daß es niemals möglich gewesen ist, auch mit vielen Sodaten längere Zeit hindurch Rom zu halten, weil es einen so großen Umfang hat und, fern vom Meere gelegen, von aller Zufuhr abgeschnitten ist. Die Römer sind uns jetzt wohlgesinnt; wenn aber die Not, wie das unausbleiblich ist, andauert, so werden sie nicht zögern, das bessere Teil für sich zu erwählen. Denn wer sich eben loyal verhält, der tut das eher durch Wohltaten als durch Leiden. Vor allem durch den Hunger dürften die Römer wider besseres Wollen zu mancherlei Entschlüssen getrieben werden. Ich weiß, mein Leben gehört Deinem Reich, und deshalb wird mich schwerlich jemand von hier lebendig fortbringen. Siehe aber zu, was für einen Ruhm Dir solch Ende Belisars bringen könnte.[10]

Justinian war betroffen. Ihm wurde plötzlich bewußt, daß es nicht mehr um einige Rückschläge in entlegenen Kriegsgebieten ging, sondern um sein ganzes Projekt der Rückeroberung des Westens und um die Wiederherstellung des Reiches. Er rekrutierte sofort neue Land- und Seestreitkräfte. Eine Armee-Einheit unter dem Befehl von Valerian und Martin, die den Winter über in Griechenland stationiert war, erhielt den Befehl, nach Italien überzusetzen. Belisar hörte von diesen Maßnahmen und war sehr erleichtert. Er hatte jedoch noch manchen Kampftag durchzustehen.

Valerian und Martin erreichten Rom zwanzig Tage, nachdem die Goten Porto an der Tibermündung erobert und so den wichtigsten Nachschubweg abgeschnitten hatten. Die Verstärkungen waren größtenteils slawische und bulgarische Soldaten von der unteren Donau, die aber in der römischen Militärtradition geschult waren. Ihre Ankunft veränderte das Kräfteverhältnis. Witigis mußte einige Niederlagen einstecken, so daß sich seine Verluste langsam bemerkbar machten.

Auch Theodora war nicht untätig geblieben. Hauptsächlich auf Drängen des Papstes Agapet, der sich damals in Konstantinopel aufhielt, war ihr Schützling, der Monophysitenführer Severus von Antiochia, mit dem Kirchenbann belegt und im Jahr 536 aus der Hauptstadt ausgewiesen worden. Im ganzen Reich und sogar in Ägypten waren einschneidende Maßnahmen gegen die Monophysiten in die Wege geleitet worden. Theodoras religiöse Überzeugung war sicher echt. Da sie Konflikte immer personenbezogen sah, haßte sie den Bischof von Rom. Nach Agapets Tod setzten die Nachfolger seine Religionspolitik fort. In Theodoras Augen waren sie der Inbegriff des Bösen. Ein führender römischer Geistlicher, der Diakon Vigilius, hatte während eines Aufenthalts in Konstantinopel Theodoras Gunst gewonnen, als er einen freundlicheren Kurs gegenüber den Monophysiten in Aussicht stellte, sollte er jemals Papst werden. Seither war dies Theodoras erklärtes Ziel. Als Agapet starb, schickte sie ihn eiligst mit freigebigen Geldspenden nach Rom.

Aber er kam zu spät. Silverius war schon gewählt – derselbe Silverius, der wenige Monate später die unblutige Übergabe der Stadt an Belisar erreichte. Die Kaiserin akzeptierte diesen *fait accompli* jedoch nicht ohne weiteres, sondern wartete voller Zorn auf eine bessere Gelegenheit. Kaum war Belisar in Rom, schickte sie Boten zu Vigilius und zu Antonina, Belisars Gemahlin. Silverius sollte nun heimtückischerweise beschuldigt werden, er habe mit den Goten wegen der Übergabe der Stadt verhandelt.

Belisar, der sowieso alle Hände voll zu tun hatte, hielt die Anklage für absurd. Er erklärte Silverius, daß er den einfachsten Weg, sich selbst zu entlasten, darin sähe, in einer Erklärung die antichalcedonische Haltung der Kaiserin zu unterstützen. Da er für theologische Spitzfindigkeiten nichts übrig hatte, war er überrascht, als der Papst einen Kompromiß glatt ausschlug. Man unterbrach die Verhandlungen, und der Papst kehrte in seine Residenz zurück. Noch einmal versuchte es der geplagte General, doch vergeblich. Schließlich gab er den Drohungen seiner Gemahlin und der Gesandten Theodoras nach, obwohl ihm klar war, daß seine Maßnahme sich auf die Stimmungslage der Bevölkerung katastrophal auswirken würde. Am 21. März 537 wurde Silverius in den Palast Belisars auf dem Monte Pincio bestellt. Seine Begleitung mußte er am Eingang zurücklassen; zusammen mit dem ominösen Vigilius erschien er vor dem General. Antoninas Anwesenheit ließ ihn wohl Schlimmes ahnen: Belisar saß ihr ergeben zu Füßen. Antonina wandte sich an ihn und wiederholte noch einmal die bekannten Vorwürfe. Während sie sprach, nahm ihm ein Subdiakon das Pallium von den Schultern, als sie geendet hatte, wurde Silverius in eine Zelle geschafft. Dort wurde ihm eine Tonsur geschnitten; als Mönch schickte man ihn dann auf einem Schiff nach dem Osten. Eine Woche später war Vigilius Papst, nachdem Belisar Maßnahmen ergriffen hatte, um die Opposition des römischen Klerus zu ersticken. Theodoras Rache war gelungen. Justinian erhielt durch den zuverlässigen Bischof von Patara eine ungeschminkte Darstellung der üblen Machenschaften und unternahm einen halbherzigen Versuch, Silverius zu rehabilitieren. Doch Theodoras Agenten sorgten dafür, daß er auf einer Insel vor der italienischen Küste verhungert war, bevor der Kaiser seinen Willen in die Tat umsetzen konnte.

Im November begann sich für Rom das Blatt zu wenden. Unter dem Befehl des erfahrenen Johannes, des Neffen Vitalians, erreichten dreitausend Soldaten aus den Bergen Isauriens im Süden Kleinasiens und zweitausend meist thrakische Reiter die Küste Kampaniens. Belisar machte einen Ausfall, um den Feind abzulenken, so gelangten die Verstärkungen sicher in die Stadt. Die Römer konnten nun ihren Nachschubweg sichern, während die Goten Versorgungsschwierigkeiten bekamen. Auch Seuchen breiteten sich im gotischen Lager aus. Gegen Ende des Monats baten sie um einen Waffenstillstand. In Verhandlungen bestanden die gotischen Unterhändler darauf, daß Theoderichs Herrschaft und folglich auch die seiner Nachfolger rechtens sei. Die Goten seien aufgrund einer Bitte der Regierung in Konstantinopel nach Italien gekommen, um den Tyrannen Odoakar zu stürzen. Demnach könne man die gegenwärtige römische Invasion nur als Aggression bezeichnen. Belisar antwortete, daß so gesehen Theoderich Italien dem Kaiser hätte zurückgeben müssen, nachdem er Odoakar gestürzt hatte. Italien sei Bestandteil des Reiches, und er, Belisar, sei weit entfernt davon, kaiserliches Eigentum anderen zu übergeben.

Die Goten schlugen daraufhin die Abtretung Siziliens vor. Belisar bot seinerseits den Goten Britannien an – eine Provinz, die die Römer schon vor hundert Jahren verloren hatten –, wohl wissend, daß man leicht etwas abtreten kann, was man nicht mehr besitzt. Als die Goten Kampanien und Neapel ihrem Angebot hinzufügten, weigerte sich Belisar erneut, über das Land des Kaisers zu verfügen. Ein Angebot der Goten, Tributzahlungen zu leisten, blieb unbeantwortet. Zuletzt einigte man sich auf einen dreimonatigen Waffenstillstand, während dessen die ganze Angelegenheit in Konstantinopel vorgetragen werden sollte. Niemand hielt ihn besonders genau ein. Der selbstbewußte Belisar beauftragte Johannes, den Nachschub des

Feindes durch die Eroberung der Stadt Ariminum an der Straße nach Ravenna abzuschneiden. Im März zog Witigis in hilfloser Verzweiflung von Rom ab. Seine Armee war nur noch ein Schatten der schlagkräftigen Streitmacht, die ein Jahr zuvor die Stadt belagert hatte, sie wurde dazu von Belisars Truppen weiter zermürbt.

Witigis, dessen Lage alles andere als beneidenswert war, versuchte seine Stellung in Norditalien zu konsolidieren. Belisar wußte inzwischen, wie schnell sich die Goten erholen konnten. Deshalb wollte er nur langsam Stützpunkt um Stützpunkt einnehmen, damit sein Nachschub gesichert bliebe. Ancona wurde im März erobert, einige befestigte Plätze im Apennin schützten die von der Adria ins Land hineinführende Straße. Johannes war jetzt in Ariminum sehr gefährdet, deshalb sollte er sich auf Anweisung Belisars ins sichere Ancona zurückziehen. Doch war Johannes, dessen Onkel den Kaiserthron angestrebt hatte, äußerst ehrgeizig. Seine Agenten verhandelten schon mit Matasuntha, der Enkelin Theoderichs und Witigis' Gemahlin, die bereit war, ihren verhaßten Gatten zu verraten.

Johannes weigerte sich also, Ariminum zu verlassen. Witigis erkannte die Schwachstelle sofort und umzingelte die Stadt. Sein Plan wurde jedoch durch die Ankunft neuer byzantinischer Truppen vereitelt. Der Eunuch Narses, ein kluger Mann, zwar ohne große militärische Erfahrung, doch vom Vertrauen Justinians und Theodoras getragen, führte diese neuntausend Mann. Er riet Belisar, Ariminum zu befreien, was auch glänzend gelang. Belisars Befehl war jedoch zum ersten Male in Frage gestellt und schließlich nicht beachtet worden. Seither konnten Unterführer Narses und Belisar gegeneinander ausspielen, Streit und Mißtrauen waren die Folge, so daß die Durchführung militärischer Operationen über Jahre hin gestört und verzögert wurde.

Im Frühjahr desselben Jahres 538, als Rom nicht mehr belagert wurde, entsandte Belisar eine kleine Streitmacht nach Ligurien mit dem Befehl, die Goten im Rücken anzugreifen. Sie überquerte den Apennin dort, wo heute die Trasse der ›Autostrada‹ entlangführt, und eroberte Mailand, die größte Stadt Norditaliens.

Die Truppen wurden begeistert empfangen. Witigis folgte bald nach, um die Stadt zu belagern. Er wurde von einer Abteilung fränkischer Krieger unterstützt, deren König Theudebert I., ein Enkel Chlodwigs, sein Territorium erweitern wollte, trotz eines Vertrages, der ihn zur Loyalität gegenüber Justinian verpflichtete. Belisar, der Ariminum soeben erfolgreich befreit hatte, brannte darauf, eine ähnliche Operation bei Mailand durchzuführen, doch Narses hatte andere Pläne. Es kam zu peinlichen Streitereien im römischen Hauptquartier. Operationen wurden in Gang gesetzt und wieder abgebrochen, Verleumdung und Intrige waren an der Tagesordnung. Ende März 539 war die römische Garnison so ausgehungert, daß sie

aufgeben mußte. Um ein Exempel zu statuieren, wurden dreihunderttausend Männer, Frauen und Kinder von gotischen und fränkischen Soldaten grausam umgebracht. Als Justinian diese schreckliche Nachricht vernahm, rief er Narses zurück und übertrug Belisar wieder das alleinige Oberkommando.

Belisar ging vorsichtig vor. Die restlichen gotischen Außenposten in Mittelitalien eroberte er Stück für Stück, bis schließlich Auximum (Osino südlich von Ancona) übrigblieb. Seine ganze Heeresmacht konzentrierte er nun beim Angriff auf Auximum. Er schloß die Stadt ein, während nördlich des Apennin eine kleine Abteilung unter Johannes und Martin die gotischen Streitkräfte daran hinderten, ihren bedrohten Landsleuten zu Hilfe zu eilen. Plötzlich erschien eine große fränkische Armee in der Lombardei. Die Goten öffneten ihnen die Tore von Pavia, damit sie den Po überqueren könnten, denn sie glaubten, die Franken seien Verbündete. Kaum waren sie auf der anderen Seite, als sie über ihre gotischen Freunde herfielen. Der Befehlshaber der Goten versuchte in der Verwirrung, mit seinen Leuten das sichere Ravenna zu erreichen. Währenddessen mordeten die Franken Frauen und Kinder in Pavia und plünderten die Stadt. Unberechenbar wie sie waren, scheuten sie daraufhin auch nicht den Vertragsbruch und bereiteten einen Angriff auf die Byzantiner vor. Johannes und Martin wurden nervös, doch es gelang ihnen, eine starke Verteidigungslinie aufzubauen. Bevor die Franken, die nur auf Kriegsbeute aus waren, angreifen konnten, wurden sie durch eine in ganz Italien wütende Seuche gefährdet. Sie zogen deshalb eilig mit zahlreichen Gefangenen über die Alpen in ihre Heimat ab, reichlich mit Beute beladen.

*

Als Justinian von den Ereignissen erfuhr, war er von anderen schwierigen Problemen voll in Anspruch genommen. An der Ostgrenze war der Ewige Friede bisher im großen und ganzen von beiden Seiten eingehalten worden. Neuerdings jedoch wurde die Lage wieder kritisch. Streitigkeiten zwischen prorömischen und propersischen arabischen Fürstentümern über Weideland führten zu einer kriegerischen Auseinandersetzung. Der Lachmide Mundhir, der unter persischem Schutz stand, nutzte die Gelegenheit zu einem Vorstoß in das Reichsgebiet. Obwohl er belanglos war, mußte doch jeder Zwischenfall ernstgenommen werden, in den Protegés der Perser verwickelt waren. Justinian beauftragte den *comes sacrarum largitionum* Strategius, einen erfahrenen Beamten, den Vorfall zu untersuchen und zwischen den arabischen Fürstentümern zu vermitteln. Strategius wurde auf seiner Mission von Summus begleitet, dem Heeresmeister und Oberbefehlshaber in Palästina. Bei den recht schwierigen Verhandlungen machte Summus auch einen Vorschlag, den Mundhir, der Gefolgsmann des Perserkönigs, als brüskierend empfand oder empfinden mußte. Der eifrige Unterhändler hätte größeres Geschick beweisen können, da er aus einer Diplomatenfamilie stammte. Er hatte wohl seine Kompetenzen überschritten, und der Fehler zeigte Folgen. Mundhir berichtete dem Großkönig von der Angelegenheit, und dieser ließ die Römer wissen, daß er äußerst enttäuscht sei und das römische Vorgehen als Bruch des Ewigen Friedens betrachte.

Zur gleichen Zeit veranlaßte die schwerfällige römische Administration in Armenien die Stammesführer zu offenen Unmutsäußerungen. Jahrhundertelang handelten die Armenier nach dem Prinzip, als Land zwischen zwei Großmächten niemals ganz die Partei der einen Seite zu ergreifen, um so zu überleben. Sittas hatte das erkannt und ernsthaft versucht, der armenischen Führungsschicht im Reich Gehör zu verschaffen. Seine Nachfolger sahen das als orientalische Doppelzüngigkeit an.

Im Jahr 538 kam es unter Führung der Nachkommen des alten armenischen Königshauses der Arsakiden zu einer Revolte. Ein prorömischer Führer wurde ermordet, seine Mörder erhielten Asyl auf persischem Boden.

Justinian schickte Sittas in großer Sorge nach Armenien, um die Situation zu retten. Dieser verhandelte zunächst mit den Führern der Aufständischen, er war sicher, daß er sie bald spalten konnte. Der Kaiser jedoch befahl ungeduldig, mit Gewalt vorzugehen. Sittas wurde in einem der ersten Scharmützel getötet. Sein Nachfolger Buzes verfolgte eine aktive Militärpolitik, und es gelang ihm auch, den Rebellenführer gefangenzunehmen und zu töten. Daraufhin schlugen sich die Rebellen auf die Seite Persiens und drängten den Großkönig zum Angriff, während der größte Teil der römischen Armee noch im Westen stand.

Das geschah im Herbst 539. In Italien war Witigis inzwischen auf den gleichen Gedanken gekommen. Nur unter großen Schwierigkeiten erreichte seine Botschaft den Großkönig. Zwei italienische Kleriker konnten diese Reise machen, ohne allzuviel Aufsehen zu erregen. Sie reisten als Bischof und Kaplan und gaben vor, in kirchlichen Angelegenheiten unterwegs zu sein. Witigis' Schreiben warnte Chosroes: Die Sicherheit Persiens stünde auf dem Spiel, wenn es Justinian gelänge, Italien in seinen Herrschaftsbereich einzubeziehen. Die Zeit sei reif, loszuschlagen. Der Großkönig antwortete nicht direkt, doch seine Pläne festigten sich.

Der ›Bischof‹ und sein ›Kaplan‹ blieben bis zu ihrem Lebensende in Persien. Ein Syrer aber, der ihnen als Dolmetscher gedient hatte, entschloß sich zur Rückkehr. An der Grenze wurde er festgenommen und nach Konstantinopel gebracht, wo man die ganze Geschichte aufdeckte. Justinian war bestürzt. Während er vor seinen verwunderten, schläfrigen Höflingen die stillen Korridore des Großen Palastes auf- und abschritt, überlegte er, ob es besser sei, in Italien weiterzukämpfen und eine persische Invasion im Osten zu riskieren oder mit den Goten die bestmöglichen Bedingungen auszuhandeln, um sich auf diese Weise auf die Verteidigung der Ostgrenze zu konzentrieren.

Es war ein schwerer Entschluß, denn sein Plan der Restauration des Reiches stand auf dem Spiel. Im Herbst 539 endlich verzichtete er auf den vollständigen Sieg in Italien. Belisar schloß gerade die gotische Hauptstadt Ravenna ein. Die Stadt war gegen direkte Angriffe durch weite Moorgebiete geschützt, man konnte sie daher nur durch Verhandlung, Verrat oder Aushungern erobern. Die kaiserliche Flotte blockierte die Verbindung zur See, Belisars Armee belagerte die Stadt zu Lande. Daß die Goten aufgeben mußten, war nur eine Frage der Zeit, und Belisar wäre dann im Triumph in Ravenna eingezogen wie sechs Jahre zuvor in Karthago.

Das erneute Vordringen der Franken unter Theudebert in Norditalien war für Witigis genauso beunruhigend wie für Belisar. Es veranlaßte den König wohl, mit den Belagerern in Verbindung zu treten. Während der Verhandlungen trafen Bevollmächtigte aus Konstantinopel ein, die autorisiert waren, einen Vertrag zu unterzeichnen, worin die Goten Italien südlich des Po und die Hälfte des Königsschatzes an die Römer abzutreten hätten. Die Gotenführer und die meisten römischen Militärs waren einverstanden. Doch Belisar fühlte sich um den endgültigen Sieg betrogen und hielt des Kaisers Zugeständnisse für unnötig. Als die Goten ankündigten, sie würden den Vertrag nicht anerkennen, solange er nicht die Unterschriften Belisars und der Gesandten trage, weigerte er sich, zu unterschreiben. Nur Justinians Befehl könne ihn zur Unterschrift veranlassen. Die Situation schien festgefahren; da hatte jemand am gotischen Hof einen glänzenden Einfall.

Warum sollte man den schwachen Witigis nicht fallenlassen und die Stadt Belisar ausliefern unter der Bedingung, daß dieser sich selbst zum Kaiser des Westens machte? So könnte man das gute Einvernehmen zwischen Goten und Weströmern im Hinblick auf die Unabhängigkeit von Konstantinopel, das große Ziel Theoderichs, sicherstellen. Der Plan fand Beifall bei den Goten und wurde Belisar insgeheim mitgeteilt. Der General hatte keinerlei politische Ambitionen und schwankte nie in seiner Loyalität zu Justinian, obwohl er mit dessen Diplomatie nicht immer einverstanden war. Aber hier schien es möglich, ohne Blutvergießen den vollständigen Sieg zu erlangen. Deshalb willigte er zum Schein ein.

Witigis hatte bald herausbekommen, was vorging, und machte Belisar ähnliche Vorschläge. Er willigte auch hier ein. Dann rief er seinen Stab und die kaiserlichen Gesandten zu sich und bat sie offiziell um ihre Zustimmung zu einem letzten Versuch, Ravenna zu erobern. Da seine Verhandlungen mit den Goten geheim blieben, war man einverstanden. Nach weiteren Geheimgesprächen öffneten sich im Mai 540 die Stadttore, und Belisar zog in Ravenna ein. Jetzt erst eröffnete er den verblüfften Goten, er denke gar nicht daran, Kaiser zu werden, sondern nehme Ravenna im Namen Kaiser Justinians in Besitz, da das Ostgotenreich aufgehört habe zu existieren.

Im März 540 war Chosroes mit einer großen Armee in das römische Mesopotamien eingefallen. Belisar wurde daher sofort nach dem Fall Ravennas nach Konstantinopel zurückgerufen. Er machte sich schnellstens auf den Weg. Witigis, Matasuntha und die gotischen Adligen, die sich ergeben hatten, führte er mit sich, außerdem den Königsschatz Theoderichs. Es erwartete ihn kein Triumph, die Straßen säumten diesmal keine jubelnden Menschen, da im Juni 540 Chosroes und seine persische Armee Antiochia, die wichtigste Stadt der Ostprovinzen, erobert und geplündert hatten. Wer von den Einwohnern nicht rechtzeitig geflohen war, wurde umgebracht, in der herrlichen Stadt blieb kein Stein auf dem anderen.

7 UNERFÜLLTE HOFFNUNGEN

Der persische König Chosroes Anoscharvan (›dessen Geist unsterblich ist‹) war jünger als Justinian und überlebte ihn um vierzig Jahre. Beide begegneten sich niemals. Aber mehr als dreißig Jahre lang verliefen ihre Gedanken in sehr ähnlichen Bahnen, als sie ihr makabres Schachspiel über die Berge und Ebenen Westasiens hinweg spielten. Anders als Justinian stellte sich Chosroes selbst an die Spitze seiner Armee. Er hatte außerdem Sinn für Ironie und Humor, der seinem Gegner abging, und einen Hang zur Grausamkeit, der Justinians Naturell widersprach. Beide Monarchen waren unermüdliche und vorausschauende Organisatoren. Beide wollten mit den Reformen, die sie in Gang setzten, an die ruhmreiche Vergangenheit ihrer Völker anknüpfen.

Begünstigt durch den Ewigen Frieden und Justinians Inanspruchnahme im Westen hatte Chosroes den Einfluß der mächtigen Territorialfürsten Persiens geschwächt und ein neues stehendes Heer geschaffen, das nur ihm verpflichtet war. Nun konnte Chosroes den Krieg mit den Römern erneut beginnen. Es sollte kein Eroberungskrieg sein, wie ihn Justinian in Afrika und Italien geführt hatte. Zwar strebte er gewiß kleinere Grenzkorrekturen an. Chosroes wollte vor allem an der Küste des Schwarzen Meeres Fuß fassen. Aber sein Hauptziel waren Raub- und Beutezüge. Man konnte die blühenden Städte des römischen Ostens plündern, man konnte die Römer aber auch zwingen, hohe Abstandssummen zu zahlen.

Der römische Druck auf seinen Vasallen Mundhir und der Hilferuf der armenischen Flüchtlinge boten Chosroes den *casus belli*, den er suchte. Als auch der Gotenkönig Witigis ihn verzweifelt um Beistand anging, fühlte er sich in seinem Entschluß bestätigt. Zu Beginn des Jahres 540 überbrachte der römische Gesandte Anastasius von Dara einen Brief von Justinian, der Chosroes dringend an seine

Vertragsverpflichtungen erinnerte und ihn aufforderte, seine Kriegsvorbereitungen einzustellen. Der Brief blieb unbeantwortet. Das gleiche geschah mit einem Brief Theodoras an den persischen Minister Zabergan, den sie während einer diplomatischen Mission in Konstantinopel getroffen hatte und den sie nun dringend bat, seinem Herrn vom Krieg abzuraten: »Du wirst«, so schrieb sie, »mit Sicherheit von meinem Gemahl reich belohnt werden, denn er tut nichts, ohne mich um Rat zu fragen.«

Im März 540 überschritt die persische Armee die Grenze und nahm Sura am Euphrat ein. Es standen nur schwache römische Truppen in Syrien, und ihr Befehlshaber Buzes zog sich klugerweise zurück, anstatt eine offene Feldschlacht mit dem Großkönig zu riskieren. Als die Nachricht vom Angriff Konstantinopel erreichte, sandte Justinian seinen Vetter Germanus nach Antiochia. Die Anwesenheit des Mitglieds der kaiserlichen Familie sollte den Kampfgeist der Truppe heben. Aber Germanus hatte nur dreihundert Soldaten dabei. Sein Auftrag war, Chosroes eine Abstandssumme zu zahlen, nicht mit ihm zu kämpfen. Chosroes war durchaus bereit, das Spiel mitzuspielen. Er hatte schon Hierapolis in Syrien nach Zahlung von zweitausend Pfund Silber verschont, und er machte ein Angebot, auch Beroia (Aleppo) für die doppelte Summe zu verschonen. Aber da die Bürger das Geld nicht aufbringen konnten, nahm er die Stadt ein und brannte sie nieder. Die kleine römische Besatzung, schon lange ohne Sold, leistete keinen Widerstand, sondern lief sofort zu den Persern über. Megas, den Bischof von Beroia, sandte Germanus daraufhin zu Chosroes mit dem Angebot, tausend Pfund Gold zu zahlen, wenn er Antiochia nicht angreifen würde. Der König war bereit, das Angebot anzunehmen. Aber ein hoher Beamter, der soeben aus Konstantinopel gekommen war, bezichtigte Germanus der Feigheit und untersagte ihm im Namen des Kaisers, das Abkommen zu ratifizieren. Justinian hatte offensichtlich seine Meinung geändert. Wahrscheinlich beurteilte er wegen des bevorstehenden Kriegsendes in Italien und der geplanten Abberufung Belisars die Lage im Osten günstiger. Da Germanus nur zu gut wußte, was geschehen würde, verkündete er, daß Chosroes sich nicht rühmen sollte, einen Verwandten des Kaisers gefangenzunehmen, und zog sich nach Kilikien zurück. Im Juni hatte die persische Armee Antiochia eingeschlossen. Eine römische Streitmacht von sechstausend Mann, die erste der von Justinian gesandten Verstärkungstruppen, war schon in der Stadt. Aber sie floh schon beim ersten Angriff, als die Perser ihre Reihen öffneten, um sie durchzulassen. Die Bürger von Antiochia dagegen bestiegen die Stadtmauern und schleuderten den Belagerern Schmährufe entgegen, während die städtische Miliz, die von den Zirkusparteien organisiert war, mit äußerster Tapferkeit focht. Aber der Ausgang war nach kurzer Zeit klar. Eine Handvoll Zivilisten konnte nicht allein die ganze Länge der Stadtmauern verteidigen. Die Perser brachen durch und begannen ein systematisch geplantes Massaker. Die Überlebenden wurden von Chosroes in ein Gebiet in der Nähe von Ktesiphon in Persien verschleppt, wo er eine neue Stadt Antiochia für sie bauen ließ.

Nachdem Chosroes die Stadt völlig zerstört hatte, ließ er Justinians Gesandten gegenüber seine Friedensbedingungen verkünden:

Sofortige Zahlung von fünftausend Pfund Gold, dazu eine jährliche Zahlung von fünfhundert Pfund, angeblich zum Unterhalt der Befestigungsanlagen im Kaukasus, die Römer und Perser gleichermaßen vor den Steppennomaden schützen sollten. Noch während die Gesandten auf dem Weg zu Justinian waren, um ihm den Bescheid zu übergeben, marschierte der persische König durch Nordsyrien und forderte Tribut von den Städten. Im Frühherbst kehrten die Gesandten mit einer Botschaft des Kaisers zurück: Im Prinzip sei er bereit, die Friedensbedingungen anzuerkennen. Chosroes zog nach Persien ab, hochzufrieden mit seinem ersten Feldzug gegen die Römer.

Der Schlag, der dem römischen Prestige im Osten durch Chosroes zugefügt worden war, hatte eine unmittelbare Folge. Die Bevölkerung von Lazika war unzufrieden mit der römischen Herrschaft, besonders mit den tüchtigen römischen Steuereinnehmern. Der Militärgouverneur Tzibus hatte den gesamten Außenhandel im neuen befestigten Hafen Petra am Schwarzen Meer konzentriert – Lazika lag an einer der großen Ost-West-Handelsrouten der Alten Welt – und in verschiedenen Bereichen ein staatliches Handelsmonopol begründet. So wurden die Stämme von Kriegen und Plünderungen untereinander abgehalten. Die unruhigen Gebirgsbewohner waren mit allen Nachteilen und Einschränkungen einer strengen Regierung konfrontiert.

Deshalb schickte Gubazes im Herbst des Jahres 540 Gesandte mit der Bitte nach Ktesiphon, der Großkönig möge wieder in Lazika herrschen. Im Frühjahr des nächsten Jahres marschierte eine persische Armee durch Lazika, besiegte die byzantinischen Truppen in offener Feldschlacht und nahm Petra ein. Eine persische Besatzung ersetzte dort nun die römische. So erreichten die Perser wieder einmal an einer Stelle das Schwarze Meer. Im Frühjahr desselben Jahres 541 kehrte Belisar wieder als Oberbefehlshaber in den Osten zurück. Er brachte nicht nur einen Teil der römischen Truppen mit, die unter seinem Kommando in Italien gekämpft hatten, sondern auch viele ostgotische Soldaten. Im Laufe des Sommers führte er seine Armee über die Grenze ins persische Mesopotamien. Nachdem er in die Nähe von Nisibis gekommen war, einer wohlbefestigten Garnisonstadt, sie aber nicht angegriffen hatte, eroberte er Sisaurana, eine Festung zwischen Nisibis und dem Tigris. Zum allgemeinen Erstaunen brach Belisar aber den Feldzug ab und zog sich in römisches Territorium zurück.

Sicherlich beeinflußten Überlegungen persönlicher Art seine unerwartete Entscheidung. Seine Gemahlin Antonina, die ihn gewöhnlich auf seinen Feldzügen begleitete, hatte es diesmal vorgezogen, in Konstantinopel zu bleiben. Theodora benötigte ihre Freundin, um den Sturz des Kappadokiers zu inszenieren. Aber anscheinend hatte Antonina private Gründe, sich im Hintergrund zu halten. Sie und Belisar hatten keinen Sohn. Belisar hatte vor einiger Zeit einen jungen Mann namens Theodosius adoptiert, und Antonina hatte sich in den Adoptivsohn verliebt. Ihr Verhalten während der afrikanischen und italischen Feldzüge war schlechterdings skandalös gewesen. Antonina war nun der Meinung, daß die Liaison noch bequemer während Belisars Abwesenheit fortgesetzt werden könne. Der große Marschall wußte entweder nicht, was vorging, oder er ignorierte, was er nicht verhindern konnte. Aber Antoninas Sohn Photius aus einer früheren Ehe (wenn es überhaupt eine Ehe gewesen war) bewunderte seinen Stiefvater und entschloß sich nun, in die Affäre einzugreifen. Er befand sich mit Belisar im Osten und nahm während der Abwesenheit seiner Mutter die Gelegenheit wahr, seinen Stiefvater über die Beziehungen zu Theodosius in Kenntnis zu setzen. Belisar war entrüstet. Photius erbot sich daraufhin, Theodosius zu beseitigen, und ließ Belisar einen feierlichen Eid schwören, daß er ihn unterstützen und, falls nötig, schützen würde, denn das Unternehmen war nicht gefahrlos. Antonina genoß den Schutz Theodoras, und Theodora ließ nicht mit sich spaßen. Im Sommer 541 äußerte Antonina den Wunsch, ihren Gemahl im Osten zu begleiten. Diese Nachricht und die unsichere Kampfmoral der Armee veranlaßten Belisar, den Feldzug jäh abzubrechen.

Er beeilte sich, Antonina unterwegs abzufangen, und ließ sie sofort verhaften. In der Zwischenzeit eilte der treue Photius nach Ephesus, wo sich Theodosius gerade aufhielt, nahm sich seiner samt dessen Habe an und schickte ihn unter Bewachung in eine Festung in Kilikien, die nur er und sein Stiefvater kannten. Antonina war es aber gelungen, eine Botschaft an Theodora in Konstantinopel zu übermitteln. Die Kaiserin setzte Justinian unter Druck. Er möge Belisar dazu bringen, Antonina wieder freizulassen und sie mit dem Respekt zu behandeln, der ihr zukomme. Zur gleichen Zeit ließ sie Photius ergreifen und in eines ihrer Verliese sperren. Obwohl man ihn folterte, wollte der standhafte junge Mann nicht den

Aufenthaltsort von Theodosius preisgeben. Theodoras Geheimagenten fanden ihn trotzdem, befreiten ihn und führten ihn wieder in Antoninas Arme zurück. Photius schmachtete jahrelang in Theodoras Geheimverliesen. Als er schließlich entkam, machte er sich geradewegs nach Jerusalem auf und trat in ein Kloster ein.

Wenn die Kampfmoral der Armee im Jahre 541 schlecht war, kann der Kampfgeist ihres Oberbefehlshabers kaum besser gewesen sein. Das war jedoch nur eine von Justinians Sorgen. Sein Finanzminister, Johannes der Kappadokier, war Theodoras Haß zum Opfer gefallen. Die Reformen, die er einführte, hatten ihn bei den Reichen verhaßt gemacht. Und gerade deshalb wurde die persönliche Feindschaft der Kaiserin ein Politikum, was Justinian gegen besseres Wissen schließlich in Rechnung stellen mußte. Es war eine bittere Niederlage des Kaisers, besonders auch deshalb, weil die Geldquellen, die er für seine Feldzüge, seine Festungsanlagen, seine Bauwerke und seine Diplomatie benötigte, nun spärlicher flossen.

7.1 Die grosse Pest

Im Frühjahr 541 gingen die Bulgaren, ein Nomadenvolk türkischer Herkunft, über die Donau, durchzogen den Balkan und brandschatzten das Land. Eine Horde raubte ganz Mittelgriechenland bis hin zum Isthmus von Korinth aus, eine andere hauste schrecklich auf der Halbinsel Gallipoli und sandte Stoßtrupps über die Dardanellen hinüber an das asiatische Ufer. Sie drangen auch bis in die Vororte außerhalb der Stadtmauern von Konstantinopel vor. Panik herrschte in der Stadt; wer konnte, floh ins sichere Kleinasien. Nach und nach zogen sich die Bulgaren jedoch wieder in ihre Heimat nördlich der Donau zurück, nicht ohne einhundertzwanzigtausend Gefangene mitzunehmen.

Justinian erkannte, durch den Bulgarenzug aufgeschreckt, daß er der langen Nordgrenze nicht genügend Beachtung geschenkt hatte. Er veranlaßte nun ein umfangreiches Befestigungsprogramm im Balkan. Die Reste davon sind noch zu sehen und beeindrucken durch ihre Größe und Solidität. Außer den Bulgaren beunruhigten ihn jedoch noch andere Probleme. Als Belisar aus Italien abgezogen wurde, bestimmte Justinian keinen neuen Oberbefehlshaber. Das Angebot der Goten, Belisar zum Kaiser zu machen, verdeutlichte die Gefahr, die daraus erwachsen würde, wenn alle römischen Streitkräfte im Westen unter ein einziges Kommando kämen. Es war nicht so sehr die Frage, was die Goten tun würden – sie schienen im Jahr 540 nicht mehr gefährlich zu sein. Aber viele Römer im Westen und besonders viele einflußreiche senatorische Großgrundbesitzer hätten viel lieber einen Westkaiser gehabt, den sie hätten kontrollieren können, als von dem weit entfernten Konstantinopel abhängig zu sein. Obwohl Anastasius, der Prätorianerpräfekt Italiens, an der Spitze der zentralen Zivilverwaltung stand, war das militärische Kommando unter einer Anzahl von Generälen aufgeteilt, von denen jeder unabhängig dem Kaiser berichtete. Das Ergebnis war wie zu erwarten. Die Goten, die sich nicht ergeben hatten, durften sich um Pavia ansiedeln, wo sie einen Stammesgenossen, Hildebad, zum König wählten. Die römischen Generäle dagegen waren wegen ihrer Zwistigkeiten und ihrer Unentschlossenheit nicht handlungsfähig. Hildebad hatte in kurzer Zeit eine beachtliche Armee aufgebaut. Der römische General Bessas vertrieb sich in Piacenza untätig die Zeit, während das Gotenreich nördlich des Po wiedererstand.

Trotz dieses frühen Erfolges dauerte Hildebads Herrschaft nicht lange. Rivalitäten unter den Gotenführern – die Eifersüchteleien ihrer Frauen waren noch schlimmer – führten im Mai 541 zu seiner Ermordung. Es folgte ihm Erarich, Führer des kleinen germanischen Stammes der Rugier. Sie hatten die Ostgoten auf ihren Wanderzügen begleitet, aber sich nicht mit ihnen vermischt. Erarich bot Justinian sofort Verhandlungen an, denn er war sich seiner eigenen Stellung nicht sicher, und er wußte sehr wohl, daß es leichter war, eine einzelne Schlacht als den Krieg gegen die Römer zu gewinnen. Offiziell bot er den Frieden an zu den Bedingungen, die der Kaiser vor der Einnahme Ravennas gestellt hatte, die aber von Belisar zurückgewiesen worden waren. Inoffiziell schlug er vor, Justinian das gotische Königreich zu überlassen, wenn er eine entsprechende Summe und außerdem die Würde eines *patricius* erhielte.

Im Herbst 541 war jedoch auch Erarich ermordet worden. Die Wahl der Goten fiel auf Totila. Er war ein Neffe Hildebads, der kurz vorher Geheimverhandlungen mit den römischen Generälen wegen der Kapitulation von Treviso geführt hatte. Justinian war damals entschlossen, trotz der unsicheren Lage im Osten Verstärkungen nach Italien zu schicken. Er hatte keinen Grund, den unbekannten Totila für einen gefährlicheren Gegner zu halten als seine beiden Vorgänger. Es sollte für ihn ein böses Erwachen geben.

Im Frühjahr 542 überfiel Chosroes Nordsyrien erneut. Belisar wurde in aller Eile von Konstantinopel aus entsandt – er hatte sich dort während des Winters nolens volens mit seiner Frau versöhnt –, um den Oberbefehl über die römischen Truppen zu übernehmen. Nach schwierigen Verhandlungen und einigen Scharmützeln zogen sich die Perser zurück, noch bevor der Sommer vorüber war. Beide Seiten wollten im Prinzip mit Friedensverhandlungen beginnen. Neuere Entwicklungen, die Römer und Perser gleichermaßen bedrohten, führten diesen Stimmungsumschwung herbei. Die Beulenpest ging durchs Land und erfaßte Europa und den Nahen Osten in einem Ausmaß, wie man es fast vier Jahrhunderte lang nicht erlebt hatte. In Konstantinopel starben zeitweise fünftausend, später zehntausend Menschen an einem Tag, einmal zählte man sogar sechzehntausend Tote. Genauso viele römische Soldaten standen damals in Italien. Man konnte sich nicht mehr an die herkömmlichen Begräbnisriten halten. Justinian sorgte für einen Sonderdienst, den ein hoher Palastbeamter leitete. Die Leichen wurden weggekarrt und in leerstehenden Gebäuden in der Umgebung aufgestapelt oder auf Schiffe geladen, die mit der Strömung ins Marmarameer trieben. Viele starben ohne Beistand, man ließ sie in den Häusern verwesen. Die normale Versorgung mit Nahrungsmitteln war unterbrochen; die Kornmühlen und Bäckereien hörten auf zu arbeiten. So kam zur Geißel der Epidemie noch die Hungersnot dazu. Bis die Seuche im Herbst ihren Höhepunkt überschritten hatte, waren dreihunderttausend Menschen gestorben, etwa zwei Fünftel der Bevölkerung Konstantinopels. Diese Katastrophe wirkte verheerend auf die allgemeine Moral. Viele verriegelten die Haustüren und weigerten sich, selbst den engsten Freunden und Verwandten aufzumachen, aus Furcht, es könne ein Gespenst mithereinschlüpfen. Andere verbrachten Tage und Nächte in den Kirchen mit Gebet und Beichte. Da die Beulenpest von Ratten verbreitet wird, ist sie eine Krankheit, die im wesentlichen die Armen trifft, die in ungünstigen Wohnverhältnissen leben müssen. Aber die Hygiene auch der Reichsten ließ viel zu wünschen übrig. Viele höhere Beamte und Minister erlagen der Krankheit, und auch der Kaiser steckte sich an. Die

Arbeit der zentralen staatlichen Behörden war ernstlich gefährdet. So lag eine Zeitlang die Verantwortung für die täglich fälligen Entscheidungen, die Justinian gewöhnlich viel Zeit kosteten, bei der erfahrenen, aber unberechenbaren Theodora.

Unterdessen hatten die Dinge in Italien einen unerwarteten Verlauf genommen. Totila erwies sich als geschickter Stratege und als entschlossener, mitreißender Führer. Die Goten faßten wieder Mut. Verglichen mit der römischen Bevölkerung Italiens, waren sie zahlenmäßig immer unterlegen gewesen, und sie benötigten die lange Verwaltungserfahrung der Römer, um aus ihrem Land den größtmöglichen Nutzen zu ziehen. Seit dem Beginn von Theoderichs Regierung hatte es eine kontinuierliche, wenn auch manchmal etwas gestörte Zusammenarbeit zwischen den wohlhabenden Senatoren und den Gotenführern gegeben. Denn beide Seiten waren gleichermaßen daran interessiert, das Latifundiensystem aufrechtzuerhalten, das die Kolonen (Pächter) an die Scholle band. Jetzt aber sahen die Senatoren die Sache der Goten als verloren an und schlugen sich auf die Seite des siegreichen Kaisers. Der alte Gotenadel war entweder tot oder in Mißkredit geraten. Die Grundlage der früheren Zusammenarbeit bestand nicht mehr. Totila hätte das wohl kaum so ausgedrückt. Aber sein scharfer Verstand stellte sich auf die gänzlich neue Lage ein und suchte sie zu nutzen. Es war nicht möglich, die Römer einfach durch Goten zu ersetzen, denn die Zivilverwaltung Italiens mußte weiterhin in der Hand der Römer bleiben, da diese allein die nötige Sachkenntnis besaßen. Aber Totila suchte die Unterstützung und Mitarbeit einer neuen Schicht in der römischen Bevölkerung, der Kaufleute, der städtischen Mittelschicht und der Bauern. Gerade diese Gruppen waren hin- und hergerissen zwischen der kaltblütigen Habgier des Alexander Psalidius (der ›Kneifzange‹) und der willkürlichen Raubgier der demoralisierten Soldateska. Was Totila versprach und innerhalb seines Machtbereichs auch ausführte, war praktisch eine soziale Revolution. Die Latifundien wurden unter die Kolonen aufgeteilt, die drückenden Fronarbeiten und Steuerleistungen in Geld oder Naturalien beseitigt. Die Sklaven und besonders die Landarbeiter auf den Domänen der Grundbesitzer wurden befreit und in die gotische Armee eingegliedert, wo sie mit der Verzweiflung von Menschen kämpften, die alles zu verlieren hatten.

Das Blatt hatte sich nun gewendet. Im Frühjahr 542 marschierte Totila von seinem Basislager am Po gen Süden, überlistete die byzantinische Armee unter Artabanus, die ihm den Weg zu versperren suchte, und vernichtete sie in der ersten offenen Feldschlacht des italischen Krieges bei Faenza. Wenige Wochen später nutzte er das heillose Durcheinander bei den römischen Generälen, die sich noch gegenseitig die Schuld zuschoben, und siegte zum zweiten Mal entscheidend bei Mugello in der Nähe von Florenz. Dann wandte er sich von dem in den Festungen Mittelitaliens eingeschlossenen Feind ab, marschierte so schnell wie möglich nach Süden und eroberte Benevent. Das nächste Ziel war Neapel. Wenn er die Stadt einnahm, konnte er die römischen Seewege nach Norden abschneiden. Und während die Armee vor Neapel lag, begann er, in den kleinen Häfen Kampaniens eine Flotte zu bauen.

7.2 Ausweglosigkeit überall

Berichte über diese Vorgänge gelangten nach Konstantinopel, während Justinian zwischen Leben und Tod schwebte, und auch noch während der folgenden langen Monate seiner Rekonvaleszenz. Es gab zwei Wege, die vielleicht zum Erfolg führten. Man konnte versuchen herauszufinden, zu welchen Mindestbedingungen Totila die kaiserliche Oberhoheit anerkennen würde, man konnte sie annehmen und sodann die verstreuten und gefährdeten Truppen zurückziehen. Oder man konnte die Verluste im Osten verringern und eine große Armee unter dem Oberkommando Belisars nach Italien schikken. Er war der einzige General, dessen Ansehen im Westen noch keinen Schaden erlitten hatte. Theodora wählte keine der beiden Möglichkeiten – wir müssen annehmen, daß die meisten Entscheidungen im Sommer und Herbst des Jahres 542 auf sie zurückgingen. Ihr Stolz erlaubte ihr nicht, Bedingungen mit einem Barbaren zu erörtern, den sie verachtete. Sie hatte zwar Belisar niemals gemocht, doch jetzt war sie regelrecht wütend auf ihn. Die schwere Krankheit des Kaisers hatte das Problem der Nachfolge in den Vordergrund gerückt, Justinian und Theodora hatten keinen Sohn. Des Kaisers engster Verwandter, Germanus, war Theodora verhaßt. Sie tat alles, um ihn im Hintergrund zu halten, und hatte sogar seine nun erwachsenen Kinder daran gehindert, sich zu verheiraten. Aber da der Tod des Kaisers nicht auszuschließen war, konnte die Frage nicht umgangen werden. Theodora und einige der wichtigsten Minister führten eine Reihe von Geheimverhandlungen. In der Zwischenzeit erörterten auch die Generäle im Osten das Problem. Im Laufe des Sommers erreichte Theodora eine vertrauliche Botschaft des Petrus, eines der Unterführer des Belisar. Belisar und sein Stellvertreter Buzes hatten zu erkennen gegeben, daß sie nach dem Tod Justinians keinen Nachfolger akzeptieren wollten, der in Konstantinopel zum Kaiser erhoben würde. Ob diese Botschaft in jeder Hinsicht ein getreues Abbild der Haltung Belisars war, werden wir nie erfahren. Er wußte, daß jeder Nachfolger nur ein Kandidat Theodoras hätte sein können, und ihrer Urteilskraft traute er nur wenig zu. Er mußte also selbst ein Zeichen setzen, sonst würden es andere tun. Unpolitisch wie er vielleicht war, verstand er dennoch sehr gut, daß die Erhebung eines Kaisers ohne die Zustimmung der wichtigsten Generäle den Bürgerkrieg bedeutete. Trotzdem war Theodora persönlich beleidigt. Sie bestellte Belisar und Buzes zu sich und gab ihnen den Abschied. Buzes warf sie sogar ins Gefängnis, aus dem er erst nach mehr als zwei Jahren von Justinian befreit wurde. Belisar war zu mächtig und zu beliebt, als daß man ihn so rücksichtslos hätte behandeln können. Aber Theodora konfiszierte einen großen Teil seines Privatvermögens und löste die *bucellarii* auf, seine bewaffnete Leibgarde. Sie waren das am besten ausgebildete Corps seines Heeres. Als Totila sich anschickte, in Italien das Werk von zehn Jahren zu vernichten, mußte sich der in Ungnade gefallene Belisar in Konstantinopel verstecken. Von seinen Freunden gemieden, bangte er täglich um sein Leben. Er wäre der einzige gewesen, der die römischen Truppen hätte sammeln, die Moral der Bürger wiederherstellen und den brillanten Gotenführer in offener Feldschlacht hätte schlagen können.

Als Justinian die Leitung des Staates wieder übernommen hatte, wurde Belisar rehabilitiert. Theodora legte Wert darauf, ihn wissen zu lassen, daß dies nur dank der Vermittlung seiner Frau Antonina geschehen war. Man schrieb das Jahr 543. Die Versöhnung wurde mit der Verlobung von Belisars und Antoninas einziger Tochter mit einem Enkel Theodoras besiegelt. Die Kaiserin hatte vor ihrer Verbindung mit Justinian eine Tochter und möglicherweise auch einen Sohn geboren.

Während Belisar noch auf seine Rehabilitierung wartete, hatte Justinian sich endlich dazu entschlossen, einen Oberbefehlshaber in Italien zu benennen. Seine Wahl fiel auf Maximinus, einen Zivilbeamten, dessen Unfähigkeit dazu führte, daß die neu aufgebaute Flotte der Goten einen Seesieg errang und den für die Garnison von Neapel bestimmten Nachschub wegnahm. Im Frühjahr 543 hatte sich die Stadt Totila ergeben. Der König wollte sich beliebt machen und behandelte die Einwohner mit beispielloser Großzügigkeit.

Etwas später im gleichen Jahr ging infolge eines Aufstands der Berberstämme ein großer Teil der Provinz Africa für die Römer verloren. Zum Glück liefen die Dinge im Osten besser. Viele armenische Führer schlossen Frieden mit Justinian, da sie das Anwachsen der persischen Macht befürchteten. Chosroes zog eine Armee an der Grenze zusammen, aber die angedrohte Invasion fand niemals statt. Die Furcht vor der Pest hinderte den Großkönig daran. Und bald zwang ihn eine Rebellion, die von seinem ältesten Sohn angeführt wurde, nach Ktesiphon zurückzukehren. Daraufhin beschloß Justinian trotz der bedrohlichen Situation im Westen, einen Feldzug gegen das persische Armenien zu beginnen. Ohne Zweifel hoffte er, die Friedensbedingungen mit Chosroes aus einer Position der Stärke heraus erörtern zu können und so seine Truppen für den Westen zur Verfügung zu haben. Die Armee, die über die Grenze marschierte, war weit größer als alles, was man jemals in Afrika oder Italien gesehen hatte. Sie bestand aus dreißigtausend Soldaten. Es war nicht Justinians Art, so viel in einen Feldzug zu investieren. Zunächst wurden die Soldaten von den christlichen Armeniern als Befreier willkommen geheißen. Aber das aufgeteilte Oberkommando führte zu den üblichen Ereignissen: Es gab keine Zusammenarbeit zwischen den einzelnen Heeresgruppen. Die Römer wurden von einer viel kleineren persischen Streitmacht empfindlich geschlagen und zogen sich fluchtartig zurück. Zum ersten Mal seit seiner Thronbesteigung sah sich Justinian an allen Fronten einem militärischen Desaster gegenüber. Er war nun über sechzig Jahre alt, und die Verwirklichung seines Traums von einem wiederhergestellten Reich schien in weite Ferne gerückt zu sein.

Das Frühjahr 544 begann schlimm. Nicht nur wurden die Römer in Afrika von den Berbern geschlagen. Auch der Oberbefehlshaber Solomon, ein zäher und zuverlässiger Offizier, der zehn Jahre zuvor mit Belisar nach Afrika gegangen war, fiel im Kampf. Justinian hatte anscheinend während dieser düsteren Jahre seinen Spürsinn bei der Auswahl von Mitarbeitern verloren. Er ersetzte Solomon durch dessen Neffen Sergius, einen unerfahrenen Mann, der sich obendrein als streitsüchtig und wenig kooperativ erwies. Im Laufe des Jahres fiel ein immer größerer Teil des römischen Afrika in die Hand der Rebellen. Ihnen schlossen sich meuternde römische Truppen an, deren Sold nicht ausbezahlt worden war.

7.3 Totila erobert Rom

Berichte über die Lage in Italien unmittelbar nach Totilas Einnahme von Neapel sind spärlich. Der Gotenkönig war sich einer breiten Unterstützung auf dem Land sicher und säuberte Mittelitalien von römischen Außenposten. Anscheinend war der törichte Maximinus abberufen worden, ebenso sein völlig ungeeigneter Finanzbeauftragter Alexander ›die Kneifzange‹. Aber man mußte noch mehr tun. Constantianus, der dienstälteste General in Italien, sandte Justinian einen kritischen Bericht, der von allen seinen Kollegen unterzeichnet war. Darin erklärten sie, daß sie mit den zur Verfügung stehenden Truppen Totila unmöglich schlagen könnten. Wahrscheinlich auf diese ernste Warnung hin sah sich Justinian veranlaßt, Belisar erneut zum Oberbefehlshaber in Italien zu ernennen. Was auch immer Justinian über Belisars Treue gedacht haben mag – er hätte kaum mehr Beweise dafür haben können –, Theodora mißtraute ihm. Er nahm keine Truppen aus der Hauptstadt mit, auch die Kriegskasse war nicht ausreichend gefüllt. Meist auf eigene Kosten hob er daher während des Sommers Truppen in seiner Heimat Thrakien aus. Im Spätherbst kam er auf dem Seeweg nach Italien und entsetzte die in der Stadt Otranto Belagerten. Kurz vor Jahresende segelte er nach Classis, dem Hafen von Ravenna. Inzwischen hatte Totila dem römischen Senat erneut eine Botschaft überbringen lassen, die ihn aufforderte, sich noch einmal mit ihm auf Gedeih und Verderb zu verbinden. Der römische Stadtkommandant Johannes, der Neffe Vitalians, verbot dem Senat zu antworten. Daraufhin tauchten auf den Straßen und öffentlichen Plätzen Roms plötzlich von Totila unterzeichnete Verlautbarungen auf, daß die Römer von den Goten nichts zu befürchten hätten. Offenbar gab es in der Stadt eine gut organisierte gotenfreundliche Partei. Der erschrockene Stadtkommandant konnte lediglich die arianische Geistlichkeit aus der Stadt verbannen, da man diese am meisten verdächtigte.

Zur gleichen Zeit fielen die Bulgaren wieder im Balkangebiet ein und machten zahlreiche Gefangene. Darunter waren auch Frauen und Familien der illyrischen Soldaten, die in Italien dienten. Viele Soldaten desertierten, als sie davon hörten, da sie in ihre Heimatdörfer zurückkehren wollten. Den Festungsbau konnte man kaum beschleunigen, denn es fehlten Pioniere und Maurer. Justinian forderte jedoch das slawische Volk der Anten auf, sich in der Nähe der Donaumündung anzusiedeln, um gegen die Bulgaren als Puffer zu dienen. Es war der alte römische Trick, aus Einbrechern Polizisten zu machen, denn die Anten selbst gehörten zu den Plünderern, die vom anderen Donauufer aus immer wieder in römisches Territorium eingefallen waren.

Die Kampftätigkeit des Jahres 544 begann mit einem persischen Angriff auf Edessa, die wichtigste Stadt in Nordmesopotamien. Einer der am besten gehüteten Schätze der Stadt war ein Brief, der angeblich von Christus an Abgar, den früheren König von Edessa, geschrieben worden war. Darin versprach er, daß die Stadt als Belohnung für ihren Glauben niemals von einem Feind erobert werden würde. Als Chosroes Edessa als Ziel wählte, mag er wohl den Propagandaeffekt bedacht haben, sollte sich dieses Versprechen als falsch erweisen. Wie auch die Bürger die angebliche Unbezwinglichkeit ihrer Stadt eingeschätzt haben mögen:

Martinus, der römische General, hatte die Stadtmauern in einen guten Verteidigungszustand versetzt. Und während der zweimonatigen Belagerungszeit reagierte er nicht gerade zaghaft auf jede Maßnahme der Perser. Wie so oft während der römisch-persischen Feindseligkeiten, zog sich Chosroes schließlich zurück, nachdem er fünfhundert Pfund Gold erhalten hatte. Beide Seiten waren nun bereit, die Friedensbedingungen zu diskutieren. Es gab ein zähes Feilschen, und der Vertrag wurde erst Anfang 545 unterzeichnet. Der Friede sollte fünf Jahre dauern und die tributpflichtigen arabischen Grenzstaaten mit einschließen. Diese unruhigen Fürstentümer konnten so die großen Mächte nicht weiter in ihre eigenen Streitereien verwickeln. Lazika blieb weiterhin strittig. Die Römer verpflichteten sich zur Zahlung von vierhundert Pfund Gold pro Jahr für den Unterhalt der imaginären Garnisonen im Kaukasus. Dabei sollte die Summe für den gesamten Zeitraum von fünf Jahren im voraus gezahlt werden.

Der Preis war hoch, aber Justinian hatte erreicht, daß der Druck auf die Ostgrenze nachließ und die Nordgrenze wenigstens zeitweise abgeschirmt war. Deren Bedeutung hatten offenbar weder er selbst noch seine Zeitgenossen richtig eingeschätzt. Er konnte sich nun aber dem Westen zuwenden und dort schrittweise den Schaden wieder gutmachen: es war höchste Zeit. Areobindus, ein Mann von altem Adel und mit Justinians Nichte Praejecta verheiratet, wurde zusammen mit Sergius nach Afrika geschickt. Er tat sein Bestes, aber da Sergius nur seinen eigenen Vorstellungen folgte, erlitten die Römer eine vernichtende Niederlage bei Thacia in Westtunesien. Daraufhin berief Justinian Sergius ab. Dem Areobindus machte eine Verschwörung seiner eigenen Offiziere zu schaffen. Gontharis, ein römischer General wandalischer Herkunft, hoffte, mit Hilfe der rebellischen Berber König eines unabhängigen Afrika zu werden. Eine Intrige folgte der anderen, bis sich schließlich Areobindus bereit erklärte, Gontharis zu treffen, nachdem ihm von Reparatus, dem Bischof von Karthago, sicheres Geleit zugesagt worden war. Der verschlagene Rebell empfing seinen Oberbefehlshaber mit allen Ehren, ließ ihn aber in der folgenden Nacht ermorden. Einige Wochen später lebte auch Gontharis nicht mehr, da er von einem anderen General bei einem Bankett erdolcht worden war. Dieser Offizier, Artabanus, hatte insgeheim Kontakt mit loyalen Truppen gehalten. Justinian ernannte ihn sofort zum *magister militum* in Afrika.

Bei seiner Ankunft in Ravenna ließ Belisar verkünden, die Goten sollten sich ihrem gesetzmäßigen Herrscher, dem Kaiser, unterwerfen – vergebens. In Mittelitalien eroberten sie nach und nach die von den Römern besetzten Festungen. Belisar sandte Johannes, den Neffen Vitalians, nach Konstantinopel, um Justinian dringend um Verstärkung und neue Geldmittel zu bitten. Johannes blieb monatelang in der Hauptstadt, wo er eine Tochter von Justinians Vetter Germanus heiratete. Dies tat er zum großen Kummer von Theodora, die bis dahin hatte verhindern können, daß sich die Kinder des Germanus verheirateten. Mittlerweile wartete Belisar in Dyrrhachium ungeduldig auf die Ankunft der neuen Truppen, die er auf dem Seeweg ins westliche Italien bringen wollte. Denn gegen Ende des Jahres 545 hatte Totila die römischen Garnisonen in seinem Rücken bezwungen und belagerte Rom.

Obgleich die kaiserlichen Truppen noch die Stadt Porto an der Tibermündung hielten, waren sie durch die gotische Armee von der Hauptstadt abgeschnitten. Die für Porto bestimmten Versorgungsschiffe mußten ein Spießrutenlaufen durch die gotische Flotte auf sich nehmen. Die Lage innerhalb der Mauern wurde sehr bald schlimm, da man die Rationen auf ein Minimum beschränkte. Der römische Oberbefehlshaber Bessas nutzte die Notlage aus, um sich die eigenen Taschen zu füllen. Bald war unter der hungernden Zivilbevölkerung die Bereitschaft groß, sich Totila zu ergeben. Der Diakon Pelagius – Papst Vigilius weilte in Sizilien – verwendete eigene Mittel und den Reichtum der Kirche dazu, die Leiden der Bürger zu mildern. Er begann sogar halboffizielle Verhandlungen mit Totila. Sein Ansehen in der Stadt und sein Einfluß in Konstantinopel waren so groß, daß Bessas es nicht wagte, sich mit ihm anzulegen. Rom zu verlieren, würde dem Prestige des Kaisers einen furchtbaren Schlag versetzen. Belisar war sich daher bewußt, daß es sein oberstes Ziel sein mußte, Rom zu retten. Zunächst plante er, mit der Hauptmacht seiner neuen Streitkräfte direkt nach Porto zu segeln und der Belagerungsarmee in den Rücken zu fallen. Aber als Johannes endlich ankam, bestand dieser darauf, daß man seine eigene Position stärke. Süditalien sollte Stück für Stück zurückerobert werden. Das Ergebnis war eine verhängnisvolle Spaltung der Streitkräfte. Belisar kam nach Porto mit einer der Streitmacht Totilas unterlegenen Armee, während Johannes im Süden die Zeit mit der Jagd auf versprengte Gotentrupps vertrödelte, anstatt so schnell wie möglich nach Rom zu marschieren. Es war der Hochsommer des Jahres 546. Belisar gab die Hoffnung auf, Hilfe von Johannes zu erhalten, und versuchte nun auf eigene Faust nach Rom durchzubrechen. Der Plan war wohldurchdacht: zweihundert Schiffe, mit Vorräten beladen und mit den besten Truppen an Bord, sollten flußaufwärts segeln. Gleichzeitig wollte Belisar den Rest seiner Truppe am südlichen Ufer entlang führen. Das erste Hindernis war eine Kette, die Totila quer über den Fluß als Barriere hatte legen lassen, das nächste eine Holzbrücke stromaufwärts, ein Stück davon entfernt. Bessas sollte den

Feind durch häufige Ausfälle binden. Isaak, der Stellvertreter Belisars, sollte mit Antonina in Porto bleiben und den Ort unter keinen Umständen verlassen. Bessas machte natürlich keinen Ausfall, da er mit dem einträglichen Lebensmittelhandel zu sehr beschäftigt war. Doch Belisar, der jeden taktischen Fehler der Goten nutzte, konnte die Kette entfernen und wollte gerade den Angriff auf die Brücke befehlen, das letzte Hindernis auf dem Weg zur Stadt, als er erfuhr, daß Isaak von den Goten gefangengenommen worden sei. So gab er sein Vorhaben auf und eilte zurück. Isaak, der genauso selbstherrlich war wie Bessas, hatte tatsächlich eine kleine gotische Abteilung in Ostia angegriffen und war in Gefangenschaft geraten. Roms Schicksal war besiegelt; die Stadt konnte zwar nicht gestürmt werden, aber die Hungersnot wirkte nachhaltiger als alle Waffen. Am 17. Dezember 546 öffneten einige Isauriersoldaten die Porta Asinaria, durch die Belisar fast auf den Tag genau neun Jahre zuvor die Ewige Stadt betreten hatte. Die Goten stürmten hinein, Bessas stahl sich mit seinen höheren Offizieren in der allgemeinen Verwirrung davon. Von der römischen Bevölkerung waren nicht mehr als fünfhundert Zivilisten übriggeblieben. Sie suchten in den Kirchen Schutz, bis es Totila gelungen war, seinen Soldaten Einhalt zu gebieten. Die Schätze der großen Senatorenpaläste und die riesige Geldsumme, die Bessas angehäuft hatte, fielen dem Gotenkönig anheim.

Als militärisches Angriffsziel war Rom ohne Bedeutung, aber gerade als Symbol des christlichen römischen Reiches, das Justinian wiederherstellen wollte, faszinierte Rom die Menschen. Als die Nachricht von der Einnahme durch Totila Konstantinopel in den ersten Tagen des Jahres 547 erreichte, breiteten sich bei Hofe Schwermut und Verzagtheit aus. Der Kaiser jedoch war nicht entmutigt. Er hatte endlich im Osten eine Einigung erzielt. Johannes Troglites, dem neuen Oberbefehlshaber in Afrika, gelang es, die Provinz allmählich zu befrieden. Er nahm Berberkrieger in römische Dienste und baute verschiedene große Forts, ähnlich mittelalterlichen Burgen. Darin konnten Garnisonen einquartiert werden, und die Bevölkerung hatte in schwierigen Zeiten einen Zufluchtsort. Und wenn man ihm nur Zeit ließ, würde es auch Belisar bald mit Totila aufnehmen können.

Der Gotenkönig hielt vor dem Rest des Senats eine flammende Rede, in der er ihm Undankbarkeit und Treulosigkeit vorwarf. Sofort danach sandte er den Diakon Pelagius und den römischen Rhetor

Theodorus zu Justinian nach Konstantinopel mit einem Brief folgenden Inhalts:

Da ich überzeugt bin, daß Du alles weißt, was sich in Rom ereignet hat, will ich es mit Stillschweigen übergehen. Weshalb ich aber diese Gesandten abgeschickt habe, sollst Du jetzt erfahren. Unser Wunsch ist, daß Du die Segnungen des Friedens anstreben und auch uns gewähren mögest. Wir erinnern Dich an die beispielhafte Politik Anastasius' und Theoderichs, die vor kurzer Zeit geherrscht und ihr ganzes Leben nur dem Frieden und seinen herrlichen Gütern geweiht haben. Wenn dies auch Dein Wunsch sein sollte, werde ich Dich als meinen Vater ansehen, und wir werden künftig Deine Bundesgenossen sein, gegen welchen Feind auch immer.[11]

Die Botschafter legten auch die Konsequenz von Totilas Vorschlägen dar. Sie hieß praktisch Rückkehr zum Status quo vor dem Krieg. Das hätte aber das militärische Scheitern der Reunionspolitik bedeutet. Justinian entließ die beiden Römer höflich und verwies sie weiter an den Generalbevollmächtigten Belisar, mit dem die Verhandlungen über Angelegenheiten in Italien geführt werden müßten.

Zu Beginn des gleichen Jahres erschien ein anderer Diplomat in Konstantinopel. Isdigusnas sollte Justinian die Empfehlungen seines Herrn Chosroes überbringen und eine Reihe von Fragen im Zusammenhang mit dem vor zwei Jahren zwischen Persien und dem Römerreich unterzeichneten Vertrag erörtern. Kostbare Geschenke wurden ausgetauscht, elegante Reden auf Griechisch und Mittelpersisch gehalten. Im Großen Palast folgte ein Bankett dem anderen. Beobachter bemerkten mit Erstaunen, daß während der zehn Monate, die Isdigusnas in Konstantinopel weilte, Geschenke im Wert von nicht weniger als tausend Pfund Gold an ihn und seinen König ausgegeben wurden, und dies zu einer Zeit, als Belisar wegen Geld- und Personalmangel in Italien buchstäblich zur Untätigkeit verdammt war.

Justinian war fest entschlossen, den Frieden im Osten zu fast jedem Preis zu erkaufen, nur damit er im Westen freie Hand hätte. Gemessen an den Zeitumständen war die Politik vernünftig. Trotzdem kritisierten ihn später Historiker, weil er durch die Vernachlässigung der Ostgrenze dem Verlust einer Reichshälfte an die Araber ein Jahrhundert später Vorschub leistete. Aber nicht die Perser eroberten Syrien, Palästina und Ägypten im siebten Jahrhundert.

Weder sie noch die Römer dachten jemals an eine radikale Grenzkorrektur. Da jedoch Römer wie Perser ihre Klientelfürstentümer in Mesopotamien und auf der arabischen Halbinsel mit Geld, Waffen und anderen Reichtümern überhäuften, halfen beide in gleicher Weise dazu, die Technik des Kriegshandwerks in der arabischen Welt zu verbreiten. Das Gelernte sollten die Nachfolger Mohammeds später mit verheerender Wirkung anwenden. Daß weder Justinian noch Chosroes diese Entwicklung vorhersahen, kann man ihnen wohl kaum anlasten. Bei Justinians Sinn für Tradition waren ihm ohne Zweifel diplomatische Verhandlungen mit Persien lieber als mit instabileren neuen Staatsgründungen. Die Römer hatten mehr als sechs Jahrhunderte lang mit den Parthern und ihren sassanidischen Nachfolgern als gleichberechtigte Partner verhandelt. Auch auf persischer Seite hatte man ein gutes Gedächtnis. So gingen die zehn Monate in einer Stimmung altertümelnder Vornehmheit vorüber.

Mit den zur Verfügung stehenden Mitteln tat Belisar sein Bestes. Was er leistete, war in der Tat hervorragend: Er bluffte und taktierte, und es gelang ihm, Rom den Goten wieder abzunehmen, ohne ihnen eine Chance zum Widerstand zu lassen. Totila hatte gedroht, die Mauern der Stadt zu schleifen, so wie er es bei kleineren Orten schon getan hatte. Belisar hatte ihn gewarnt. Durch eine solch frevlerische Tat würde er in der zivilisierten Welt zum Scheusal werden. Vielleicht war Totila beeindruckt. Jedenfalls hatte er Pelagius und Theodorus bereits nach Konstantinopel gesandt in der Hoffnung, Justinian den Frieden aufzwingen zu können. Er ließ vom schon begonnenen Werk der Zerstörung ab und ging nach Süditalien, um einige Städte zurückzuerobern, die in römische Hand gefallen waren.

So war Rom nach einigen Befestigungsarbeiten wieder verteidigungsfähig, als Belisar im April 547 dort einzog. Totila erkannte seinen Fehler und eilte zurück. Seine verlustreichen Versuche, die Stadt zu erstürmen, endeten kläglich. Er zog sich mit seiner Armee desillusioniert nach Tivoli zurück. Auch ein Angriff der Goten auf Perugia blieb erfolglos. Totila sah sich gezwungen, bald hierhin, bald dorthin zu marschieren, um der römischen Gefahr zu begegnen. Trotz zahlenmäßiger Unterlegenheit ging die Initiative allmählich wieder an Belisar über.

7.4 Theodoras Tod

Zu Anfang des Jahres 548 gab man sich in der Hauptstadt wieder optimistischer. Die schwerfälligen, aber gründlichen Maßnahmen des Johannes Troglites in Afrika trugen Früchte. Immer mehr Berberkrieger wurden der römischen Armee eingegliedert. Dies war die einzig mögliche Politik, um mit einigen tausend Römern eine kriegerische, volkreiche Provinz zu beherrschen. Das dichter werdende Netz der befestigten Stellungen machte den Rebellen zunehmend Schwierigkeiten. Im Sommer 548 verloren sie eine letzte blutige Schlacht bei Campi Catonis, in der Nähe der tunesischen Stadt El Djem. Danach gab es nur noch einige Widerstandsnester. Das Land litt während dieser Bürgerkriegsjahre furchtbar. Ein Großteil der städtischen und ländlichen Bevölkerung der Provinz Africa war nach Sizilien und anderswohin geflohen. Millionen von Olivenbäumen waren entwurzelt oder verbrannt. Und Olivenbäume brauchen dreißig Jahre, bis sie zum ersten Mal Früchte tragen. Nichtsdestoweniger ging der Wiederaufbau bemerkenswert schnell, Wirtschaft und Gesellschaft erholten sich rasch.

In Italien kamen weiterhin neue Truppen an, aber die Verstärkungen waren zu schwach und kamen zu spät. Belisar konnte nur von einem römischen Stützpunkt zum nächsten segeln und den Goten kleinere Gefechte liefern. Diese erfreuten sich immer noch der passiven Zustimmung – wenn auch nicht immer der aktiven Unterstützung – der Masse der Landbevölkerung. Dann mußte er nach Rom eilen, um mit einer peinlichen Situation fertig zu werden. Die Soldaten hatten ihren Kommandanten ermordet, der ähnlich wie Bessas bei dem allgemeinen Mangel auch noch in die eigene Tasche gewirtschaftet hatte. Dann sandten sie Justinian eine Botschaft und drohten, zu den Goten überzulaufen, wenn sie nicht den noch ausstehenden Sold erhielten und straffrei blieben. Dem Kaiser blieb nichts anderes übrig, als dem zuzustimmen. Belisar kümmerte sich nun persönlich um die Stadt, sorgte dafür, daß der Nachschub gut funktionierte. Auch ersetzte er einen großen Teil der unzufriedenen Garnison durch Soldaten aus Sizilien.

Er gab sich nicht der Illusion hin, in Italien große Fortschritte erzielen zu können. Justinian hatte Rom beinahe erneut verloren, und zwar an seine eigenen Truppen. Diese Demütigung, glaubte Belisar, würde Justinian seinen Bitten gegenüber aufgeschlossener machen. So entschloß er sich zum letzten Mal, mehr Truppen und Geld anzufordern, um Totila schlagen zu können. Seiner Frau Antonina übertrug er diese delikate Mission. Ihre lange Freundschaft mit Theodora würde sie in die Lage versetzen, aus jener Richtung Druck auf den Kaiser auszuüben.

Die Bitte erreichte Theodora nicht mehr. Denn am 28. Juni 548, noch bevor Antonina angekommen war, starb die Kaiserin an Krebs. Sie wurde mit dem ihrem Rang gemäßen Pomp in der Apostelkirche beerdigt. Justinian und Theodora hatten sie um 530 begonnen, zwei Jahre nach Theodoras Tod, am 28. Juni 550, wurde sie geweiht. Antonina sah, daß ihre Mission hoffnungslos war. Der gramgebeugte Kaiser war nicht in der Verfassung, größere politische Entscheidungen zu treffen. So bat sie um die Abberufung ihres Gemahls. In Lazika, das man im Friedensvertrag mit Persien ausgeklammert hatte, waren kurz zuvor wieder Feindseligkeiten ausgebrochen. Justinian plante, Belisar noch einmal an die Ostfront zu schicken. So verließ dieser im Spätherbst 548 Italien zum letzten Mal, obwohl er sein Vorhaben dort nicht hatte zu Ende bringen können.

Kein zeitgenössischer Historiker hat Justinians Reaktion auf den Tod Theodoras beschrieben. Man kann aber einiges aus einem späteren Ereignis schließen. Im Jahr 559 überschritten die Hunnen die Donau, fielen in Thrakien ein und gelangten bis auf fünfzig Kilometer vor Konstantinopel; Belisar wurde aus seinem Ruhesitz herbeizitiert. Schnell stellte er ein zusammengewürfeltes Bürgerheer auf. Alter und Müßiggang hatten seiner taktischen Begabung nichts anhaben können. Er überzeugte die Hunnen davon, daß seine erbärmliche Armee äußerst schlagkräftig sei. Überlistet und demoralisiert, erlitten sie eine Niederlage und ließen vierhundert Tote zurück. Inzwischen berief ihn Justinian ab, da er wegen Belisars neuer Ruhmestat eifersüchtig war, und übernahm das Kommando zum ersten und letzten Mal selbst. Es gab natürlich keine Schlacht. Diplomatie und Geldgeschenke regelten alles. Bald sah Justin, der Neffe des Kaisers, wie die Hunnen die Donau überquerten. Ihre Taschen waren gefüllt mit dem Lösegeld, das ihnen der Kaiser für die römischen Gefangenen gezahlt hatte. Am 11. August zog Justinian nach diesem merkwürdigen Sieg triumphierend in seine Stadt ein.

8 DIE BITTEREN FRÜCHTE DES SIEGES

Die Lage in Italien war äußerst kritisch, aber Justinian war nach Theodoras Tod 548 nicht fähig, geeignete Maßnahmen zu ergreifen. Belisar wurde zurückgerufen; man bestimmte keinen neuen Oberbefehlshaber. Im Frühsommer zogen die Slawen über die Donau und überfielen Illyrien. Sie nahmen einen Stützpunkt nach dem anderen ein, da niemand den Versuch machte, sie zu entsetzen, und stießen bis nach Dyrrhachium (Durazzo) vor. Von dort traten sie ungehindert den Rückweg an, reich mit Beute beladen und mit vielen Gefangenen, die für die Sklavenmärkte bestimmt waren. Die römische Armee, fünfzehntausend Mann stark, war ihnen in Illyrien immer dicht auf den Fersen. Man wagte jedoch nie, sei es aus Feigheit oder weil es keine klaren Befehle gab, den Feind anzugreifen. In Ägypten dauerte die Überschwemmung des Nils ungewöhnlich lange. Das reiche Deltagebiet blieb länger als sonst überflutet. Am Bosporus wurde ein Seeungeheuer – wahrscheinlich ein Killerwal – an Land gespült. Er hatte jahrelang die Fischer in Angst und Schrecken versetzt; es stellte sich heraus, daß er dreißig Ellen lang und zehn Ellen breit war. Viele kleinere Erdbeben in Konstantinopel und anderswo trugen zur allgemeinen Mißstimmung bei. Magier und Weltuntergangs-Propheten fanden bereitwillige Zuhörer. Bald mündete die allgemeine Unzufriedenheit des Volkes in politische Forderungen. Die Zirkusparteien inszenierten Aufstände in der Hauptstadt, die blutig unterdrückt werden mußten.

Nach Theodoras Tod wandte sich der Kaiser an zwei seiner bewährtesten Mitarbeiter mit der Bitte um Mithilfe, an seinen Vetter Germanus und an Belisar. Belisar wurde zum Heeresmeister im Osten ernannt, aber er blieb in der Hauptstadt und befehligte die kaiserliche Leibwache. Justinian behandelte ihn mit der äußersten Rücksicht und war offensichtlich darauf bedacht, ihn in Bereitschaft zu haben. Auf Befehl des Kaisers wurde eine vergoldete Statue des großen Marschalls auf einem der Plätze in Konstantinopel errichtet. Dies alles war vielleicht für Justinian und Belisar tröstlich, aber die einer Lösung harrenden militärischen Probleme blieben bestehen.

Durch den Tod Theodoras an die eigene Vergänglichkeit erinnert, hat sich Justinian damals wohl der Nachfolgefrage zugewandt. Er war sich seiner persönlichen Leistung viel zu sehr bewußt, um die Fortsetzung seines Werkes dem Zufall zu überlassen. Germanus war offensichtlich der geeignete Nachfolger; er war ein Mann mit langer militärischer Erfahrung, äußerst zuverlässig und beim Volk beliebt. Auch besaß er nicht den Ehrgeiz, möglichst rasch Nachfolger zu werden. Nach Theodoras Tod war auch ihre unversöhnliche Feindschaft ihm gegenüber nicht länger hinderlich. Wahrscheinlich wollte Justinian Germanus als Nachfolger Belisars in Italien berufen. Aber in der Zwischenzeit wurde eine merkwürdige Verschwörung aufgedeckt. Der armenische General Artabanus und ein anderer Armenier, Arsakes, machten in einer geheimen Unterredung mit Justin, dem älteren Sohn des Germanus, den jungen Mann darauf aufmerksam, daß Germanus und seine Familie in ungerechter Weise zurückgesetzt würden. Sie wiesen auch auf die Verstimmung hin, die durch die Teilung der Landgüter des Boraides, der auch ein Vetter des Kaisers war, entstanden war. Zuletzt schlugen sie vor, Justinian zu ermorden und Germanus zum Nachfolger zu machen. Justin protestierte geistesgegenwärtig und ließ erkennen, daß weder er noch sein Vater mit dem Vorhaben etwas zu tun haben wollten, und informierte Germanus sofort. Dieser befand sich in einem Dilemma: Das Vorhaben Justinian zu eröffnen oder es zu vertuschen konnte gleichermaßen gefährlich werden. Er beschloß, den *comes excubitorum* Marcellus ins Vertrauen zu ziehen, einen Palastoffizier von grimmig entschlossenem Charakter, aber unbestrittener Redlichkeit. Marcellus vereinbarte ein Treffen zwischen Germanus und einem der Verschwörer; Leontius, ein hervorragender Rechtsgelehrter, lauschte hinter einem Vorhang. Der Armenier wiederholte den Plan, Justinian und Belisar zu ermorden, und fügte der Reihe der möglichen Opfer auch Marcellus hinzu. Inzwischen hatte Germanus vorsorglich auch zwei höhere Offiziere über alles informiert. Ein Prozeß vor dem Senat wegen Hochverrats war die Folge. Germanus und Justin wurden dank der Zeugenaussagen des Marcellus, des

Leontius und der beiden Offiziere für unschuldig erklärt. Doch wenige Tage später machte Justinian im Kronrat seinem Vetter heftige Vorwürfe, daß er ihn nicht sofort über die Verschwörung in Kenntnis gesetzt habe. Die Verschwörer wurden mit äußerster Nachsicht behandelt. Artabanus verlor lediglich seinen Kommandoposten und blieb unter Hausarrest in seinem Palast in der Hauptstadt. Noch vor Jahresfrist erhielt er ein wichtiges Militärkommando in Sizilien.

So jedenfalls liest sich die offizielle Version dieser Ereignisse. Was sich tatsächlich ereignet hat, werden wir nie erfahren, da alle Beteiligten mit größtmöglicher Sorgfalt ihre Spuren zu verwischen suchten. Für Justinian war es jedoch ein weiterer Schlag; sein Vertrauen in Germanus war erschüttert.

8.1 Sieg in Italien

Als im Frühjahr 549 die Zeit der Feldzüge wieder begann, gab es in Italien immer noch kein einheitliches Kommando, auch fehlten klare Anweisungen aus Konstantinopel. Die gotische Flotte verwüstete die Küstenstädte Dalmatiens und bedrohte damit Justinians Seeherrschaft, ohne die sein Mittelmeerreich ein unerfüllbarer Traum bleiben mußte. Im Frühsommer marschierte Totila erneut mit seiner Armee nach Rom. In der Stadt lagen dreitausend Elitesoldaten unter Diogenes, einem erfahrenen Offizier, der lange unter Belisar gedient hatte. Die Mauern waren wieder in gutem Zustand, doch die Goten hatten selbst unter den römischen Soldaten Agenten. Am 16. Januar 550 öffneten einige verräterische Isaurier die Porta Ostiense nahe bei der großen Kirche S. Paolo fuori le Mura, und die Goten stürmten hinein. Der größte Teil der Garnison wurde getötet, die Überlebenden zwang man, in gotische Dienste zu treten. Diogenes und einigen seiner Offiziere gelang es, im Schutz der Winternacht Civitavecchia zu erreichen, die einzige nahegelegene Festung, die noch in römischer Hand war.

Bei der früheren Einnahme Roms war Totila als Eroberer gekommen, so wie Alarich und Geiserich im fünften Jahrhundert. Diesmal gab er sich als rechtmäßiger Herrscher, so stark vertraute er auf sein Glück. Die flüchtigen Einwohner der Ewigen Stadt suchte man in ganz Italien und überredete sie, zurückzukehren. Senatoren, die sich auf ihren Ländereien in Kampanien versteckt hielten, konnten wieder nach Rom kommen. Zum ersten Mal fühlten sich Goten hier wieder sicher. Im Sommer 550 konnte Totila genügend Wagenlenker und andere geschickte Artisten für die Rennen im Circus Maximus gewinnen, und als er dabei den Vorsitz übernahm, bedeutete dies eine eindeutige Bestätigung seiner Macht. Justinian war zu sensibel, um sich dadurch nicht aufs äußerste verletzt zu fühlen. Als Totila eine Gesandtschaft nach Konstantinopel schickte und Friedensbedingungen vorschlug, die ihm die Stellung Theoderichs verschafft hätten, weigerte sich der Kaiser, sie zu empfangen. Ein Kompromiß war unmöglich. Totilas Antwort auf diese Abfuhr war die Invasion Siziliens im gleichen Jahr. Trotz der Erfolge seiner Flotte war der Gotenkönig zu sehr Realist, um die Insel auf Dauer halten zu wollen. Nach seinem Rückzug Ende 550 war jedoch nicht nur seine Kriegskasse prall gefüllt, er hatte auch dem römischen Prestige einen Schlag versetzt, der im ganzen Mittelmeerraum unüberhörbar war. Außerdem hatte er Justinian persönlich gekränkt. Denn dem Erlaß

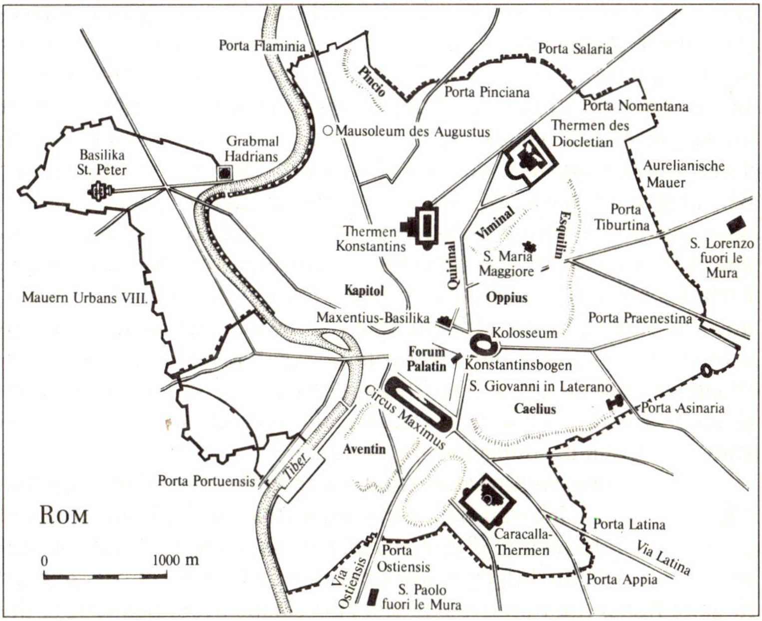

zufolge, der die Angelegenheiten Siziliens nach der Einnahme durch Belisar regelte, sollte die Insel mit ihren Einkünften dem kaiserlichen Vermögen zugeschlagen werden. Die Verwaltung Siziliens sollte also dem Kaiser direkt unterstehen, unter Ausschluß der Prätorianerpräfektur.

Es war eher die Nachricht von der Invasion Siziliens als die von der Einnahme Roms, welche Justinian schließlich zum Handeln zwang. Im Sommer 550 ernannte er Germanus zum Oberbefehlshaber in Italien und versprach ihm mehr Truppen und mehr Geld als Belisar je hatte. Gleichzeitig verheiratete er ihn in zweiter Ehe mit der gotischen Prinzessin Matasuntha, der Witwe des Königs Witigis und Enkelin Theoderichs. Die politische Bedeutung seiner Ehe und des Kommandos blieben den Zeitgenossen nicht verborgen. Matasunthas Abstammung aus der alten Königsfamilie der Amaler würde ihr zu weitgehender Unterstützung bei den Goten, insbesondere beim Adel, verhelfen. Germanus selbst war dem römischen Adel im Osten und im Westen genehm. Die römischen Senatoren des Westens waren zwar Totila kaum geneigt, aber doch weit entfernt davon, begeisterte Untertanen Konstantinopels zu werden. Sie hatten ihre Gepflogenheiten, und es war ihnen klar, daß sie im fernen Konstantinopel nicht als wirksame Lobby auftreten konnten. Obgleich es nirgends einen konkreten Hinweis auf Justinians Absichten gibt, kann man wohl annehmen, daß er hoffte, das Weströmische Reich möglichst unter Germanus als jüngerem Mitkaiser und designiertem Nachfolger neu erstehen zu lassen. In diesem erneuerten Westreich sollten sich Römer und Goten wieder vertragen. Italien war sowieso ohne die gotische Armee nicht gegen Franken, Alamannen und Langobarden zu verteidigen. Die Zeitgenossen sahen in dem noch ungeborenen Kind des Germanus und der Matasuntha ein Unterpfand für die unverbrüchliche Freundschaft zwischen beiden Völkern.

Justinian gewährte Germanus jede erdenkliche Unterstützung. Aus seinem Vermögen finanzierte er auch Söldner von jenseits der Donau, um die kaiserliche Armee zu verstärken. Der General war bei den Soldaten beliebt, beim Volk überall populär. Die Kunde von seiner Berufung, seiner Heirat und den militärischen Vorbereitungen machte die Goten höchst unsicher, was auch beabsichtigt war. Bei den isolierten römischen Garnisonen und der römischen Besatzung in Ravenna glaubte man zu erkennen, daß sich nun das Blatt wendete. Die neue Streitmacht wurde in Illyricum konzentriert und sollte auf dem Landweg von Nordosten her nach Italien ziehen. Ein neuer Slaweneinfall bis vor Naissus (Niš) verzögerte den Abmarsch. Germanus war jedoch so bekannt und die Erinnerung an die Niederlage, die er etwa fünfundzwanzig Jahre zuvor dem Nachbarvolk der Anten beigebracht hatte, noch so frisch, daß die Slawen sich rasch nach Dalmatien zurückzogen, ohne daß es zur Schlacht kam. Da aber geschah das Unerwartete: An einem Herbsttag erkrankte Germanus und starb kurz darauf zu Serdica (Sofia) in seinem Hauptquartier. Sein und Matasunthas Sohn, der das Einvernehmen zwischen Goten und Römern symbolisieren sollte, erblickte erst nach dem Tod des Vaters das Licht der Welt. Es sollte keinen Westkaiser und keinen designierten Nachfolger für Justinian geben.

Die beabsichtigte politische Lösung mußte man nun verschieben, doch das militärische Problem drängte. Justinian blieb bei seinem Entschluß, das gotische Königreich zu zertrümmern und die gotische Armee zu vernichten. Der Mann, der im Frühjahr 551 zum Befehlshaber im Westen ernannt und in beispielloser Weise mit Truppen und Geld unterstützt wurde, war der Eunuch Narses, der *praepositus sacri cubiculi* Justinians. Obwohl schon über siebzig, war er scharfsinnig, resolut und ein Mann von sicherer Urteilskraft wie eh und je. Seine militärische Erfahrung war sicher nicht groß. Mit Belisar hatte er kurze Zeit den Oberbefehl in Italien, doch war er eng befreundet mit Johannes, dem Neffen Vitalians, einem der erfahrensten Offiziere im Westen. Auf dessen Rat konnte er sich in technischen Fragen verlassen. Das Kriegshandwerk hatte er eifrig studiert, und vor allem genoß er seit zwanzig Jahren das Vertrauen Justinians und Theodoras. Nächst dem Kaiser und Belisar stand er im höchsten Ansehen. Da er Eunuch war, kam er auch nicht als Kandidat für den Purpur in Betracht. Eine merkwürdige Wahl also; sie machte die anderen Generäle betroffen, doch es war eine kluge Wahl. Justinian wußte, daß die römische Herrschaft in Italien nicht alleine durch glänzende taktische Siege gesichert werden konnte, solange Totila die massive Unterstützung der Landbevölkerung und der ärmeren Schichten in den Städten erhielt. Allein die totale Vernichtung der gotischen Armee konnte zum Erfolg führen, der Tod der gesamten männlichen Bevölkerung im wehrpflichtigen Alter, soweit sie nicht bereit war, in römische Dienste zu treten. Das Reich hatte die Mittel dazu, man mußte sie nur zur rechten Zeit am rechten Ort konzentrieren. Es war also eher ein logistisches, kein taktisches Problem, und hier hatte Narses Erfahrung wie sonst keiner. Daß er sich als guter Kommandant im Feld erwies, war zufällig und erleichterte die Sache. Im Frühjahr 551 verließ Narses Konstantinopel. Ohne Zweifel hatte er die Wintermonate mit strategischen Überlegungen verbracht. Narses hatte schon früher bewiesen, daß er sich nicht scheute, dem Kaiser gegenüber seine Meinung zu äußern. So bestand er auch diesmal auf der Erfüllung seiner Forderungen, was Soldaten, Schiffe, Ausrüstung und Geld betraf. Während des Sommers inspizierte er die militärischen Einrichtungen in Thrakien und Illyrien und erreichte erst im Herbst sein Hauptquartier Salonae (Solin bei Split). Totila erkannte, daß er nun die geballte Heeresmacht Roms spüren sollte, versuchte aber, die Situation mit der bekannten großartigen Planungsarbeit zu meistern. Er nahm Civitavecchia ein und ließ Ancona belagern, wobei eine Flotte von vierzig Schiffen den Hafen vom Meer her blockieren sollte. Außerdem befahl er dem gotischen Hauptgeschwader, das nun über dreihundert Fahrzeuge zählte, nach Korfu und dem benachbarten Festland zu segeln und die römischen Versorgungsschiffe, die zu den Stützpunkten in Dalmatien fuhren, zu irritieren. Jedoch vernichtete ein rascher Vorstoß über die Adria im Sommer 551 unter Johannes, dem Neffen Vitalians, die ostgotische Flotte bei Ancona. Die Belagerungsarmee zog sich daraufhin zurück. Weitblickende Gotenführer wie Totila sahen in dieser Niederlage den Anfang vom Ende, doch ihre Entschlußkraft erlahmte keineswegs.

Im Herbst 551 gelang es einer gotischen Flotte, die überraschten römischen Garnisonen aus Korsika und Sardinien hinauszuwerfen; sie standen fortan unter dem Kommando des Johannes Troglites in Afrika. Zur gleichen Zeit begann die Belagerung von Kroton in Kalabrien, des letzten römischen Marinestützpunkts in jener Gegend. Es ist immer schwierig, die Vorhaben der Verlierer in einem Krieg zu erfahren. Es gibt auch kaum Nachrichten über die Einzelheiten der militärischen Operationen in Italien zu jener Zeit, da Prokop, der zuverlässigste Berichterstatter, den Kriegsschauplatz zusammen mit Belisar verließ. Aber es ist offensichtlich, daß Totila die Seeherrschaft der Goten in den westlichen Gewässern zu festigen suchte, als seine Stellung in der Adria drastisch geschwächt worden war. Zu dieser Hypothese paßt die Tatsache, daß er in wichtigen sizilischen Häfen Besatzungen zurückließ, als die Goten die Insel räumten. Das Mittelmeer zerfällt in zwei deutlich erkennbare Hälften, und schon häufiger hatten zwei Mächte ihre Interessensphären dort abgegrenzt. Ob Totilas Orientierung nach Westen auf die Suche nach Bündnispartnern ausgerichtet war, ist kaum feststellbar. Sie wären leicht zu finden gewesen; die Westgoten in Spanien z.B. waren durch die römischen Garnisonen südlich der Straße von Gibraltar tief beunruhigt. Der dauernde Streit innerhalb des westgotischen Königshauses hätte einer Intervention von außen genügend Vorschub geleistet. Was auch immer Totilas Langzeitpläne gewesen sein mögen – alles was man über diesen Mann weiß, erhärtet die Überzeugung, daß er tatsächlich Langzeitpläne hatte –, sie gingen nie in Erfüllung.

Narses verließ im April 552 Salonae an der Spitze einer Armee von mindestens dreißigtausend Mann. In Istrien und Venetien befand sich eine fränkische Armee, die von dem Durcheinander in Italien zu profitieren suchte. Totilas General Teia hatte die Deiche des Po und seiner Nebenflüsse durchbrochen und machte so die norditalische Ebene von Verona bis zum Meer unpassierbar. Narses wurde dieser Schwierigkeiten Herr, indem er an der Küste entlang marschierte und Pontonbrücken über die Mündungsarme des Flusses errichten ließ. Am 6. Juni zog er in Ravenna ein. Er brachte genügend Geld mit, um der römischen Armee in Italien den überfälligen Sold auszuzahlen. Mit einer Verspätung von nur neun Tagen machte er sich wieder auf den Weg nach Süden. Vergeblich versuchte die gotische Garnison in Rimini, ihn aufzuhalten. Die römische Armee marschierte westwärts, überquerte ohne Probleme den Apennin und durchzog auf der Via Flaminia die Toscana. Totila marschierte gleichzeitig gemeinsam mit Teias Korps von Rom aus die gleiche Straße nordwärts. Ende Juni stießen die beiden Armeen bei Busta Gallorum aufeinander, wo die Römer 295 v. Chr. einen großen Sieg über die Gallier errungen hatten. Es war das erste und letzte große Infanteriegefecht des Krieges. Narses schätzte die Fußtruppen sehr, entgegen der allgemeinen Meinung der Spätantike, der sich auch Belisar anschloß. Er ließ sogar einen großen Teil seiner Kavallerie zu Fuß kämpfen, während seine hervorragend trainierten Bogenschützen für Deckung sorgten. Die Goten besaßen ebenfalls Bogenschützen, aber sie waren in ihrer Zielgenauigkeit und Schnelligkeit den Römern unterlegen. Totila befahl ihnen schließlich, die Bogen wegzuwerfen und mit den Speeren zu kämpfen. Die Goten erlitten die größeren Verluste, der Kampf ging verloren. Sechstausend fielen auf dem Schlachtfeld, viele kamen während der anschließenden Verfolgung ums Leben. Totila wurde schwer verwundet und starb wenige Stunden später im Dorf Caprara.

Der Krieg war entschieden. Macht und Mittel des Reiches waren endlich in Italien konzentriert worden. Alle Hoffnung der Goten auf ein günstiges Übereinkommen war dahin. Gerade weil ein Kompromiß nun nicht mehr in Frage kam, kämpften sie mit dem Mut der Verzweiflung weiter. Die überlebenden Gotenführer versammelten sich in Pavia und wählten Teia zum König. Mittlerweile marschierte Narses weiter südwärts, nahm die gotischen Stützpunkte Perugia und Narni ein und erstürmte Rom. In Süditalien standen immer noch beträchtliche Streitkräfte der Goten. Römische Senatoren, die in Kampanien Zuflucht gesucht hatten, versuchten nun, nach Rom zurückzukehren, da fiel ein Detachement der Goten über sie her und metzelte sie nieder. Als Narses mit seinem Marsch durch Italien begann, hatte Totila die Honoratioren in den Städten gezwungen, ihre Söhne als Geiseln ins gotische Hauptquartier zu schicken. Jetzt ließ Teia diese jungen Männer töten. Den ostgotischen Königsschatz hatte Totila im gut bewachten Cumae deponiert. Cumae war Narses' nächstes Angriffsziel; er begann mit der Belagerung der verteidigungsbereiten Stadt. Teia wollte versuchen, den Goten, die unter dem Oberbefehl seines Bruders Aligern standen, zu Hilfe zu kommen. In Gewaltmärschen durch den hohen Apennin gelang es ihm, der römischen Armee auszuweichen, als sie seinen Weg nach Süden zu blockieren suchte. Im Frühherbst lag er am Südhang des Vesuv in Stellung, unweit von den Ruinen Pompejis. So hatte er Zugang zum Meer und zur gotischen Flotte, die weiterhin von den Stützpunkten in Kalabrien und Sardinien aus aktiv war. Er hoffte wahrscheinlich, Cumae vom Meer her entsetzen zu können. Doch rechnete er nicht mit Narses, der sofort mit der Masse seines Heeres zum Vesuv marschierte und den Goten gegenüber ein Lager aufschlug, nur durch die Schlucht eines Wildbaches, des Dracon, von ihnen getrennt. Zwei Monate lang standen sich die beiden Armeen gegenüber, während Narses wartete, daß sein Plan aufging. Die Goten erhielten

Nachschub vom Meer her, ihre Verteidigungsposition war stark. Narses hatte jedoch die römische Adria-Flotte herbeordert. Als sie endlich an der kampanischen Küste erschien, ergab sich der gotische Admiral, eingedenk der vernichtenden Niederlage, die er im Jahr zuvor erlitten hatte. Vom Nachschub abgeschnitten und ständig der demoralisierenden Wirkung der Belagerungsmaschinen ausgesetzt, die Narses auf hohen Holztürmen jenseits der Schlucht postiert hatte, konnten sie nicht länger Widerstand leisten. Sie zogen wenige Kilometer weiter südlich zum Mons Lactarius, wo ihre Stellung durch steile Klippen geschützt und buchstäblich unangreifbar war, doch sie hatten nichts mehr zu essen. Die Römer schlossen sie ein, und so warteten die Goten einige Tage, bis sie am 30. Oktober den Ring der Belagerungsarmee in einem verzweifelten Ausbruchsversuch zu durchbrechen suchten. Im Nahkampf war Teia inmitten seiner Soldaten in vorderster Linie zu finden, er fiel nach kurzer Zeit. Die Römer spießten sein Haupt auf einen Speer in der Hoffnung, die Goten zur Aufgabe bewegen zu können, doch diese Hoffnung war vergeblich. Den ganzen Tag über ging das erbarmungslose Schlachten weiter, bis die Dunkelheit beiden Seiten Einhalt gebot. Am nächsten Morgen begann der Kampf von neuem. Gegen Abend waren die noch überlebenden Goten zu Verhandlungen mit Narses bereit, und es kam zu einem Waffenstillstand. Nach einer Quelle durften sie ihre bewegliche Habe mitnehmen und sich irgendwo außerhalb des römischen Territoriums ansiedeln. Eine andere Quelle berichtet, daß sie in Frieden nach Hause zurückkehren konnten. Das alles spielte kaum eine Rolle mehr, denn sie waren jetzt nicht mehr gefährlich. Die Masse der Krieger und nahezu alle Anführer waren gefallen. Das Königreich der Ostgoten hatte aufgehört zu existieren.

Was zu tun blieb, waren Säuberungsaktionen von geringem Interesse. Nach und nach wurden die vereinzelten gotischen Besatzungen in Mittelitalien und Ligurien durch Verluste oder Hunger zur Aufgabe gezwungen. Compsa, die letzte gotische Bastion südlich des Po, hielt bis zum Frühjahr 555 aus, Verona und Brescia sogar noch länger.

Erst am 20. Juli 561 nahm Narses das letzte gotische Bollwerk Verona ein. Die Schlüssel der Stadt sandte er an Justinian als Zeichen dafür, daß ganz Italien von der Straße von Messina bis zu den Alpen nun wieder zum Imperium Romanum gehörte.

*

Während Italien langsam erobert und befriedet wurde, wandte Justinian seine Aufmerksamkeit dem westlichsten barbarischen Königreich auf römischem Boden zu, dem Reich der Westgoten in Spanien. Die Westgoten waren Arianer wie die Wandalen und Ostgoten. Die Beziehungen zwischen der herrschenden Minderheit der Goten – nur sie durften Waffen tragen – und der römischen Bevölkerung waren im ganzen freundschaftlich. Trotzdem gab es Reibereien, die die Regierung in Konstantinopel ausnutzen konnte.

Der schnelle Erfolg Belisars in Afrika hatte die Westgoten aufs äußerste beunruhigt. Ihr König Theudis gab sich alle Mühe, den Römern keinen Kriegsgrund zu liefern; die Hilferufe der Wandalen stießen bei ihm auf taube Ohren. Als zusätzliche Vorsichtsmaßnahme besetzte er anscheinend auch die wandalische Festung Septem (Ceuta) jenseits der Straße von Gibraltar. Ohne Zweifel war es Belisars Absicht, diese westgotische Besatzung zu vertreiben. Deshalb entsandte er 534 Truppen von Karthago nach Septem. Von einer Flotte unterstützt, setzte sich die römische Streitmacht dort fest. Zu diesem Zeitpunkt hatten die Westgoten keine Illusionen mehr über die Absichten des Kaisers.

Im westlichen Mittelmeergebiet herrschte dreizehn Jahre lang Friede, doch die Lage blieb gespannt. Um 547 stand es schlecht um die römische Sache. Den größten Teil Italiens beherrschte Totila. In Afrika wütete ein großer Berberaufstand. Da entschloß sich König Theudis, mittlerweile ein alter Mann, die römische Garnison aus Septem zu vertreiben, um so problemlos die Straße von Gibraltar kontrollieren zu können. Seine Truppen setzten über und begannen mit der Belagerung der Stadt. Johannes Troglites, der römische Oberbefehlshaber in Afrika, hatte klare Anweisung, Septem unter allen Umständen zu halten. So schwierig seine Lage auch war, konnte er doch eine beachtliche Streitmacht einschiffen, um der belagerten Festung zu Hilfe zu eilen. Es gelang, die westgotische Armee zu überfallen und sie entscheidend zu schlagen. Die überraschende Niederlage wird in westgotischen Zeugnissen damit begründet, daß der römische Angriff sonntags stattfand, als die frommen Westgoten zur Kirche gingen. Die herrschenden westgotischen Kreise waren verwirrt und bestürzt. Vor Jahresfrist wurde König Theudis ermordet, etwas später ereilte seinen Nachfolger Theudegisel dasselbe Schicksal.

Justinian unterstützte in einem Bürgerkrieg lieber die eine Seite, als einen Angriffskrieg zu führen. Römische Bevollmächtigte waren daher zwischen Spanien und den Stützpunkten in Septem und auf den Balearen unterwegs, um den Boden vorzubereiten. Bald ergab sich die Gelegenheit, auf die der Kaiser wartete. Im Jahr 551 erhob sich Athanagild, ein Mitglied der westgotischen Königsfamilie, gegen König Agila, den Nachfolger Theudegisels, und rief Justinian um Hilfe. Ungefähr zur gleichen Zeit erhoben sich die römischen Einwohner Cordobas gegen Agila und besiegten die Armee, die er gegen sie gesandt hatte. Justinian reagierte rasch. Trotz seiner militärischen Verpflichtungen in Italien sandte er im Frühjahr 552 eine kleine Streitmacht nach Spanien, um Athanagild und die Bürger von Cordoba zu unterstützen. Ihr Befehlshaber, ein Weströmer namens Liberius, mindestens fünfundachtzig Jahre alt, war bereits unter Theoderich Prätorianerpräfekt in Italien gewesen, ebenso fünfundzwanzig Jahre lang Gouverneur in Südgallien, als es noch Provinz des ostgotischen Königreichs war. Vor kurzem hatte er das Kommando gegen Totila in Sizilien innegehabt, war also nicht der forsche junge Führer einer vergeblichen Hoffnung, sondern ein erfahrener Fachmann. Insbesondere hatte er wohl während der Jahre in Gallien nahe der Grenze zum westgotischen Spanien wertvolle Kontakte geknüpft.

Justinian rechnete eher mit einem politischen als mit einem militärischen Sieg. Die westgotische Armee, zwischen Agila und Athanagild hin- und hergerissen, hat anscheinend nur wenig Widerstand geleistet. Die kaiserlichen Truppen besetzten rasch das Gebiet zwischen dem Meer und einer von den Flüssen Segura und Guadalquivir bezeichneten Linie sowie den Brückenkopf Cordoba. Agila versuchte, die Truppen des Liberius und des Athanagild durch einen Gegenangriff auf Sevilla einzukreisen, wurde aber leicht zurückgeschlagen. Agila fiel im Frühjahr 555 einem Mordanschlag seiner Soldaten zum Opfer, die zu Athanagild überliefen. Eine Zeitlang sah es so aus, als ob Justinian Spanien fast ohne Kampf erobert hätte. Doch Athanagild war nicht bereit, nur Marionette des Kaisers zu sein. Auf jeden Fall konnte er mit der Loyalität seiner Leute nur dann rechnen, wenn er selbst unabhängig blieb. So dankte er dem römischen Befehlshaber und bat ihn, seine Truppen zurückzuziehen, da er sie nicht mehr benötige. Da sie zahlenmäßig unterlegen waren und lange, unsichere Verbindungslinien zu unterhalten hatten, mußten die Römer ein größeres, schon erobertes Gebiet aufgeben. Aber noch lange nach Justinians Tod unterhielt das Reich einen Stützpunkt in Spanien. Die Grenzen der Provinz sind nicht exakt feststellbar. Sie umfaßte die Städte Assidona (Medina Sidonia), Seguntia (Gisgonza), Malaga, Basti (Baza), Cartagena und Cordoba, vielleicht auch noch einen Landstreifen an der Algarveküste in Südportugal. Auf jeden Fall erstreckte sich Justinians Herrschaftsgebiet nun bis zum Atlantik. Die zivile Verwaltung unterstand der Prätorianerpräfektur von Afrika, das Militär stand unter dem Befehl eines eigenen Heeresmeisters in Spanien, der dem Kaiser direkt verantwortlich war. Der Guadalquivir sollte nur vorläufige Waffenstillstandslinie sein. Denn das vorrangige Ziel war die Zerstörung der Zentren der ostgotischen Macht, eine Aufgabe, die Narses auch zielstrebig und beharrlich zu Ende führte.

*

Unsere Erzählung reichte bis ins Jahr 561, um einen zusammenhängenden Überblick über die Wiedereroberung Italiens zu geben, den Eckpfeiler in Justinians Regierungsprogramm. Jetzt wollen wir in die Jahre nach 540 zurückkehren und andere Aspekte des Reichsaufbaus erörtern.

Als Totila im Jahr 546 gegen die Stadttore Roms schlug und die Frucht des zehnjährigen Krieges verloren schien, wurde die Kirche von S. Vitale in Ravenna vollendet. Justinian sah die neue Kirche als Symbol seines Anspruchs auf die alleinige legitime Herrschaft in Italien: Er war der Mann, dessen Händen Gott das christliche Reich anvertraut hatte. Man schickte Künstler aus Konstantinopel, die Mosaikporträts von Justinian und Theodora in der Apsis der neuen Kirche anfertigen sollten; Porträts, die durch ihre Pracht alles übertreffen würden, womit Theoderich seine Stadt geschmückt hatte. Symbolhaft sollten sie aller Welt zeigen, daß Justinian und seine Gemahlin die Auserwählten des Herrn seien: Die Porträts sind heute noch zu sehen und beeindruckend wie am Tag der ersten Enthüllung. Sie geben uns eine gewisse Vorstellung von der Kunst einer Weltstadt im Zeitalter Justinians, einer Kunst, von der uns nach Jahrhunderten der Kriege, Erdbeben und Plünderungen nur so wenige Beispiele erhalten sind. Solche Mosaiken waren besonders gefährdet, da sie winzige Körnchen Gold enthielten.

Auf der einen Seite der Apsis ist Justinian dargestellt, wie er der Kirche sein Opfer bringt, auf der anderen Seite Theodora. Zur Linken Justinians steht Erzbischof Maximian, rechts von Justinian ein Mann mit langem Schnauzbart inmitten von Würdenträgern, es ist wahrscheinlich Belisar. Wer die anderen sind, weiß man nicht, aber es sind sicher Porträts bestimmter Personen, keine konventionellen Typen. Hinter dem Kaiser und seinen Würdenträgern sieht man vier Mitglieder der Palastwache, die Speere rechts geschultert. Ein sichtbares Schild trägt das Chi-Rho-Christusmonogramm. Der Kaiser ist mit einer Purpurchlamys gekleidet, die auf der rechten Schulter durch eine riesige juwelenbesetzte Brosche gehalten wird. Er trägt ein Diadem aus Edelsteinen, von dem auf beiden Seiten zwei große Perlen herabhängen. Die juwelenbesetzten Purpurschuhe an seinen Füßen gehörten zu den kaiserlichen Insignien. Er trägt eine große goldene Patene, ein Nimbus umgibt sein Haupt. Die Würdenträger sind in weiße Gewänder gekleidet, was den Unterschied zwischen dem Kaiser und seiner Umgebung noch mehr betont.

Auf dem Mosaik gegenüber trägt Theodora, die alle überragende Gestalt, eine lange Purpurrobe über einem weißen Gewand mit einem breiten Brokatsaum. Auf dem Saum sind die Heiligen Drei Könige aufgestickt, die dem Christuskind ihre Gaben darbringen; ein Thema, das dem des Mosaiks entspricht. Die Kaiserin trägt ein kunstvolles Diadem, von dem vier Perlenketten herabhängen, außerdem türkisfarbene Ohrringe, einen rechteckigen Anhänger aus Gold und Malachit und eine Halskette aus bläulichen Steinen. Die Schuhe sind mit Juwelen besetzt, ihr Haupt umgibt ein Nimbus. Sie trägt einen juwelenbesetzten Goldkelch, und zu ihrer Rechten stehen zwei bartlose männliche Gestalten, wahrscheinlich Eunuchen, die Diener für ihr Schlafgemach. Über weißen Tuniken trägt der eine einen weißen, der andere einen gelben Umhang. Zu ihrer Linken erscheinen sieben weibliche Figuren, zweifellos Hofdamen. Alle sind reich gekleidet, in lange brokat- und juwelenbesetzte Gewänder, und tragen Stolen in verschiedenen Farben. Ganz links auf dem Mosaik ist ein kunstvoller Marmortaufstein zu sehen, darüber sitzt eine Taube mit ausgebreiteten Schwingen. Ein gestickter Vorhang vor – oder hinter (es ist keine echte Perspektive vorhanden) – dem Taufstein wird vom rechten Arm eines Eunuchen aufgehalten.

Alle Figuren sind unnatürlich gestreckt und merkwürdig zweidimensional. Ihre Körper sind dem Innenraum zugewandt, obwohl sie sich über die Fläche des Mosaiks bewegen sollen. Sie haben auch keine Verbindung mit dem Hintergrund. Bei dem Mosaik Justinians ist er eine glatte goldene Fläche, die oben von einem Muster aus grünen Rauten mit Pflanzenmotiven in einer Ecke abgeschlossen wird. Der Hintergrund auf Theodoras Mosaik ist abwechslungsreicher. Hinter der Kaiserin ist eine goldene Apsis mit einer Wölbung in verschiedenen Grüntönen erkennbar, die auf zwei Säulen mit dorischen Kapitellen ruht. Den Hintergrund des Taufsteins bildet eine rechtekkige Nische, die Hofdamen bewegen sich auf einer goldenen Fläche, die von rot-weiß-blauem Gehänge begrenzt wird.

Der unglaubliche Reichtum der Farben, die priesterlichen Gestalten aus einer anderen Welt und die religiöse Bedeutung der Darstellung sollten dem Betrachter die Autorität und Macht der Hauptfiguren im Diesseits und Jenseits vor Augen führen. Sie sind ein hervorragendes Beispiel der Selbstdarstellung, die Justinian in Italien zu jener düsteren Zeit, als so viele seiner Pläne zerstört schienen, verbreitet wissen wollte. Der Kaiser hatte seine Ansprüche als Herrscher der *Oikumene* keinesfalls aufgegeben.

Man kann sich fragen, ob man in den Porträts Justinian und Theodora wiedererkennen kann. Im Altertum war die lebensechte Darstellung auf Kaiserporträts nicht erforderlich – so wenig wie heutzutage bei königlichen Porträts auf Münzen oder Briefmarken. Theodora, damals etwa fünfzig Jahre alt und vielleicht schon kränklich, wurde ohne Zweifel jünger dargestellt, als sie tatsächlich war. Justinians Antlitz ist blasser, als Beschreibungen dies von ihm erwarten lassen. Der Künstler verwendete keinerlei Rot, wie es auf den Wangen des Erzbischofs Maximian und bei anderen Gestalten erscheint. Betrachtet man jedoch die Komposition als Ganzes, auch die recht individuellen Gesichter, bestehen zweifellos Ähnlichkeiten mit Justinian und Theodora. Es sind wohl nicht nur konventionelle Herrscherdarstellungen, wenn auch Idealisierungen erkennbar bleiben. Man werfe nur einmal einen Blick auf die lange Reihe von Märtyrern über der Kolonnade des Innenraums von S. Apollinare Nuovo in Ravenna, einer Kirche, die fast zur gleichen Zeit erbaut wurde. Der Unterschied wird sofort deutlich, denn dort ist die Darstellung konventionell typisiert. Hier in der Apsis von San Vitale haben wir demnach die besterhaltenen Porträts von Justinian und Theodora vor uns.

Die nahe Kirche S. Apollinare Nuovo war von Theoderich für den arianischen Kultus erbaut worden. Gegen Ende der Regierungszeit Justinians wurde sie durch Erzbischof Agnellus (533–566) als katholische Kirche neu geweiht. Agnellus ließ zwei Mosaiken an der Fassade anbringen, die Justinian und ihn selbst darstellen. Das Porträt Justinians blieb, wenn auch beschädigt, erhalten. Es zeigt ein viel breiteres, gröberes Antlitz und ist dem in S. Vitale ganz unähnlich. Kürzlich wurde überzeugend dargelegt, daß es ursprünglich ein Porträt Theoderichs war, und daß Agnellus nur einige Züge und die Inschrift ändern ließ. Träfe das zu, wäre es interessant zu erfahren, was sich die in Ravenna lebenden Goten dachten, als sie das durch die byzantinische Propaganda so grob entstellte Porträt ihres großen Königs betrachteten.

9 KAISER UND PAPST

Obwohl er bei passender Gelegenheit immer beteuerte, daß Kaiser und Patriarch jeweils für den eigenen Bereich zuständig seien, gab es für Justinian in der Praxis keine klare Trennung zwischen Kirche und Staat. Er trug Verantwortung für den wahren Glauben aller seiner Untertanen. Die Geschichte der Kirche seit dem Zeitalter Konstantins ließ erkennen, daß eine einheitliche Lehrmeinung nicht durch staatliche Zwangsmaßnahmen zustande kommen konnte, jedenfalls nicht allein durch sie. Und obgleich Justinian seiner Veranlagung nach eher Autokrat war, zog er die Überredungskunst der Brachialgewalt vor.

Die wichtigste religionspolitische Streitfrage seiner Regierungszeit betraf die Natur Christi. Vereinigte er unauflösbar die göttliche und die menschliche Natur in seiner Person, so wie das ökumenische Konzil von Chalcedon im Jahr 451 entschieden hatte, oder dominierte seine göttliche Natur so sehr, daß er eigentlich mehr Gott als Mensch war, wie es die Monophysiten lehrten? Das Problem bot Anlaß zu heftigen politischen Kontroversen. Aus bestimmten Gründen, die vielleicht tief in der Kulturgeschichte des Mittelmeerraumes wurzeln, neigten die südöstlichen Provinzen des Reiches, Ägypten, Syrien und Palästina, zum monophysitischen Glauben. In Ägypten war das flache Land mit Ausnahme der Griechenstadt Alexandria fest in der Hand der Monophysiten. Die monophysitische Kirchenorganisation, deren Liturgie und Literatur sich der koptischen Volkssprache bediente, bot die Grundlage für nationalistische und separatistische Strömungen innerhalb einer zahlenmäßig bedeutsamen, aktiven Bevölkerungsgruppe, die nur oberflächlich hellenisiert war. In Syrien und Palästina waren die Verhältnisse nicht ganz so klar, doch deutete eine umfangreiche monophysitische Literatur in syrischer Sprache auch dort auf ein kulturelles Bewußtsein hin, das leicht separatistische Züge annehmen konnte. Das Endziel mußte sein, die Monophysiten von ihrer falschen Lehre abzubringen und die Orthodoxie im Osten durchzusetzen. Bis es soweit war, mußte man die Bevölkerung jener Provinzen schonen, um sie dem Reich nicht noch mehr zu entfremden. Daher sah sich Justinian infolge der realen Verhältnisse gezwungen, teils staatlichen Druck und gelegentliche punktuelle Verfolgungen, teils aber auch Konzessionen an die Monophysiten zu befürworten, solange sie dem Grundprinzip seiner Politik nicht widersprachen. Bei dieser delikaten Aufgabe half ihm Theodoras aufrichtige, doch etwas gefühlsbeladene Sympathie für die Monophysiten. Das Kaiserpaar konnte mit zwei Zungen reden: Die Strenge der offiziellen Politik Justinians wurde durch das Intrigenspiel seiner Gemahlin oftmals abgemildert.

Man vermied weitestgehend die direkte Einflußnahme auf Ägypten. Solange die Ägypter ihre Steuern zahlten und das Getreide für die Hauptstadt zu niedrigen Preisen lieferten, konnten sie unbehelligt ihrem Häretikerdasein frönen.

Mit Syrien stand es anders. Da die Provinz an der Grenze zu Persien lag, war sie strategisch äußerst wichtig. Auch ging sie nahtlos über in das kleinasiatische Kernland des Reiches. Die Syrer waren ein energischer, unternehmender Menschenschlag, im Reich spielten sie eine bedeutende Rolle. Im Blick auf Syrien vor allem verfolgte Justinian daher eine Politik der sorgfältigen Balance. Die Kaiserin unterstützte ihn bisweilen ohne Skrupel und voller Leidenschaft, oft aber vereitelte sie auch seine Pläne.

*

Das allein wäre schwierig genug gewesen, doch auch der Westen hatte sein Problem. Die monophysitische Lehre stand in der lateinischen Reichshälfte niemals zur Diskussion, denn die Mehrheit der römischen Bevölkerung folgte hier der Lehre von Chalcedon. Die gotischen Herren waren Arianer, gehörten also einer anderen häretischen Sekte an, die im vierten Jahrhundert entstanden war und zur Zeit Justinians im Reich praktisch jede Bedeutung verloren hatte. Wenn der Kaiser die verlorenen Westprovinzen nicht nur erobern, sondern auch behalten wollte, mußte er als strenger Befürworter der Orthodoxie auftreten. Vor allem mußte er sich die Unterstützung der römischen Kirche sichern. Da das Kaisertum im Westen erloschen war, hatte sie eine Macht und eine Unabhängigkeit erlangt, wie man sie im griechischen Osten nicht kannte.

Wenn er also wegen seiner Konzessionen an die Monophysiten offensichtlich von der Linie der römischen Kirche abwich, würde der Gedanke einer Restauration des römischen Reiches im Westen schnell an Glaubwürdigkeit verlieren – nicht allein in Italien, dem primären Schauplatz seines Vorhabens, sondern auch in Afrika, im westgotischen Spanien, wo Justinian ebenfalls Fuß fassen wollte, und im merowingischen Gallien, wo er Verbündete gegen die häretischen Goten zu finden hoffte. Das Problem, dem er sich gegenübersah, bestand demnach nicht nur darin, den offenen Bruch zwischen dem monophysitischen Osten und der orthodoxen Führung in Konstantinopel zu vermeiden; auch die Verbindung des Ostens zum römischen Papst durfte nicht abreißen. Die Aufgabe zwang zu flexiblem Reagieren und erforderte das ganze diplomatische Geschick Justinians. Vor allem war Geduld nötig, und mit zunehmendem Alter wird es oft schwieriger, sich in Geduld zu üben.

Um das Jahr 542 spielten die Monophysiten außerhalb Ägyptens offenbar keine Rolle mehr; dies ist als Ergebnis einer Politik zu werten, die das Problem teils äußerst hart, teils mit Nachsicht anging. Die Oberschicht der Städte war durchweg orthodox gesinnt. Monophysitische Bischöfe, vom Kaiser und vom Patriarchen hart bedrängt, traten zurück oder gingen in die Verbannung; starben sie, blieb der Bischofsstuhl unbesetzt. Justinian konnte davon ausgehen, daß zu seinen Lebzeiten der monophysitische Glaube außerhalb Ägyptens zu einer bloßen historischen Kuriosität verkümmern würde und damit auch Spannungen zwischen ihm und dem Papst ein Ende hätten. Inzwischen erwiesen sich Theodoras Sympathien für die Monophysiten als nützliches Sicherheitsventil. Im Kloster des Großen Palastes, das in ihrer Obhut stand und von Justinian häufig besucht wurde, verlebten viele bedeutende Monophysiten in Ehren ihren Ruhestand, die sonst wohl aktiv in die Auseinandersetzungen in Syrien eingegriffen hätten.

Im Jahr 543 jedoch weihte der im Exil weilende monophysitische Patriarch von Alexandria einen gewissen Jakob Baradai zum Bischof von Edessa. Dieser war ein fanatischer Mönch aus Mesopotamien, der syrisch sprach. Jakob rechnete wohl nicht damit, in Edessa Fuß fassen zu können, doch vom Standpunkt der Monophysiten aus lohnte sich der Anspruch. Theodora hatte ihre Hand mit im Spiel, denn Harith-ibn-Gabala, der monophysitische König des arabischen Klientelstaates der Ghassaniden, hatte sie gebeten, die Ordination eines monophysitischen Bischofs für sein Volk zu ermöglichen. Da man auf das Wohlwollen des Königs angewiesen war, drückten die staatlichen Behörden beide Augen zu, als Theodosius Jakob Baradai ordinierte. Bald sollten sie ihre Großzügigkeit bereuen. Jakob war ein Vertreter der strengen Askese, was ihm die Bewunderung und Verehrung der unterdrückten syrischen Bauern eintrug. Er offenbarte darüber hinaus ein Talent, die Untergrundarbeit zu organisieren, was ihn zum idealen Führer einer nun entstehenden Widerstandsbewegung machte. Der unbedingten Treue seiner einfachen Gefolgsleute sicher, reiste er blitzschnell von Stadt zu Stadt, von Provinz zu Provinz, erweckte die totgeglaubte monophysitische Lehre wieder zum Leben, organisierte die Hierarchie der Monophysiten von Grund auf neu und demonstrierte damit die Machtlosigkeit der staatlichen Verwaltung, mit einer Idee fertig zu werden, die organisatorisch gut abgestützt war. Jakob blieb bis zu seinem Tod aktiv. Seine Tätigkeit erstreckte sich nicht nur über ganz Syrien, sondern auch über Kleinasien und nach Ägypten hinein. Er kam sogar nach Konstantinopel und ordinierte dort zwölf Bischöfe. Alles in allem ordinierte er etwa dreißig Bischöfe, daneben etwa tausend Priester und Diakone. Überall fühlte sich die orthodoxe Hierarchie herausgefordert, überall nahm das Selbstbewußtsein der Monophysiten zu. Zoilus, der orthodoxe Patriarch von Alexandria, mußte im Jahr 546 die Stadt fluchtartig verlassen, als ein Aufruhr nur mit Mühe von der Armee unterdrückt werden konnte. Seine Nachfolger wurden in eine ganze Reihe von Finanzskandalen hineingezogen. Das alles stärkte die Position der Monophysiten.

Das Wiederaufleben der monophysitischen Lehre zu einem Zeitpunkt, als es um die kaiserlichen Armeen in Italien nicht gut stand, brachte Justinian in große Verlegenheit: Mit der Unternehmung im Westen wollte er sich als Werkzeug Gottes herausstellen, doch der Westen mußte glauben, daß er mit einer abscheulichen Irrlehre gemeinsame Sache machte.

Im Jahr 543 verbrachte er viel Zeit damit zu überlegen, wie man sich mit den abtrünnigen Monophysiten einigen könnte, ohne im Westen das Gesicht zu verlieren. Theodor Askidas, Metropolitanbischof von Caesarea und wichtigster religionspolitischer Berater des Kaisers zu jener Zeit, schlug, ehrgeizig und intrigant wie er war, einen Ausweg vor: Man sollte formell die Lehre des Nestorius verurteilen, denn sie sei für beide Parteien untragbar. Nestorius hatte im fünften Jahrhundert gelehrt, daß Christus dem Wesen nach ein Mensch war, in dem Gott nur gewohnt habe. Seine Lehre war in den persischen Christengemeinden und östlich davon weit verbreitet, im römischen Reich jedoch kaum. Aufgrund eingehender Erörterung mit Askidas veröffentlichte Justinian um die Jahreswende 543/544 ein Edikt, das Person und Werk des Theodor von Mopsuestia, dazu einige Schriften des Theodoret von Kyros und des Ibas von Edessa verurteilte. Diese Theologen des frühen fünften Jahrhunderts hatten Lehren verbreitet, die man im Lichte späterer Ereignisse als nestorianisch ansehen konnte. Hier, so glaubte der Kaiser, seien sich alle Christen von Alexandria bis Rom einig. Denn nichts schweißt die Menschen so zusammen wie ein gemeinsamer Feind.

Die Monophysiten reagierten kühl. Nicht die Verurteilung der Lehre des Nestorius war ihr Anliegen, sondern die Verurteilung der chalcedonischen Doktrin. Im griechischen Osten stimmten neben Menas, dem Patriarchen von Konstantinopel, auch die meisten anderen Kirchenführer zu, nachdem man das Terrain wohlüberlegt mit Drohungen und Begünstigungen vorbereitet hatte. Im Westen dagegen, wo man Nestorius kaum kannte, geschweige denn sich mit seiner Lehre auseinandersetzte, kam es zu einem Sturm der Entrüstung. Der Kaiser war dabei, selbstherrlich über die Lehre von Chalcedon hinauszugehen und der verhaßten ägyptischen Häresie Konzessionen zu machen. Der *apocrisiarius* Stephanus, Legat des Papstes Vigilius in Konstantinopel, exkommunizierte den Patriarchen Menas, ein deutliches Zeichen der Haltung des Papstes in dieser Angelegenheit.

Wegen der Lage in Italien, wo der schon fast geschlagene Totila von Sieg zu Sieg eilte, und in Afrika, wo Solomon gerade mit der Befriedung des Landes begonnen hatte, war die Unterstützung des Papstes und der Westkirche für Justinian besonders dringlich. Es war nicht der Augenblick, gegenüber dem Papst die volle kaiserliche Autorität auszuspielen. So wurde Vigilius 544 und Anfang 545 sehr respektvoll behandelt, ja es schien so, als wolle man seine oppositionelle Haltung in der Frage der *Drei Kapitel*, wie man die beanstandeten Werke der drei Theologen später bezeichnete, geflissentlich übersehen. In Konstantinopel gab es auch andere Probleme. Der Versuch, das römische Osterdatum statt des alexandrinischen verbindlich zu machen, führte zu einem einwöchigen Streik der Metzger vor der Fastenzeit – eine deftige Warnung für Justinian, daß ihn die romfreundliche Politik teuer zu stehen kommen könnte.

Im Herbst des Jahres 545 schickte sich Totila an, Rom zu belagern. Justinian hatte nicht die Absicht, ihm den Papst als wertvolle Geisel zu überlassen. Zugleich ergab sich die gute Gelegenheit, den widerspenstigen Kirchenfürsten in Gewahrsam zu nehmen. Am 22. November 545 kam ein Offizier der kaiserlichen Garde mit einer Abteilung der *excubitores* in Rom an. Vigilius wurde während eines Gottesdienstes ergriffen und auf ein bereitstehendes Schiff gebracht, das alsbald den Tiber hinab nach Porto fuhr. Nach der Überlieferung soll es Theodora gewesen sein, die Justinian diese Radikallösung vorschlug, doch ist dies nicht belegt. Dem Papst kam die ›Gefangennahme‹ sehr gelegen, denn er wollte in Totilas Händen nicht zur Trumpfkarte werden. Auch in der Frage der *Drei Kapitel* glaubte er, seine Position wahren zu können.

Einige Zeit hielt man ihn sozusagen als Vorzugsgefangenen in Sizilien fest, und am 25. Januar 547 kam er in Konstantinopel an, wo Justinian ihn am Hafen begrüßte. Die Szene war zweifellos bewegend, doch sogleich nach dem offiziellen Willkommens-Ritual setzte Justinian seinen hohen Gast unter Druck, er solle die *Drei Kapitel* ebenfalls verurteilen. Vigilius war persönlich kaum an den drei angeblich nestorianischen Theologen des Ostens interessiert, hatte auch deren Schriften wohl kaum gelesen. Er befand sich in einem Dilemma: Verurteilte er die *Drei Kapitel*, riskierte er, die Unterstützung des Klerus im Westen zu verlieren, worauf er angewiesen war. Verweigerte er die Unterschrift, bekäme er Schwierigkeiten mit dem Kaiser in dessen Hauptstadt. Noch gefährlicher erschien es, sich bei Theodora unbeliebt zu machen, die ihn ja gefördert hatte. Schwankend wie er war, gab er Justinians Druck bald nach. Am 29. Juni 547 kam es zur formalen Versöhnung mit seinem Kollegen in Konstantinopel, Menas. Am gleichen Tag noch übergab er Justinian und Theodora ein eigenhändig unterschriebenes Schriftstück, das die *Drei Kapitel* verurteilte. Das Dokument sollte so lange geheim bleiben, bis Vigilius die Lehren der drei Abweichler durch eine Untersuchungskommission hatte prüfen lassen; zunächst erlitt das Ansehen des Papstes im Westen daher keinen Schaden. Das Ergebnis der Untersuchung war aber offensichtlich im voraus klar. Siebzig Bischöfe, meist aus dem Westen, die Justinians Edikt nicht gutgeheißen hatten, lud man daraufhin zu einer Synode ein. Sie verlief glatt, bis auf der dritten Sitzung der Bischof von Hermiane in Afrika, der gelehrte Theologe Facundus, beweisen konnte, daß das Konzil von Chalcedon genau den Brief des Ibas von Edessa gebilligt hatte, welchen Justinian jetzt als häretisch verdammte. Vigilius lag sehr daran, auch öffentliche Unterstützung für seine insgeheim geäußerte Meinung zu erhalten. Er schloß daher eilig die Versammlung und kündigte eine spätere schriftliche Abstimmung an. Bis dahin bearbeiteten kaiserliche Agenten mittels Bedrohung oder Bestechung diejenigen Bischöfe, deren man sich nicht sicher war, und zwar mit Erfolg. Facundus war vielleicht der einzige, der für die *Drei Kapitel* stimmte. Am 11. April 548 veröffentlichte Papst Vigilius das *Judicatum*, der Adressat war Patriarch Menas. Das Dokument verurteilte ohne Umschweife die *Drei Kapitel* und erklärte, um den Papst vor den Angriffen des Facundus in Schutz zu nehmen, daß man unmißverständlich die Lehren des Konzils von Chalcedon unterstütze.

Sollte Justinian der Meinung gewesen sein, daß nun endlich die langersehnte Einheit der Kirche Realität sei, wurde er bald enttäuscht. Wer von den Bischöfen des Westens Justinians direktem Zugriff entzogen war, billigte das *Judicatum* des Vigilius keineswegs. Da Theodora kurz darauf starb, zögerten sie noch weniger, öffentlich Widerstand zu leisten. Denn die Kaiserin hatte viel skrupelloser als ihr Gemahl Zwangsmittel gegenüber obstinaten Klerikern eingesetzt. Wegen der Kriegsereignisse waren in Italien viele Bischofssitze verwaist, es gab hier kaum Widerstand gegen Vigilius. Die dalmatinische Kirche jedoch lehnte das *Judicatum* ab. Aus Dakien erhielt Justinian ein Schreiben, das die *Drei Kapitel* verteidigte; der eigene Primas wurde wegen seiner Nachgiebigkeit für abgesetzt erklärt. In Gallien – eine Region, die religionspolitisch gesehen dem Papst unterstand, doch nicht Reichsgebiet war – verlangte man von Vigilius eine Erklärung. Die afrikanische Gesamtsynode beschloß, den Kontakt zum Papst so lange zu unterbrechen, bis dieser das *Judicatum* zurückziehe. Im Verlauf des Jahres 549 lehnte man im Westen das *Judicatum* immer entschiedener ab, selbst in Konstantinopel fand sich die Opposition im Untergrund und wurde propagandistisch tätig. Jetzt erkannte Justinian endlich, daß sein Vorgehen nicht die gewünschte Wirkung bei den Monophysiten zeigte, daß er aber die Anhänger von Chalcedon ethnisch und geographisch in zwei feindliche Lager spaltete. Widerstrebend verfolgte er vorerst den Plan eines ökumenischen Konzils nicht weiter, das die *Drei Kapitel* anhand des päpstlichen *Judicatum* verurteilen sollte. Das Original des *Judicatum* erhielt Vigilius im August 550 zurück. Doch mußte der bedauernswerte Papst feierlich einen geheimen Eid schwören und schriftlich fixieren, daß er alles tun werde, um die Verurteilung der *Drei Kapitel* zu erreichen.

*

Hätte Justinian im Jahr 550 den *Drei-Kapitel*-Streit als schweren Fehler erkannt, wäre wohl eine gewisse Einigkeit in Religionsfragen möglich gewesen; einige unterschiedliche Positionen wären mit gegenseitiger Zustimmung dann nicht weiter erörtert worden. Doch seine Flexibilität wurde mit zunehmendem Alter geringer, ohne daß er seine zielstrebige Beharrlichkeit aufgegeben hätte. Theodoras Tod erschütterte ihn tief und isolierte ihn von seiner Umwelt. Darüber hinaus gelangte er mehr und mehr zu der Überzeugung, er sei ein besserer Theologe als die Kirchenführer und habe deren Haus in Ordnung zu bringen. Bald siebzig Jahre alt, wandte er sich unter Anleitung von Theodor Askidas verstärkt theologischen Studien zu. Das wichtigste Ergebnis war eine lange Abhandlung zur Dogmatik, die mit einer Verurteilung der *Drei Kapitel* schloß. Überzeugt davon, daß sich niemand der Klarheit seiner Argumentation entziehen könne, entschloß sich der Kaiser, die Kirche vor vollendete Tatsachen zu stellen. Bestärkt wurde er durch den Mißerfolg des hin- und herschwankenden Vigilius, seinen Eid in die Tat umzusetzen – er war damals völlig unter den Einfluß des römischen Diakons Pelagius geraten. Im Juli 551 veröffentlichte Justinian seinen dogmatischen Essay auf Anraten von Askidas als rechtsverbindliches kaiserliches Edikt. Jedes künftige ökumenische Konzil konnte es nur noch formal bestätigen.

Es war ein großer Fehlgriff. Alle, die nach Justinians Wunsch getrennt werden sollten, schlossen sich nun zusammen; wer sich gegenüber den Einheitsbestrebungen aufgeschlossen gezeigt hatte, wurde desavouiert. Damals, als die Loyalität der römischen Bevölkerung Italiens dringend erwünscht war, kam die mißglückte Intervention des kaiserlichen Theologen ausgerechnet Totila und jenen weströmischen Kreisen zugute, die noch von einem unabhängigen weströmisch-gotischen Reich träumten. Vigilius ersuchte auf Betreiben des westlichen Klerus in Konstantinopel Theodor Askidas, er möge auf Justinian einwirken, damit dieser das neue Edikt zurückziehe; es sei mit den chalcedonischen Beschlüssen unvereinbar. Das Edikt bedeutete übrigens einen Bruch der Vereinbarung zwischen Kaiser und Papst vom August 550. Weder Askidas noch Justinian kümmerten sich um Vigilius' Protest, so daß sich der Papst gezwungen sah, die Beziehungen zu den griechischen Kirchenführern abzubrechen, um wenigstens die Unterstützung der Westbischöfe nicht zu verlieren. In solchen Dingen ließ Justinian nicht mit sich spaßen. Vigilius, der bisher im Palast der Placidia, dem Amtssitz des päpstlichen *apocrisiarius* in Konstantinopel, unbehelligt gewohnt hatte, entschloß sich nun, in die Basilika St. Peter auszuweichen, wo er sich sicherer wähnte. Dort entwarf er am 14. August ein Schriftstück, worin er die formelle Exkommunikation des Patriarchen Menas und dessen Geistlichkeit kundtat; es war von ihm selbst und einem Dutzend anderer Bischöfe des Westens unterzeichnet. Da er Justinian nicht allzu sehr provozieren wollte, zögerte er zunächst mit der Veröffentlichung des Schriftstückes.

Doch der Kaiser wertete die Geste nicht allein als Ausdruck politischer Opposition, sondern als persönliche Beleidigung, denn Vigilius hatte seine klar verständliche Darlegung des Sachverhalts zurückgewiesen. Zornentbrannt suchte er die gewaltsame Lösung: Eine Abteilung der Palastwache unter dem *praetor populi* Comitas Dupondiaristes, Vorsteher des Amtes für öffentliche Ordnung, marschierte zur Kirche, um den Papst und die abtrünnigen afrikanischen Bischöfe zu verhaften. Es kam zu einem Handgemenge, bei dem mehrere Bischöfe verletzt wurden. Der höchst ungeschickt vorgehende Polizeioffizier befahl sodann seinen Leuten, Vigilius vom Altar wegzuzerren, an dem er sich festhielt. Sie ergriffen Beine und Bart des Papstes, doch er umklammerte den Altar noch fester, bis dieser umstürzte und ihn fast zermalmte. Inzwischen war es zu einem Volksauflauf gekommen; lautes Geschrei der Menge, das Wehklagen der Bischöfe und die Befehle des nervösen Prätors beherrschten die tumultartige Szene. Bald verloren seine Leute den

Mut, einige weigerten sich sogar, sich an dem unwürdigen Geschäft weiter zu beteiligen. Der Prätor zog seine Mannschaft eilig zurück, und der Papst mit seinen Geistlichen, übel mitgenommen, doch unbesiegt, blieben im Besitz der Kirche.

Am folgenden Tag machte sich eine Gruppe hoher Würdenträger auf den Weg nach St. Peter – die Vornehmsten waren Belisar, der *princeps senatus* des römischen Senats Cethegus, der *magister officiorum* Peter Patricius, auch Justinians Neffe Justin. Sie schworen in des Kaisers Namen einen feierlichen Eid, daß Vigilius unbehelligt bliebe, wenn er zu seinem offiziellen Wohnsitz zurückkehren würde. Der Papst tat dies sofort, doch erkannte er bald, daß er sich jetzt praktisch unter Hausarrest befand. Justinians Rückzug war taktischer Art gewesen, seine Vorhaben hatte er aber keineswegs aufgegeben.

Nach wenigen Monaten glaubte sich Vigilius in den Augen des westlichen Klerus kompromittiert. Da er auf dessen Loyalität angewiesen war, versuchte er den Wachen in der Dunkelheit zu entkommen und floh in der Nacht zum 24. Dezember 551 über den Bosporus hinüber nach Chalcedon in die Kirche S. Euphemia, wo hundert Jahre zuvor das Konzil zu Chalcedon getagt hatte. Die Flucht des Papstes war bedeutsam, denn er wollte damit diejenigen, die die *Drei Kapitel* verurteilten, als Feinde der chalcedonischen Lehre bloßstellen.

Wieder wurden Belisar und andere Würdenträger entsandt, um Vigilius des kaiserlichen Wohlwollens zu versichern. Wenig später kam auch noch ein Referendar nach Chalcedon, der eine persönliche Botschaft des Kaisers überbrachte. Vigilius aber hatte seine Lektion gelernt und weigerte sich nachzugeben. Das alles wurde bekannt; das Volk wallfahrtete nun regelrecht zum Wohnsitz des widerspenstigen Kirchenfürsten. Anfang Februar 552 berichtete er in einem Hirtenbrief von seinem Leidensweg und legte gleichzeitig ein Glaubensbekenntnis ab, das ostentativ die *Drei Kapitel* nicht verurteilte. Einige Tage darauf stürmte die kaiserliche Palastwache die Kirche und verhaftete die anwesenden Westbischöfe, wagte es jedoch nicht, Vigilius zu behelligen: Die Resonanz in Italien und Afrika wäre den Kaiser teuer zu stehen gekommen. Vigilius reagierte schnell. Obwohl die Mehrzahl seiner Begleiter sich in Haft befand, wurde in den meisten Kirchen Konstantinopels das Dekret angeschlagen, mit dem er sechs Monate zuvor den Patriarchen Menas exkommuniziert hatte.

Justinian war tief getroffen, doch war er fünfunddreißig Jahre lang an der Macht und wußte, wann und wie man den Rückzug anzutreten hatte. Im Frühjahr kam es zu neuen Verhandlungen. Im Juni schließlich machten der Patriarch Menas, Theodor Askidas und die anderen exkommunizierten Bischöfe dem Papst in S. Euphemia ihre Aufwartung. Man kam überein, alle Erklärungen über die *Drei Kapitel* zu annullieren, die seit dem Stillhalteabkommen abgegeben worden waren. Das betraf natürlich auch das kaiserliche Edikt. Am 26. Juni kehrte Vigilius nach Konstantinopel zurück und feierte öffentlich die Versöhnung mit Justinian. Sollte er jedoch der Meinung gewesen sein, er könne seinen Triumph nun genießen, wurde er bitter enttäuscht.

Der Patriarch Menas starb im August, Eutychius wurde sein Nachfolger. Die Gelegenheit schien Justinian günstig, den Plan eines ökumenischen Konzils wieder aufzugreifen. Er berief daher die Bischöfe des Ostens dazu ein. Die Versammlung bat Vigilius im Januar 553, den Vorsitz dieses Konzils zu übernehmen, welches ein für allemal den *Drei-Kapitel*-Streit aus der Welt schaffen sollte. Der Papst, sehr angetan wegen der Ehrbezeigung, spielte dennoch auf Zeit. Denn alles hing davon ab, ob er oder Justinian die Mehrheit der Westbischöfe auf seine Seite bringen konnte. Daher bat er darum, eine Synode in Italien oder Sizilien einberufen zu dürfen, um dort die Haltung des Westens zu fixieren. Justinian mußte ablehnen, denn Vigilius hätte dann nicht nur die Abstimmung der westlichen Delegierten beim Konzil beeinflussen, sondern auch den Konzilsbeginn endlos hinauszögern können. Immerhin forderte der Kaiser Vigilius auf, die bisher nicht geladenen Westbischöfe hinzuzuziehen. Trotz seiner diplomatischen Finesse kam der Papst in Schwierigkeiten: Lud er Bischöfe ein, die die *Drei Kapitel* unterstützten, hätte er gegenüber Justinian nicht Wort gehalten; lud er Bischöfe ein, die die *Drei Kapitel* ablehnten, war seine Autorität im Westen dahin. Vigilius hielt seine Antwort so lange wie möglich zurück und übersandte endlich eine kurze Namensliste; es war jedoch für eine Einladung schon zu spät. Die wenigen Konzilsteilnehmer aus dem Westen waren afrikanische Bischöfe, die vor ihrer Abfahrt vom dortigen Prätorianerpräfekten gründlich überprüft worden waren.

Nach Erörterung weiterer Verfahrensfragen trat das fünfte ökumenische Konzil am 5. Mai 553 in der Hagia Sophia endlich zusammen. Justinian war nicht persönlich anwesend, legte auch größten Wert darauf, durch seine Zurückhaltung die Illusion zu nähren, daß das Konzil frei entscheiden könne. Dieser Eindruck wurde zweifellos etwas gedämpft durch einen Brief des Kaisers, der während der Eröffnungssitzung vorgelesen wurde; er erinnerte die versammelten Prälaten daran, daß sie alle die *Drei Kapitel* bereits verurteilt hatten. Jedenfalls war die Mehrheit der Bischöfe bereit, auf die Vorstellungen Justinians einzugehen.

Vigilius lief die Zeit davon. Er versuchte, wenigstens etwas Handlungsfreiheit zu behalten. Er blieb dem Konzil fern: Die Debatten, eitel und nichtssagend, fanden ohne ihn statt. Am 14. Mai hatte er einen Entschluß gefaßt und entwarf das *Constitutum*, das dann von ihm selbst und einigen westlichen Klerikern unterzeichnet wurde. Es verwarf viele Ansichten Theodors von Mopsuestia als häretisch, verurteilte jedoch nicht die *Drei Kapitel* als Ganzes – war also ein Kompromißvorschlag. Allein, Vigilius zögerte die Veröffentlichung, unentschlossen wie er war, elf Tage hinaus in der Hoffnung, der Kaiser werde ihm entgegenkommen. Am 25. Mai schließlich bat er Belisar, Cethegus und den Neffen des Kaisers, Justin, das *Constitutum* Justinian vorzulegen. Daß der Kaiser damit unzufrieden sein würde, wußte er, doch die veränderte politische Situation stellte er nicht in Rechnung. Narses' Siege hatten die Herrschaft Roms in Italien gesichert, das Königreich der Goten bestand nicht mehr. Vom Wohlwollen der römischen Bevölkerung Italiens war Justinian fortan nicht mehr abhängig, denn das Militär hatte das Land fest im Griff. Vigilius mußte daher für die Erniedrigungen büßen, die er dem Kaiser zugefügt hatte. Ein kaiserlicher Referendar wurde zum Tagungsort des Konzils entsandt und machte Vigilius' Geheimerklärung publik, in der er die *Drei Kapitel* verurteilte, ebenso seinen Eid vom 15. August 550, mit dem er sich verpflichtet hatte, in diesem Sinne weiterzuarbeiten. Das dritte Schreiben war ein kaiserlicher Erlaß, der kundtat, daß sich Vigilius aufgrund seiner Amtsführung aus der Kirche hinausmanövriert habe: Die Demütigung Vigilius' war vollkommen.

Während der Schlußsitzung des Konzils am 2. Juni wurden die *Drei Kapitel* und einige andere Irrlehren in vierzehn Punkten verurteilt. Zuerst verweigerte Vigilius die Unterschrift; er war übrigens vom Konzil für abgesetzt erklärt worden. Doch Justinian beeilte sich nicht, ihn zu ersetzen. Er hatte Vigilius kennengelernt, und ein neuer Papst hätte noch mehr Schwierigkeiten machen können. Er brauchte nicht lange zu warten, denn im Dezember kapitulierte Vigilius. In einem Brief an den Patriarchen Eutychius verurteilte er formell die *Drei Kapitel*. Der unglückliche Papst mußte sich im Februar 555 verpflichten, auch in einer Neufassung des *Constitutums* die *Drei Kapitel* zu verdammen. Für Justinian hatte er danach jeden Nutzen verloren, so durfte er nach Rom zurückkehren. Vigilius sah die Stadt nicht wieder; er erlag im Juni in Syrakus einer Nierenkrankheit.

Man mußte sich also nach einem neuen Papst umsehen. Fast alle Kleriker im Westen mißbilligten die Verurteilung der *Drei Kapitel*; die Wahl eines Papstes aus dem Ostreich hätte andererseits sehr wahrscheinlich zu einem Schisma geführt. Mit dem sicheren Instinkt seiner frühen Jahre bot Justinian Pelagius den Stuhl Petri an. Der Diakon, Wortführer der römischen Senatoren, war bisher einer der schärfsten Kritiker der kaiserlichen Religionspolitik gewesen. Bedingung war natürlich die offizielle Ablehnung der *Drei Kapitel*. Pelagius gab nach: Vielleicht schien ihm Widerstand sinnlos, nachdem Justinian Herr über das verwüstete Italien geworden war, vielleicht trieb ihn der Ehrgeiz. Als Pelagius, Römer unter Römern, nach Italien kam, wurde ihm ein eisiger Empfang zuteil – die Hauptstadt konnte er nur mit Geleit der Truppen des Narses betreten. Erst nach vielen Monaten fanden sich drei Bischöfe, die ihn einsegneten. Langsam aber gelang es ihm, die Kirchenverwaltung bis zum Po in den Griff zu bekommen, denn er war ein entscheidungsfreudiger, hart arbeitender Pragmatiker. Um sich zu rechtfertigen, mußte er jedoch oft doppelsinnig argumentieren, so daß Ansehen und Einfluß des Papstes in Italien gering blieben. Allein, Justinian hatte trotz vieler taktischer Niederlagen auf lange Sicht obsiegt, denn das Verhältnis zwischen Papst und Ostkirche normalisierte sich, und die kaiserliche Oberhoheit blieb unbestritten.

Der Sieg aber brachte nichts ein, im Gegenteil. Die Monophysiten in Ägypten und Syrien, störrisch und unversöhnlich, wurden immer mehr zum Sammelbecken der Opposition im Reich. Im desillusionierten Westen breitete sich Zynismus aus. Italien war verwüstet wie nie zuvor; Olivenhaine und Weinberge verödeten, um Straßen und Brücken kümmerte sich niemand. Viele Städte lagen in Trümmern, die Bürger waren weggezogen. Die anderen Städte waren ihrer Schätze beraubt, ihre Einwohnerzahl war empfindlich zurückgegangen. Krieg und Pest hatten die Bevölkerung dezimiert, und die Überlebenden suchten wie wilde Tiere Schutz in den Ruinen, die von früherer Pracht kündeten.

Narses kümmerte sich um die Reorganisation Italiens mit einer Energie, die sein Alter vergessen ließ. Festungen entlang der Alpenpässe wurden gebaut und Spezialkommandos dafür zusammengestellt. Landbesitz, der früher den Ostgoten gehörte, wurde neu verteilt, meist unter die byzantinischen Soldaten, die nun statt der Goten an der Nordgrenze stationiert waren. Im Zivilbereich ergriff man viele Maßnahmen zur Normalisierung des Lebens; sie waren enthalten in der *Pragmatischen Sanktion*, einem umfangreichen Kaisergesetz vom 13. August 554. Während die Verfügungen Amalasunthas, Athalarichs und Theodahads bestätigt werden, erklärt das Edikt alle Verfügungen Totilas für ungültig. Das normale Verfahren beim Zivilprozeß wird wiederhergestellt, die Truppenkommandeure greifen nur bei Fällen ein, in denen Soldaten beteiligt sind. Status und Privilegien der ehrwürdigen Stadt Rom werden erneuert.

Viele Maßnahmen betreffen frühere Rechtstitel, verschleppte Personen, falsche Gewichte und Maße usw. Besonders auffallend ist aber, wie die *Pragmatische Sanktion* die Privilegien der Oberschicht restituiert und garantiert, der einzigen gesellschaftlichen Gruppe, mit deren Unterstützung Justinian nun rechnen konnte. Flüchtlinge wurden wieder voll in ihr Eigentum eingesetzt, ohne daß die Besitzer, die es vielleicht bona fide erworben hatten, entschädigt wurden. Alle von Totila befreiten Sklaven sollten ihren Herren zurückgegeben werden, ebenso alle früheren Kolonen:

Wir ordnen an, daß Sklaven oder Kolonen, die jemand zurückhält, mit ihren inzwischen geborenen Kindern dem früheren Herrn zurückgegeben werden.

Hat während der abscheulichen Zeit der Gotentyrannei ein Sklave eine Freie oder eine Sklavin einen Freien geheiratet, so gewähren wir hiermit der freien Person das Recht auf Scheidung. Der Sklave soll an seine Herrschaft zurückfallen, ohne daß der Herr wegen der früheren Ereignisse benachteiligt wird. Falls sie aber die Ehe nicht auflösen wollen, soll ihre persönliche Freiheit nicht gefährdet sein, doch sollen die Kinder dem Status der Mutter folgen.[12]

Dem Bischof und den Honoratioren jeder einzelnen Provinz in Italien wird das Recht eingeräumt, aus ihrer Mitte einen Provinzgouverneur zu ernennen – eine auffallende Konzession an die Oberschicht der Städte. Alle Senatoren sollen ungehinderten Zugang zum Hof in Konstantinopel erhalten und in Italien nach Belieben ihre Güter so ordnen dürfen, daß die frühere Produktivität erreicht wird. Die Konstitution atmet den Geist der Restauration, bis in die kleinsten Details hinein. Justinian hatte die fünfzigjährige Gotenherrschaft und die zwanzig Kriegsjahre – beide hatten die sozioökonomische Struktur Italiens grundlegend verändert – wohl nicht registriert. Und wenn er sich ihrer bewußt war, wollte er sie nicht wahrhaben. Neuerungen, es gab nicht wenige, mußten im Gewand der Restauration erscheinen. Tatsächlich wurden die Bestimmungen des Gesetzes niemals vollständig durchgeführt. Die Armee blieb die bestimmende Macht; Narses und seine Generäle verwalteten de facto die Gebiete, denen sie als Militärbefehlshaber zugeordnet waren. Die alte Oberschicht war vernichtet, und kein Gesetz der Welt konnte sie wieder erwecken. Flüchtige Kolonen fand man nicht, ihre früheren Herren gingen leer aus. Bei dem großen Arbeitskräftemangel mußten Landbesitzer zu recht günstigen Bedingungen Parzellen an unabhängige Kleinbauern verpachten, die oft selbst Pächter eines anderen gewesen waren. Man konnte den durch die Kriege dezimierten Senat in Rom nur erhalten, indem man den italischen Honoratioren die Würde eines *patricius* verlieh und die zu zahlende Summe auf ein Drittel dessen reduzierte, was die Nominierung zum Suffektkonsul kostete. Die Wiederherstellung des Westreiches war alles andere als glorreich.

*

Während Narses noch die letzten Widerstandsnester der Goten in Italien vernichtete, kam es in Konstantinopel zu einem unerwarteten Unglücksfall. Die Kuppel der Hagia Sophia, eine der großartigsten Schöpfungen Justinians, stürzte am 7. Mai 558 in sich zusammen. Durch ein Erdbeben schon in Mitleidenschaft gezogen, war man in der Kirche gerade mit Aufräumarbeiten beschäftigt. Der Kaiser beauftragte den jüngeren Isidor, den Sohn oder Neffen des gleichnamigen Architekten, die Kuppel zu erneuern. Dies tat er mit

Erfolg, wobei er die Stichhöhe gegenüber der früheren Flachkuppel vergrößerte. Die Einweihung der restaurierten Kirche fand am 24. Dezember 562 in Anwesenheit des achtzigjährigen Justinian statt; die Feierlichkeiten in Kirche und Palast dauerten mehrere Tage. Paulus Silentiarius verfaßte auf Befehl des Kaisers eine lange Beschreibung der Kirche in Hexametern, die er Justinian in mehreren Sitzungen vortrug. Sie zeigt uns am besten, wie die Zeitgenossen die Große Kirche beurteilten.

Einige Monate zuvor sah sich der Kaiser mit einer ihn persönlich betreffenden Sache konfrontiert. Ein geplanter Mordanschlag wurde entdeckt. Die Hauptverschwörer waren Ablabius, früher Beamter in einer Reichsmünzstätte, Marcellus, ein Edelmetallhändler, und Sergius, der Neffe eines kleinen Beamten, also keine sehr bedeutenden Leute. Es war nicht der erste Anschlag, dem man zuvorkam, doch das Motiv wog schwer: Einer der Verschwörer – die anderen begingen Selbstmord – erklärte beim Verhör, drei Mitglieder des Stabes von Belisar, nämlich Isaak, Vitas und Paul, seien Mitwisser. Als diese vom Stadtpräfekten Prokop verhört wurden, belasteten sie auch Belisar. Justinian glaubte das wohl kaum, doch man konnte nie wissen. Jedenfalls war er entrüstet, daß Belisar sich nicht besser um seine Untergebenen gekümmert hatte. So berief er den Kronrat ein – auch alle Würdenträger der Stadt waren anwesend – und ließ die Zeugenaussagen vorlesen, auch jene, die Belisar betrafen. Der alte Generalissimus wurde durch den öffentlichen Vorwurf tief gedemütigt, verlor fast sein gesamtes Gefolge und blieb unter Hausarrest. Bei der Wiedereinweihung der Hagia Sophia fehlten die zwei besten Mitstreiter des Kaisers: Theodora war vierzehn Jahre zuvor gestorben, Belisar in Ungnade gefallen. In der Vorrede an den Kaiser, die als Prolog der Beschreibung der Hagia Sophia diente, erwähnt Paulus auch Theodora:

Das alles, o Kaiser, läßt die Seele der Kaiserin, gesegnet und froh, heiter und klug, vor Gott frei sprechen zu deinen Gunsten; sie, die im Leben deine ergebene Mitarbeiterin war, die du nach ihrem Tod zum Unterpfand des erhabensten Eides vor deinen Untertanen bestimmt hast, eines Eides, den du niemals gebrochen hast noch brechen wirst.[13]

Kein Wort von Belisar; doch der Kaiser wird zu seinem Mut angesichts einer schändlichen Verschwörung beglückwünscht.

10 DIE SPÄTEN JAHRE

Die römische Diplomatie hatte schon während der Regierungszeit Justins I. am südlichen Roten Meer aktives Interesse gezeigt. Damals hatten die Römer das christliche – monophysitische – Königreich Axum in Äthiopien ermuntert, den Jemen anzugreifen und zu besetzen. Dessen Herrscher, kurz zuvor zum jüdischen Glauben übergetreten, standen unter persischem Schutz. Es war der Handel, nicht die Machtpolitik, was so lebhaftes Interesse an dieser fernen Gegend weckte.

Der römische Handel mit Indien, Indonesien und China war schon früh gut organisiert gewesen. Aus dem Osten wurden hauptsächlich Gewürze (besonders Pfeffer) und Parfüm – meist aus Südindien, Ceylon und Indonesien – und Seide aus China eingeführt. Gewürze waren wichtige Artikel des täglichen Gebrauchs, da man aus Mangel an Nahrung im Winter den Großteil der Kälber im Herbst schlachtete und das Fleisch einpökelte. Alles, was den Geschmack verbesserte oder betrog, war stark gefragt. So gehörten z.B. zur Beute Alarichs fünftausend Pfund Pfeffer, als er im Jahr 410 Rom einnahm. Auch die antike Medizin benutzte häufig Gewürze. Seide war viel zu teuer, um in der Alten Welt allgemein im Gebrauch zu sein. Aber als Statussymbol spielte sie eine wichtige Rolle. Damen der Oberschicht trugen natürlich Seidenkleider. Bestickte oder mit Brokat besetzte Seidenroben waren zur Zeit Justinians die offizielle Kleidung hoher Beamter, sie galten als Teil ihres Gehalts. Seidene Gewänder wurden auch barbarischen Fürsten als Zeichen kaiserlicher Gunst zugesandt. Die Regierung legte deshalb besonderen Wert darauf, Seidengarn zu vernünftigem Preis geliefert zu bekommen.

Leider bedrohte Persien die östlichen Handelsrouten. Waren aus China kamen entweder auf dem Seeweg über Ceylon in die Häfen am Persischen Golf oder auf dem Landweg durch Zentralasien zur persischen Grenze. Güter aus Indien und Indonesien gelangten per Schiff zum Persischen Golf. Die Waren wurden dann von persischen Händlern auf römisch-persischen Grenzmärkten verkauft. Manchmal blieb dieser Handel in privater Hand, bisweilen wurde er staatlich kontrolliert. Aber die persischen Händler oder die persische Regierung konnten je nach der augenblicklichen Lage den Nachschub einschränken oder einen Monopolpreis festsetzen. Wir wissen ziemlich genau, wie der Seidenhandel im sechsten Jahrhundert vor sich ging. Kein römischer Bürger konnte Seide direkt aus Persien beziehen. Staatsfunktionäre, die *commerciarii*, kauften alle Rohseide, die von den Persern an bestimmten Grenzstationen angeboten wurde. So wurde der Preis niedrig gehalten, da man den Wettbewerb ausschaltete. Außerdem war man sicher, daß der Staat früher als die Privathändler große Mengen der benötigten Seide bekam. Die *commerciarii* schickten dann die Seide entweder in eine der kaiserlichen Fabriken oder verkauften sie ohne Gewinn an Seidenhändler oder direkt an Weber weiter. Zu Beginn der Regierungszeit Justinians besaß die Regierung große Vorräte, die der Erhaltung der Preisstabilität dienten.

Man konnte die Osthandelsprobleme in idealer Weise lösen, wenn man verkehrstechnisch das Perserreich völlig umging. Gerade das sollte durch die römische Kontrolle der Mündung des Roten Meeres geschehen. Römische Händler in ägyptischen Häfen konnten nun direkt nach Ceylon segeln und Seide und andere Artikel dort kaufen. Offensichtlich aber war diese Politik nicht erfolgreich, denn die persischen Händler beherrschten den ceylonesischen Markt. Sie konnten alle verfügbare Seide aufkaufen und die Römer fernhalten. Vielleicht konnten die Römer das persische Gewürz- und Parfüm-Monopol umgehen. Im Gegenzug erhöhten die Perser den Seidenpreis. Justinian versuchte daraufhin, den Seidenpreis auf dem freien Markt im Reich einzufrieren mit dem Ergebnis, daß bald der Schwarzmarkt florierte.

Als um 540 der zweite Perserkrieg ausbrach und der direkte Seidenimport aufhörte, wurde die alteingesessene Seidenindustrie in Beirut und Tyrus ruiniert. Die staatlichen Vorräte reichten nicht aus, um die erforderlichen Mengen an Seide bereitzustellen. Peter Barsymes, Finanzminister aus Syrien und Nachfolger des Kappadokiers, erreichte durch verstärkte Preiskontrollen, daß Kaufleute und Handwerker ihr Geschäft aufgaben. Eine Zeitlang versuchte man, den Markt mit Waren aus den kaiserlichen Fabriken zu versorgen, bald aber verstaatlichte Barsymes viele private Fabriken und übernahm auch deren Facharbeiter. So wurde nicht nur beim Import, sondern auch bei der Verarbeitung von Seide ein Staatsmonopol geschaffen.

Nach dem Frieden von 545 tauchte wieder Rohseide aus China auf den Grenzmärkten auf, doch wurde der frühere Umsatz nicht wieder erreicht. Viele Arbeiter der privaten Fabriken waren nach Persien ausgewandert; da sie syrisch sprachen, waren sie in Beirut ebenso zu Hause wie in Ktesiphon. Die meisten Unternehmer hatten ihr Kapital anderweitig investiert, sofern sie nicht völlig bankrott waren. Das Staatsmonopol blieb also, von wenigen Ausnahmen abgesehen, erhalten. Die Perser sorgten durch direkte Einflußnahme für hohe Preise und leere Magazine, ein Problem, das dem Kaiser und seinem Finanzminister große Sorgen bereitete.

Im Jahr 552 bot sich jedoch eine gänzlich neue Lösung des Problems an. Einige Mönche erklärten Justinian, daß sie Verbindungen zur Sogdiane hätten (die Gegend um das heutige Samarkand und Buchara) und von dort die Brut der Seidenraupe beziehen könnten. So wäre das Reich unabhängig von Seideneinfuhren aus dem Ausland. Justinian schien die Gelegenheit günstig, das persische Monopol zu umgehen, und die Mönche machten sich mit offizieller Unterstützung Roms auf ihre lange Reise. Als sie nach ein oder zwei Jahren zurückkehrten, brachten sie die kostbaren Eier mit. Da sie auch das nötige Fachwissen erworben hatten, konnte man staatliche Seidenspinnereien an der syrischen Küste errichten.

Mit dem heimlichen Import der Seidenraupe war die Abhängigkeit Roms von Seide aus Persien allerdings nicht sofort beendet. Erst nach langer Zeit konnte die heimische Produktion die Nachfrage auf dem Markt befriedigen, und manche Seidenwaren wurden auch weiterhin aus China importiert. Die marktbeherrschende Stellung Persiens wurde allerdings geschwächt und ein neuer Handelsweg von der Sogdiane über das Nordufer des Kaspischen Meeres bis zu den römischen Schwarzmeerhäfen eröffnet. So umging man zwar persisches Gebiet, doch der Transport auf der Nordroute war nicht konkurrenzfähig. Der Reichtum des Ostens ergoß sich weiterhin in die Häfen am Persischen Golf.

*

Gegen Ende seiner Regierung waren das Problem der Orthodoxie und Handelsfragen die Hauptsorgen des Kaisers. Militäraktionen von Bedeutung gab es nicht. Im Jahr 554 überfiel Al-Harith, Fürst des christlich-arabischen Ghassanidenstaates, das Gebiet der propersischen Lachmiden und tötete deren Führer Al-Mundhir. Im folgenden Jahr wurde der König der Lazen, Gubazes, auf Betreiben römischer Beamter ermordet. Aufstände der lazischen Stämme – sie suchten natürlich persische Unterstützung – waren die Folge. Eine Zeitlang sah es so aus, als ob beide Großmächte in den Krieg der Klientelstaaten hineingezogen würden. Aber weder Justinian noch Chosroes waren geneigt, Wagnis und Kosten eines Krieges entlang der Grenze zwischen Kaukasus und Mesopotamien auf sich zu nehmen. Die Angelegenheit wurde diplomatisch bereinigt. Der persische Gesandte Isdigusnas kam im Herbst 552 nach Konstantinopel, und man schloß einen Waffenstillstand, der auch die Randstaaten mit einschloß. Vier Jahre später unterzeichneten Isdigusnas und Peter Patricius in der Grenzstadt Dara einen Friedensvertrag auf fünfzig Jahre. Persien verzichtete für die Zahlung von dreißigtausend Goldsolidi jährlich auf alle Ansprüche in Lazika, ansonsten blieb die Grenze unverändert, wie sie während der vergangenen zweihundert Jahre verlaufen war. Den beiden unruhigen arabischen Pufferstaaten wurde untersagt, das Gebiet der Großmächte anzugreifen, doch durften sie sich weiter bekriegen, wobei die jeweilige Schutzmacht beiseite stehen sollte. Zu Lebzeiten Justinians herrschte künftig an der Ostgrenze Ruhe.

An der Nordgrenze, die der Donau und Drau folgte, wurde die Lage kritisch. Wir hören von größeren Völkerverschiebungen weit hinter der Grenze, welche die römischen Befestigungen zunehmend bedrohten. Die herkömmliche Methode, den Druck aus dem Norden aufzufangen, war, den Feind in zwei Lager zu spalten. Jahrhundertelang stand den römischen Legionen kein größerer Staat jenseits der Donau gegenüber, lediglich einzelne Stämme und ethnische Gruppen, deren wechselnde Rivalitäten und Bündnisse die römische Diplomatie klug ausnutzte. So beschränkte sich Justinian darauf, wenn möglich die räuberischen Barbaren zurückzuschlagen, die Wallanlagen der Städte zu verstärken und Goldmünzen und Seidengewänder unter die Stammesfürsten zu verteilen. Die Feldzüge in Afrika und Italien strapazierten die Ressourcen des Reiches an Menschen und Material zur Genüge, sie bildeten die Grundlage für den Wiederaufbau des christlich-römischen Reiches, eines Vorhabens, das dem Nachfolger Konstantins würdig war. Strafexpeditionen gegen Slawen und Hunnen konnte man später durchführen.

Im Jahr 548 gab es einen größeren Slaweneinfall. Die Barbaren drangen bis zu den Mauern von Dyrrhachium vor, dem Haupthafen für den Italienverkehr. Obgleich eine fünfzehntausend Mann starke römische Armee im westlichen Balkan stand, konnte oder wollte sie sich nicht mit den Invasoren einlassen. So zogen sie sich beutebeladen und mit vielen Gefangenen im Herbst wieder zurück. Das alles war beunruhigend, alarmierend jedoch waren die zunehmenden militärtechnischen Kenntnisse dieser Barbaren aus dem Norden. Erstmalig griffen sie befestigte Städte an und eroberten sie auch; früher ließen sie diese unbehelligt. Justinian erkannte das Problem und beauftragte Ingenieure, die Verteidigungsanlagen vieler Städte zu verstärken sowie an strategisch wichtigen Punkten Festungen zu bauen. Er konnte jedoch keine Kampftruppen aus Italien abziehen, wo sie dringend im Gotenkrieg benötigt wurden.

Es sollte noch schlimmer kommen. Im Jahr 550 durchzogen Scharen von Slawen ganz Thrakien. Vielleicht standen sie unter dem Kommando hunnischer Bulgaren. Ein Stoßtrupp kam bis zu den anastasischen Wallanlagen etwa fünfzig Kilometer westlich von Konstantinopel, vernichtete die römische Garnison und nahm den Befehlshaber gefangen; nach grausamen Martern verbrannten ihn die Barbaren bei lebendigem Leibe. Da sie jedoch die starken Befestigungen nicht überwinden konnten, zogen sie raubend und plündernd nach Westen ab, auf das Rhodopegebirge zu. Eine andere Abteilung setzte weiter westlich über die Donau und stieß über Naissus (Niš) bis auf Thessaloniki vor. Die Anwesenheit des Germanus – er war auf dem Weg nach Italien – genügte allerdings, um sie zum Rückzug zu veranlassen. Erneut stellten die Eindringlinge unter Beweis, daß sie befestigte Plätze erobern konnten. Einige überwinterten sogar auf römischem Gebiet; ihr Endziel war demnach nicht so sehr die Plünderung, sondern Erwerb von Siedlungsland. Obwohl durch die Ereignisse in Italien voll in Anspruch genommen, mußte der Kaiser aktiv werden. In der Hauptstadt wurden Truppen bereitgestellt, die von dem Eunuchen Scholasticus und von Justin, dem ältesten Sohn des Germanus, kommandiert wurden. Im Frühjahr

551 wollte man den Barbaren eine Lektion erteilen, doch man kam nicht weit. Bei Adrianopel wurde die Armee durch einen neuen Slawenvorstoß völlig aufgerieben. Die hunnischen Kotriguren, die zuvor in Mitteleuropa bei einem Krieg zwischen germanischen Stämmen Söldnerdienste geleistet hatten, nutzten jetzt die Gunst der Stunde, setzten bei Belgrad über die Donau und rückten auf Philippopolis in Thrakien vor. Als ihre Vorhut in der Nähe von Thessaloniki und Konstantinopel gesichtet wurde, besann sich Justinian auf die erprobten Mittel der Diplomatie, denn der Schock der Niederlage Scholasticus' und Justins im Frühjahr saß tief, andererseits wollte er keine Kampftruppen aus Italien abziehen. Er schickte daher Gesandte mit Geld und Waffen in die Steppe zwischen Don und Wolga, wo damals die hunnischen Uturguren siedelten, und veranlaßte diese, die Kotriguren in deren Gebiet nördlich der Donau anzugreifen. Es war eine einfache Mission, denn die beiden verwandten Stämme lebten in Zwietracht. Eilfertig setzten die nomadischen Reiterscharen über den Don und fielen von der Ukraine her den Kotriguren in den Rücken. Ein hastig improvisiertes letztes Aufgebot von Greisen und Halbwüchsigen war dem Ansturm nicht gewachsen. Die Nachricht von dem Massaker in ihrer Heimat veranlaßte die Hauptstreitmacht der Kotriguren, schleunigst nach Norden über die Donau abzuziehen; so eilig hatten sie es, daß viele Beutestücke in Thrakien zurückblieben.

Wieder einmal war die traditionelle Politik kurzfristig erfolgreich. Kotriguren und Uturguren lagen jahrelang miteinander im Streit, und die kriegerischen Neigungen ihrer slawisch-bulgarischen Nachbarn wurden kräftig gefördert. Sieben Jahre blieb es an der Donaugrenze relativ ruhig. Es gab gelegentliche Übergriffe, doch keine größeren Einfälle. Die römische Flotte beherrschte unbehelligt den Strom, bis der winterliche Frost einsetzte. Man verstärkte auch die Stützpunkte am Südufer; damals entstand wohl das Grundmauerwerk der großen Festungsanlagen in Belgrad, Smederevo und Vidin, welche Byzantiner, Ungarn und Türken später weiter ausbauten. Justinian tat jedoch nichts, um das Problem an der Wurzel zu packen; sein Alter machte ihn mehr und mehr zum Gefangenen der großartigen Pläne, die er als junger Mann entworfen hatte. Die anbrandende Völkerflut wurde weder entscheidend zurückgeschlagen noch in das Reich integriert. Auch stand die Masse der Reichsarmee in Italien beziehungsweise im Osten.

Im Jahr 558 schlossen Kotriguren und Uturguren Frieden, wahrscheinlich aufgrund eines Thronwechsels. Die Politik des *divide et impera* war gescheitert. Zabergan, der neue Kotrigurenfürst, entschloß sich zum Angriff auf römisches Gebiet, um sein Ansehen bei den Stammesgenossen zu festigen. Im März 559 ging er über die Donau und stieß nach Thrakien vor. Dort teilte sich seine Armee, in der auch unterworfene Slawen mitzogen, in drei Abteilungen. Die eine marschierte durch Makedonien nach Griechenland. Erst bei den Thermopylen, wo man die Befestigungen gerade ausgebessert hatte, beendete eine kleine, aber schlagkräftige römische Garnison unter Führung des Logotheten Alexander ihren Vormarsch. Ein anderer Trupp versuchte in die Thrakische Chersones (die Halbinsel Gallipoli) einzudringen, die am engen Isthmus durch einen Schutzwall gesichert war. Der dortige römische Befehlshaber war Germanus, ein junger Mann aus Justiniana Prima, vielleicht ein entfernter Verwandter Justinians. Der Kaiser hatte ihn jedenfalls nach Konstantinopel bringen und ihm eine hervorragende Ausbildung zuteil werden lassen, danach war er früh in verantwortlicher Stellung tätig. Germanus rechtfertigte das in ihn gesetzte Vertrauen. Die Kotriguren wurden am Wall aufgehalten und erlitten schwere Verluste. Einige versuchten, die Verteidigungslinie zu umgehen, indem sie die Bucht mit Booten oder Flößen durchquerten, die sie mit Schilfrohr aus dem Maritza-Delta erbaut hatten, doch Germanus war gerüstet: Ein Schwarm von bewaffneten Handelsbooten und Fischerkähnen zerstörte die Fahrzeuge der Kotriguren, wobei sechshundert Mann ertranken. Diese Niederlage gab ihnen den Rest, eilends zogen sie zur Donau ab. Der dritte Stoßtrupp marschierte auf Konstantinopel zu. Erst kürzlich hatte ein Erdbeben die langen Mauern, welche die Halbinsel etwa fünfzig Kilometer vor der Stadt abriegelten, in Mitleidenschaft gezogen. Da sie nur wenig Schutz boten, wurde eine aus kaum kriegserfahrenen Palastwachen und Milizsoldaten rasch zusammengewürfelte Kompanie bei der Abwehr der Kotriguren vernichtet, wie zu erwarten war. Voller Entsetzen retteten alle, die dazu in der Lage waren, Familienangehörige und Habseligkeiten über den Bosporus hinüber, während die Stadt von Flüchtlingen aus dem Umland überschwemmt wurde. Unterkunft und Verpflegung wurden für die Behörden zum Problem, und ihre Anwesenheit schwächte den Widerstandsgeist der Bürger noch mehr.

Düsteren Sinnes schritt Justinian, er war damals siebenundsiebzig, die Palastkorridore auf und ab. Man hatte Persien den Frieden aufgezwungen. Die Reiche der Wandalen und Ostgoten waren nicht mehr, und die früher besetzten Gebiete gehörten wieder zu Rom. Auch im entlegenen Spanien behaupteten sich die römischen Waf-

fen. Und doch plünderten und brandschatzten unbekannte und geschichtslose Barbaren einen Tagesmarsch entfernt das Land ungestraft. Schlimmere Kunde kam bald. Die Kotriguren standen dreißig Kilometer vor der Stadt am Athyras. Wohl war die Stadt uneinnehmbar, die Seeherrschaft ungebrochen. Doch Justinians Prestigeverlust war untragbar. Könnte die Bevölkerung nicht in panischer Angst Hand an einen Kaiser legen, den Gott offensichtlich im Stich gelassen hatte? In dieser kritischen Situation wandte sich Justinian an Belisar, der ihm am längsten gedient hatte. Seine taktische Begabung hatte er nicht verloren. Eine an sich unbedeutende Streitmacht wurde durch vertriebene Bauern ergänzt, die er mit Waffen versorgte. Dann griff er den Feind dort an, wo er es am wenigsten vermutete, nachdem er seine Truppe in kleinste taktische Einheiten zergliedert hatte. Zabergan geriet in einen Hinterhalt und verlor vierhundert Mann. Der Kotrigurenführer wurde nervös und zog sich rasch in sein Basislager bei Arcadiopolis (Lüleburgaz) zurück. Die Situation war gerettet, aber Justinian mißfiel, daß die Befreiung nicht ihm selbst zu verdanken war, und beorderte Belisar sogleich in die Hauptstadt. Die Kotriguren verwüsteten Thrakien weiterhin ungestört, doch war inzwischen die Donauflottille verstärkt worden. Dieser Umstand zwang Zabergan zu einem Vertrag mit den Römern, denn möglicherweise hätte man ihm den Rückweg abgeschnitten. Die Kotriguren sollten unter freiem Geleit in ihre Heimat zurückkehren dürfen und mit Subsidienzahlungen abgefunden werden. Vielleicht war es ein unrühmlicher Handel, und manche Kritik wurde laut, wonach man Belisar zumindest die Chance einer offenen Feldschlacht hätte einräumen sollen. Was aber wäre geschehen, wenn der Versuch mißglückt wäre?

Der Kaiser war trotzdem unzufrieden. Besorgt um sein Image als Mann der Tat, hielt er während des ganzen Sommers im thrakischen Selymbria hof und überwachte persönlich die Ausbesserung der langen Mauern. Fünfzig Jahre lang hatte er seine Stadt nicht verlassen, nur gelegentlich hatte er in einem seiner Paläste auf der asiatischen Seite des Bosporus den Sommer verbracht. Die Störung des gewohnten geregelten Lebens muß für einen Mann seines Alters ein Trauma gewesen sein. Die Tatsache aber, daß er sich ihr unterzog, zeigt uns sein Krisenbewußtsein. Als der Vertrag mit den Kotriguren endlich perfekt war, zog er ebenso unerwartet als triumphaler Sieger in Konstantinopel ein. Vom Goldenen Tor aus ging der Zug unter dem Beifall der jubelnden Menge bis hin zur Hagia Sophia. Dort dankte der Kaiser Gott für den Sieg – ein erregender, doch auch recht pathetischer Augenblick. Unterwegs machte er noch bei der Apostelkirche halt, die er zusammen mit Theodora dreiundzwanzig Jahre zuvor hatte erbauen lassen, und schmückte ihr Grab mit brennenden Kerzen.

Ob Justinians Politik der begrenzten militärischen Aktion in Verbindung mit Subsidien-Zahlungen sehr klug war, sollte sich bald erweisen, doch kam die Stunde der Wahrheit erst einige Jahre nach seinem Tod. Die Hunnen Attilas und ihre Nachkommen, Bulgaren, Kotriguren und Uturguren waren Hirtenvölker der bisweilen wüstenartigen Steppenlandschaften Zentralasiens. Wegen verschiedener Umstände stießen sie auf der Suche nach Weideland nach Westen vor. Eine fortschreitende Austrocknung ihrer Heimat, besonders des Tarimbeckens, reduzierte die Weideflächen. Unterschiedliche Entwicklungen der einzelnen Steppenvölker ließen manche Stammesverbände stärker hervortreten; früher dominierende Stämme wurden unterjocht oder vertrieben. Dazu kam, daß die beiden Großmächte südlich der Steppengebiete, das sassanidische Persien und China, in ihrem Bemühen um sichere Grenzen im Norden mal diesen, mal jenen Stamm stärker unterstützten.

*

Im fünften Jahrhundert n. Chr. hatte eines der Hirtenvölker seine Herrschaft bis in die Mongolei und die Mandschurei nordöstlich der Großen Mauer ausgedehnt. Dabei hatten diese Nomaden gelernt, daß Herrschaft über Menschen ertragreicher sein kann als Schaf- und Rinderzucht, und mit dem ihnen eigenen Naturinstinkt waren sie darangegangen, die Herrschaftstechniken praktisch zu erproben. Die Chinesen, welche mit Sorge das mächtige, expansive Reich an ihren Grenzen beobachteten, nannten sie Hsiung-nu, die Völker Europas kennen sie als Awaren. Sie selbst nannten sich vielleicht Uiguren, wonach die Franken das Wort ›Oger‹ bildeten, für friedfertige Bauern während der Bedrohung durch die Awaren ein schrecklicher Name. Um 555 setzte sich der türkische Stammesverband innerhalb der Awaren gegen ihre Unterdrücker zur Wehr. Wahrscheinlich hatte die Wei-Dynastie ihre Hand im Spiel, denn auch die Chinesen folgten der Devise ›Teile und Herrsche‹. Nach einem Massaker flohen die Überlebenden, etwa zwanzigtausend Awaren, nach Westen entlang dem Steppengürtel, der sich vom Pazifik bis zur ungarischen Tiefebene hinzieht. Um 557 hatten sie die Ebenen nördlich des Kaukasus erreicht. Der König der christlichen Alanen vermittelte Kontakte zum römischen Befehlshaber in Lazika, Justin, dem Sohn des Germanus und Neffen des Kaisers. Sie verlangten Siedlungsland und Anerkennung als *foederati*, im Klartext: Sie forderten die Zahlung von Subsidien durch die Römer. Für Justin kam das Anliegen sicherlich nicht überraschend, und da er einsah, daß es sich hier nicht um einen der üblichen Grenzzwischenfälle handelte, die vor Ort geklärt werden konnten, schickte er die Gesandten nach Konstantinopel weiter. Als sie im Januar 558 in der Hauptstadt eintrafen, erregten sie durch ihr fremdländisches Äußeres, besonders wegen der langen Chinesenzöpfe, großes Aufsehen. Auch Justinian war sich bewußt, daß die Awaren das Gleichgewicht an der Nordgrenze stören könnten. Um die Gesandten zu beeindrucken, empfing sie Justinian in Anwesenheit des gesamten Kronrates, nach einigen Berichten soll der Senat ebenfalls erschienen sein. Einige Awaren hatten zweifellos am chinesischen Kaiserhof in der Provinz Lo-yang ihre Aufwartung gemacht, sie waren sicher Kenner des Protokolls. Nach langen Verhandlungen akzeptierte Justinian das Bündnis, jedoch wies er ihnen zunächst kein Siedlungsland innerhalb des Reiches zu.

Im folgenden Jahr waren Kaiser und Regierung vollauf mit dem großen Kotrigureneinfall beschäftigt. Justinians Entschluß, sie nicht anzugreifen, gründete sicher im Vertrauen auf den neuen Bündnispartner. Tatsächlich bekriegten die Awaren seit 558 die transkaukasischen Hunnen und stießen danach siegreich auf die Westukraine und nach Bessarabien vor, wo sie die Anten unterwarfen. Justinian wollte die Awaren als kaiserliche Grenzpolizei einsetzen, aber sie beherrschten seit langem selbst riesige Gebiete, waren also von jeder Unterwürfigkeit weit entfernt. Ihr Khan Baianus verlangte nun, in Skythien (Dobrudscha) südlich des Donaudeltas angesiedelt zu werden, in einem Gebiet, das dem volkreichen Kernland des Reiches und den Ebenen Thrakiens – von dort kamen die besten Soldaten – zu dicht benachbart war, als daß man es solch unsicheren Bundesgenossen hätte anvertrauen können. Als Justinian zu lange zögerte, verlor Baianus die Geduld. Er plante, über die Donau zu gehen und sich zu nehmen, was er durch Verhandlungen nicht bekommen konnte. Der Befehlshaber in Thrakien, es war derselbe Justin, Germanus' Sohn, erfuhr über den Geheimdienst von dem Vorhaben und warnte den Kaiser. Die Gesandten der Awaren wurden so lange in Konstantinopel festgehalten, bis Justin die Verteidigung organisiert und die Donauflotte im bedrohten Gebiet konzentriert hatte. Als sie endlich heimkehren durften, ließ ihnen Justin an der Grenze die in der Hauptstadt erworbenen Waffen abnehmen. Baianus war entrüstet, konnte jedoch nichts dagegen tun. Er erhielt weiterhin Subsidien, doch kein römisches Siedlungsland. Im folgenden Jahr stürmte er mit seinen Reitern durch halb Europa, um im Frankenreich endlich zu bekommen, was Justinian ihm verweigerte. Hierbei wurde er wahrscheinlich sogar von Rom unterstützt, denn zur gleichen Zeit versuchte Narses, die Franken aus Oberitalien zu vertreiben. In Thüringen geschlagen, schlossen die Awaren jedoch einen Vertrag mit dem Merowingerkönig Sigibert I. und kehrten in das Gebiet nördlich der unteren Donau zurück. Formal blieben sie dort als *foederati* des Reiches bis zum Tode Justinians, von seinen Befestigungen am römischen Südufer beobachtete sie Justin mißtrauisch. Allein, sehr bald schon waren sie die Herren über ein Gebiet, das sich von Frankreich bis zum Schwarzen Meer erstreckte, und ihre Schläge an die Pforten Konstantinopels wurden unüberhörbar. Verschiedene Historiker sind der Meinung, Justinian habe in seinen späteren Jahren das Interesse an politischen Problemen verloren und sich völlig der sterilen Erörterung theologischer Fragen gewidmet. Die Analyse der Geschichte der Nordgrenzen während seiner späteren Regierungszeit zeigt, daß diese Ansicht nicht stichhaltig ist. Seine Politik war im Blick auf die Möglichkeiten des Reiches vielleicht nicht die allerbeste, doch sie war zielstrebig angelegt und entsprang der Detailkenntnis eines überlegenen Geistes. Justinian war alt, vielleicht auch weniger flexibel, doch kein seniler Greis. Man muß allerdings zugeben, daß er sich nach Theodoras Tod zunehmend mit Religionsfragen beschäftigte und diese im wesentlichen als ein Verwaltungsproblem ansah. Die Gründe sind einleuchtend. Der Tod der Kaiserin erinnerte ihn daran, daß auch er sterben und seinem Schöpfer für das ihm anvertraute Reich Rechenschaft ablegen mußte. Damals häuften sich die Schwierigkeiten. Die Wiederherstellung der Reichseinheit, welche so erfolgreich begann, erwies sich als ein zähes Geschäft. Die Lage an der Donaugrenze wurde kritisch, und die große Pest hinterließ dauerhafte, ernstzunehmende Schäden. Justinian wäre nicht ein Mann seines Zeitalters gewesen, wenn er den Grund für diese Rückschläge nicht in Mängeln der Glaubenslehre und des Gottesdienstes erblickt hätte, die den Allmächtigen erzürnten. Auch war er überzeugt, daß er der Mann sei, der Fehler beseitigen und den Lauf der Dinge in Ordnung bringen könne. Er hatte das Chaos der römischen Gesetzgebung in klare und präzise Bahnen zurückgeführt, in gleicher Weise würde er die durch Häresie und Schisma verdunkelte wahre Lehre der Kirche wieder zum Leuchten bringen.

10.1 Das Problem der Nachfolge und der Tod Justinians

Mit zunehmendem Alter beschäftigte sich der Kaiser immer ausführlicher mit theologischen Streitfragen und den Einzelheiten der Kirchenorganisation. Im Jahr 561 erließ er ein Gesetz, das die Daten für Weihnachten und Epiphanias festlegte, denn man hatte diese Feste in verschiedenen Gegenden zu verschiedenen Zeiten gefeiert. Seine letzte Konstitution, die Novelle 137 vom 26. März 565, befaßt sich ausführlich mit der Disziplin der Kleriker, eine Sache, von der man meinen könnte, sie habe den Kaiser am wenigsten interessiert. Im Oktober 563 entschloß sich der einundachtzigjährige Justinian plötzlich, die lange, mühsame Pilgerfahrt zur Michaelskirche in Germia in Galatien (Yerma bei Ankara) auf sich zu nehmen. Es war wahrscheinlich seit fünfzig Jahren das erste Mal, daß er von Konstantinopel aus eine längere Reise machte. Man weiß auch nicht, ob ein Traum oder eine Vision der Anlaß war, oder ob Mönche und Theologen, mit denen er sich immer mehr umgab, ausschlaggebend waren. Aber für einen eher häuslichen Mann seines Alters war sie ein bemerkenswertes Unternehmen und bezeugt die sorgenvolle Unruhe, die seine letzten Jahre beschattete.

Was ihn am meisten bedrückte, war die Nachfolgefrage. Theoretisch wurde das Kaisertum durch Senat, Armee und Volk übertragen, in der Praxis mußte die Wahl unvermeidlich auf *einen* Mann fallen. Anastasius, der als alter Mann Kaiser wurde, ließ die Nachwelt ihre Probleme lösen. Justin hatte seinen Neffen schon dadurch als

Nachfolger herausgestellt, daß er ihn rasch beförderte, ihm immer mehr politische Entscheidungen überließ und ihn wenige Monate vor seinem Tod zum Mitkaiser erhob. Justinian konnte keiner der beiden Möglichkeiten folgen. Sein missionarischer Eifer und der fünfzigjährige Umgang mit der Macht machten es ihm unmöglich, die Nachfolgefrage offen zu lassen. Er war überzeugt, daß nur er selbst wußte, wie das Reich zu regieren sei, und wollte sicherstellen, daß es auch später in dieser Tradition regiert würde. Die Designation eines Nachfolgers tat andererseits seiner autokratischen Stellung Abbruch, und das ließ er nicht zu, auch nicht im neunten Lebensjahrzehnt. So blieb das Problem ungelöst. Sein Vetter Germanus, der die Enkelin Theoderichs, Matasuntha, geheiratet und das Oberkommando in Italien erhalten hatte, schien 549 als Justinians Nachfolger festzustehen, möglicherweise war ihm für später der Titel eines Augustus im Westen zugedacht. Doch Germanus, nach dem Tod des Justus und des Boraides der einzige Vetter des Kaisers, starb im Jahr 550. Die Lösung des Nachfolgeproblems war danach für einige Zeit nicht mehr akut.

Als Justinian älter wurde, konnte er die Frage nicht mehr ausklammern. Im Jahr 560 litt der Kaiser unter schweren Kopfschmerzen, in der Hauptstadt ging das Gerücht, er sei tot. Es gab Unruhen, und zwei hohe Beamte, die *curatores* Georgius und Aetherius, wurden angeklagt, sie hätten Theodorus, den Sohn von Justinians Außenminister Peter Patricius, zum Kaiser machen wollen. Eine Untersuchung verlief ergebnislos; Justinian, von der Krankheit genesen, zog es zweifellos vor, die Sache zu vergessen, um nicht auf seinen künftigen Tod hinweisen zu müssen. Während der folgenden zwei Jahre waren Straßenkämpfe der Zirkusparteien an der Tagesordnung, ein Anzeichen für die wachsende Unzufriedenheit der Bevölkerung, Nährboden auch für Anschläge auf das Leben des Kaisers. 562 deckte man denn auch die Verschwörung auf, in die Marcellus, Ablacius und Sergius verwickelt waren. Dabei wurde auch der Name Belisars genannt.

Was wirklich geschah, ist nicht bekannt. Es ist sehr unwahrscheinlich, daß Belisar an dem Mordkomplott beteiligt war; er, der Justinian vierzig Jahre lang treu gedient hatte, für den der Griff nach der Macht trotz vieler Gelegenheiten kein Thema gewesen war. Daß er sich die Frage vorlegte, was nach dem Tod Justinians geschehen würde, ist allerdings anzunehmen, auch war die Diskretion des Höflings nie seine Sache. Jedenfalls wurde ihm nichts nachgewiesen, und ein halbes Jahr später rehabilitierte ihn der Kaiser völlig. Wahrscheinlich hatte er ihn nie ernsthaft verdächtigt.

Dieser mysteriöse Anschlag zeigte, wie wichtig das Nachfolgeproblem geworden war. Praktisch kamen nur Angehörige der kaiserlichen Familie in Frage. Justinian war sehr am Familienzusammenhalt gelegen, damals hätte kein Außenstehender etwas gegen den mächtigen Familienclan des Kaisers ausrichten können. Alle Verwandten seiner Generation hatte er zwar überlebt, doch in der folgenden standen fünf erwachsene Familienmitglieder bereit, welche schon lange hohe Ämter bekleideten. Die Auswahl mußte aber zwischen zwei Anwärtern getroffen werden, die man schwerlich zugunsten der jüngeren Verwandten übergehen konnte: zwischen Justin, dem Sohn des Germanus, und Justin, dem Sohn von Justinians Schwester Vigilantia. Es bot sich an, daß man den einen der beiden mit dem Titel *nobilissimus* oder *Caesar* zum Nachfolger designierte oder ihn zum Mitkaiser erhob. So hatte der alte Kaiser Justin vierzig Jahre zuvor Justinian zum Nachfolger erwählt.

Justin, der Sohn des Germanus, war um 525 geboren. Wie die meisten Männer in der Verwandtschaft Justinians hatte er in der Armee Karriere gemacht. Wohl kamen ihm Prestige und Popularität seines Vaters zugute, doch als Kommandeur hatte er sich ebenfalls ausgezeichnet. Zuletzt war ihm mit Lazika und Thrakien die Überwachung heikler Frontabschnitte zugewiesen worden, wo er mit den Awaren geschickt verhandelte. Seine Militärpflichten hielten ihn aber von der Hauptstadt fern, so daß er die politische Planungsarbeit Justinians eher als Außenstehender erlebte. Der zweite Justin war vor 520 geboren, also etwas älter. Er war der einzige Zivilist in der Verwandtschaft. Seine Jugend liegt im Dunkel, Prokop erwähnt ihn nicht. Anläßlich der schwierigen Verhandlungen mit Papst Vigilius im Jahr 552 erscheint er in den Quellen zum erstenmal in offizieller Funktion; offensichtlich hatte er verschiedene Ämter bei Hofe inne und genoß das Vertrauen seines Onkels. Seine Heirat mit Sophia, einer Nichte Theodoras, machte ihn zu einem einflußreichen Manne, auch nach Theodoras Tod im Jahr 548. Als Konsular hatte er die *cura palatii* inne, später wurde ihm der Titel *patricius* verliehen. Sein relativ bescheidenes Amt gab ihm die Möglichkeit, die

Palastbürokratie zu überwachen, und erforderte seine ständige Anwesenheit, so daß er Justinian nahe war und gleichzeitig seine eigene Stellung ausbauen konnte. Der alternde Kaiser stützte sich mehr und mehr auf diesen offensichtlich fähigen und energischen Mann. Seine ehrgeizige Gemahlin genoß bei den Monophysiten Sympathien, obwohl sie formal dem chalcedonischen Bekenntnis folgte. Im Jahr 559 überwachte er den Rückzug Zabergans und seiner Kotriguren durch Thrakien bis zur Donaugrenze, auch machte er sich bei der Niederschlagung der Aufstände der Zirkusparteien 562 und 563 einen Namen – insgesamt also kein unwürdiger Thronanwärter.

Beide Kandidaten hatten anscheinend ein gutes persönliches Verhältnis zueinander. Einige Quellen berichten auch, sie hätten einige Jahre vor dem Tod des Kaisers einen Vertrag geschlossen, nach dem jeder den andern im Falle der Wahl unterstützen sollte. Alle Welt wartete auf eine offizielle Ankündigung, doch vergeblich. Inzwischen beobachtete Justin, der Sohn des Germanus, an der Spitze seiner Armee weiterhin die kriegerischen Awaren jenseits der Donau. Justin, der Sohn der Vigilantia, kümmerte sich um die tausend Kleinigkeiten des täglichen Regierungsgeschäfts.

Justinian schien unverwüstlich. Das Alter hatte ihn langsamer werden lassen, und Besuchern gegenüber war er nicht mehr so zugänglich und leutselig. Endloses Aktenstudium wurde nur von tiefgründigen theologischen Diskussionen unterbrochen. Aber er kümmerte sich weiterhin peinlich genau um alle Detailfragen der Reichsregierung. Im März 565 wurde der Tod Belisars gemeldet. Er war sein ältester Mitarbeiter gewesen, der einzige, den er mit der Durchführung seiner Pläne in der Nachfolgefrage hätte betrauen können.

Der Sommer 565 zog sich hin, und Nacht für Nacht bezeugten die brennenden Fackeln im Großen Palast am Marmarameer die unermüdliche Sorge des Kaisers um das Wohl des Reiches. Sie brannten auch in der Nacht zum 14. November, als Justinian ohne jedes Anzeichen einer Krankheit plötzlich starb. Der einzige Beamte an seinem Totenbett war Callinicus, der *praepositus sacri cubiculi*. Er war der einzige Zeuge der letzten Worte des Kaisers, die Justin, den Sohn seiner Schwester Vigilantia, zu seinem Nachfolger bestimmten. Hatte sich Justinian zuletzt doch zu einer Wahl durchringen können, oder hatte Callinicus gewählt? Nur Callinicus wußte es.

Sofort eilten Callinicus und einige verfügbare Senatoren in den Palast Justins, weckten ihn und Sophia mitten in der Nacht und begrüßten sie als neues Kaiserpaar. Nach kurzem Widerstreben, das zum Ritual gehörte, erklärten sie sich einverstanden. Bei Tagesanbruch begaben sie sich in den Großen Palast, um die Akklamation der Palastwache entgegenzunehmen. Als erste Amtshandlung verdoppelte der Kaiser die Wachen an den Toren, eine Vorsichtsmaßnahme gegen mögliche Unruhen. Sodann ließ er den Leichnam seines Onkels auf eine vergoldete Bahre legen und ihn mit einem Leichentuch bedecken, auf das seine Gemahlin in weiser Vorausschau die Hauptereignisse in Justinians Leben gestickt hatte. Später erschienen Justin und Sophia im Kathisma des Hippodroms. Dort wurden sie von der zusammenströmenden Menge mit dem traditionellen Ruf »Tu vincas, Justine« empfangen.

Am nächsten Tag zog Justin in feierlichem Aufzug, angetan mit einer Purpurrobe und nahezu erdrückt von der Last des Goldes und der Juwelen – der Siegesbeute aus Afrika und Italien – zur Hagia Sophia, wo er von vier kräftigen Soldaten auf den Schild erhoben wurde. Nachdem der betagte Patriarch ihn mit dem Diadem gekrönt hatte, nahm er zum erstenmal Platz auf dem Kaiserthron im Altarraum der Großen Kirche, während Priester und Volk Lob- und Dankeslieder anstimmten. Daraufhin begab sich Justin erneut zum Hippodrom, dieses Mal mit noch größerem Pomp, ließ reiche Geschenke verteilen und die Schulden des Vorgängers in barer Goldmünze zurückzahlen. Am selben Nachmittag fand Justinians Begräbnis statt. Der eindrucksvolle Trauerzug ging vom Großen Palast zur Apostelkirche. Dem Leichnam auf einem vergoldeten Katafalk folgten kerzentragend Justin und Sophia, der Senat, hohe Staatsbeamte, der Patriarch, Bischöfe, Priester, zuletzt Soldaten und Palastwache. Die Bürger Konstantinopels säumten die Straßen, wobei viele weinten – ehrlich ergriffen oder Trauer heuchelnd. In der Kirche, die dreiundzwanzig Jahre zuvor von Justinian und Theodora erbaut worden war, wurde der tote Kaiser in einem Porphyrsarkophag zur letzten Ruhe gebettet – der Bauernjunge neben der Tochter des Bärenwärters.

Kirche und Gräber sind nicht erhalten. Der Markusdom in Venedig wurde nach dem Vorbild der Apostelkirche erbaut, so daß eine gewisse Vorstellung von dieser Kirche möglich ist.

11 EPILOG

Wenn man in einem Satz ein Urteil über den Staatsmann Justinian abgeben müßte, könnte man das kaum besser tun als Professor G. Ostrogorsky, der schreibt, daß Justinian mit seiner Regierung zwar eine neue Ära einleiten wollte, faktisch jedoch den Schlußstrich unter ein großes Zeitalter setzte. Die Wiederherstellung des römischen Reiches im früheren Umfang gelang nicht, der Versuch hinterließ keine dauerhaften Spuren und konnte nicht wiederholt werden. Der größte Teil Spaniens und ganz Gallien befanden sich in fremden Händen, obgleich die römische Vorherrschaft zur See das Mittelmeer noch einmal zu einem römischen Binnensee werden ließ. Italien, Schlachtfeld einer ganzen Generation, lag verwüstet, seine Städte waren zerstört, die Bevölkerung dezimiert. Zwei Jahre nach Justinians Tod wurde es von den germanischen Langobarden erobert, die damals in der ungarischen Ebene siedelten. Nur der äußerste Süden und wenige Häfen und Städte in Mittelitalien, die Enklave Ravenna und Inseln der Lagune Venedigs blieben in römischer Hand. Cordoba ging 584 an die Westgoten verloren, bis 620 hatten diese die Römer auch aus den letzten spanischen Stützpunkten vertrieben. In Afrika beschränkte der wachsende Druck der Berberstämme den römischen Einfluß immer mehr auf die Städte und ihre Umgebung, doch stand das römische Afrika noch lange nach Justinians Wiedereroberung in voller Blüte. Im Jahr 697 jedoch fielen die Araber nach ihrem Siegeszug durch Ägypten, Palästina und Syrien auch in der römischen Provinz Africa ein und eroberten Karthago. Vierzehn Jahre später ereilte Septem, den letzten römischen Außenposten auf dem afrikanischen Kontinent, das gleiche Schicksal. Der wiedereroberte Westen, welcher dem Reich so viel Geld und Menschenleben gekostet hatte, erwies sich unfähig zur Selbstverteidigung. Auch außerhalb Italiens offenbarte das Reich nur mehr phantomhafte Züge. Für die Völker des

Westens wäre es vielleicht von Vorteil gewesen, wenn sich mit Unterstützung des Reiches stabile Königreiche entwickelt hätten, in denen sich nach dem Vorbild des fränkischen Gallien römische und germanische Elemente allmählich vermischen konnten. Justinian plante ursprünglich keine militärische Aktion. Er hatte in Afrika und vor allem in Italien eine politische Lösung gesucht, und das Ergebnis wäre vielleicht ein System unabhängiger Staaten unter indirekter römischer Kontrolle gewesen. Die Zeit war damals noch nicht reif dazu.

Im Osten suchte Justinian den Frieden auf der Basis des Status quo zu erhalten. Ob er hätte voraussehen müssen, daß Persien sechzig Jahre nach seinem Tod stark genug war, einen Eroberungskrieg zu führen, ist eine offene Frage. Sicher ist, daß er und der persische Großkönig die Entwicklung der Kriegstechnik bei den Arabern sehr förderten, denn sie beide bewaffneten und schulten ihre jeweiligen arabischen Klientelstaaten – was diese in den Stand setzte, im siebten Jahrhundert römische Heere zu vernichten, Ägypten, Palästina und Syrien dem Reich zu entreißen, das kleinasiatische Kernland zu bedrohen und das persische Sassanidenreich völlig zu zerstören.

Justinian unterschätzte sicherlich die wachsende Bedrohung an der Nordgrenze. Wenige Jahre nach seinem Tod hatten Awaren und Slawen einen Großteil des nördlichen Balkan besetzt, und kaum zwei Generationen später belagerten die Awaren Konstantinopel. Ende des siebten Jahrhunderts betrachtete sein Namensvetter Justinian II. einen Durchbruch bis Thessaloniki als großen Erfolg. Das heißt nicht, Justinian habe auf die drohende Völkerverschiebung im Norden nicht reagiert. Wir sahen, daß er mit Ausdauer die übliche Politik praktizierte und mittels Geldzuwendungen ein Barbarenvolk gegen das andere ausspielte. Auch beweisen die Überreste der neu erbauten Festungsanlagen strategisches Geschick und solide Planung.

Man könnte aber bemängeln, daß er das Ausmaß der Bedrohung falsch einschätzte; daß er dort allzu lässig taktierte, wo er die Machtmittel des Reiches hätte konzentrieren müssen, um die Invasoren zurückzuschlagen oder sie friedlich zu integrieren; daß er die Zeichen der Zeit nicht erkannte. Der Vorwurf wiegt schwer. Doch welcher Politiker hat schon das Maß an Voraussicht bewiesen, das die Kritiker Justinians voraussetzen? Vergeblich sucht man in der umfangreichen Literatur der Zeit nach einem Hinweis, daß die größte

Gefahr für das Reich von Norden komme. Wie seine Zeitgenossen, war auch Justinian ein Gefangener überkommener Vorstellungen. Die Barbaren im Norden behandelte er nach dem traditionellen Schema, das unnötiges Blutvergießen vermeiden half, und mit wenigen Ausnahmen fuhr er gut damit. Die Awaren veränderten wohl die politische Landschaft nach Justinians Tod, doch erschienen sie erst zu einem Zeitpunkt, als der Kaiser fünfundsiebzig Jahre alt war.

In der Innenpolitik suchte Justinian die Einheit des römischen Reiches gegen eine ganze Reihe von zentrifugalen Kräften zu erhalten, nicht zuletzt im Interesse jener Großgrundbesitzer, die ihn verachteten. Der Bedeutung einer einheitlichen Reichsideologie für das riesige Gemeinwesen war er sich voll bewußt. Die für das oströmische Reich lange Zeit charakteristische enge Verbindung zwischen Staat und Kirche ging in hohem Maße auf ihn zurück. Die westliche Forschung bezeichnet dieses Phänomen bisweilen als ›Cäsaropapismus‹, denn für sie ist die Unabhängigkeit der universalen Kirche im Blick auf die vielen oft kurzlebigen Staaten etwas Natürliches. Der Begriff wird in abwertendem Sinne gebraucht; ein Bemühen um das Verständnis des wahren Sachverhalts wäre ergiebiger. Die Konstruktion war gewiß ein Grunderfordernis der Zeit. Sie gab dem Reich die Kraft, in den folgenden Jahrhunderten den erbitterten Angriffen der Araber Widerstand entgegenzusetzen.

Es steht außer Frage, daß Justinian im Bestreben, die Kircheneinheit herzustellen, oft über das Ziel hinausschoß, die Behandlung des Papstes Vigilius bietet Anschauung genug. Doch wenn man in Rechnung stellt, daß der Religionsstreit in anderen Zeiten und Gegenden ungleich grausamer ausgetragen wurde, war die Religionspolitik Justinians nach Zielsetzung und Durchführung vergleichsweise angemessen und human. In dieser Hinsicht hebt er sich vorteilhaft ab von Philipp II. von Spanien, mit dem ihn auch Gibbon in einem berühmten Abschnitt verglichen hat.

Einige marxistische Historiker werfen Justinian vor, er habe der Restauration einer Sklavenhaltergesellschaft Vorschub geleistet und versucht, die Uhr der Geschichte zurückzudrehen, eine Auffassung, der wir nicht folgen können. Es fehlt jeder Anhaltspunkt für die These, daß die Sklaverei extensiver oder intensiver als früher die Gesellschaftsstruktur seiner Zeit bestimmt habe. Wohl wird sie in seinen Konstitutionen häufig erwähnt, doch der Kontext zeigt, daß im allgemeinen entweder der Sinngehalt von Vorschriften geklärt oder obsolete Anordnungen gestrichen werden. Nach der Wiedereroberung Italiens befahl er die Rückführung der von Totila Freigelassenen in die Sklaverei. Da der Status quo zum Zeitpunkt von Amalasunthas Tod sein erklärtes Ziel und er auf die Unterstützung der italischen Mittel- und Oberschicht angewiesen war, ist schwer einzusehen, was er sonst hätte tun können.

Sein großartiges Corpus des römischen Rechts paßte die Gesetze den Erfordernissen der Zeit an, indem Überholtes ohne Unterschied fallengelassen wurde. Damals war es undenkbar, daß man eine Sammlung von Gesetzen, die Leben und Ideen der frühbyzantinischen Gesellschaft widerspiegeln sollte, ohne Rückgriff auf die Tradition in Angriff nahm. Justinian und Tribonian entwarfen das altehrwürdige Gebäude des römischen Rechts von Grund auf neu und gaben ihm einen glänzenden Anstrich. Wie hervorragend ihre Arbeit war, zeigt sich darin, daß spätere Generationen das Werk als Grundlage ansahen, auf der sie die eigenen Rechtssysteme aufbauten. Kein Gesetzgebungswerk außer den Zehn Geboten hatte seither eine so weitreichende Wirkung.

Justinians Große Kirche steht noch heute und wird von Touristen und Architekten gleichermaßen bewundert. Sie erinnert an die vortrefflichen kulturellen Leistungen seiner Zeit, die alles seit dem zweiten Jahrhundert Erreichte in den Schatten stellten und den folgenden Generationen als Beispiel dienten. Es war ein dem literarischen Experiment aufgeschlossenes Zeitalter; außer den streng klassischen entwickelten sich auch neue literarische Formen: neben die langen Hymnen des Romanus trat der Gebrauch der Vulgärsprache. Auch scharfe intellektuelle Auseinandersetzungen erfüllten die Zeit. Zwar erschöpften sich theologische Dispute oft nur in endlosem Zitieren der Kirchenväter, doch wenn Johannes Philoponos gegen Proklos die Meinung vertritt, das Universum sei in der Zeit erschaffen worden und nicht schon immer da gewesen, ringt ein scharfer Intellekt mit einem echten philosophischen Problem. Die letzten Neuplatoniker, etwa Simplicius oder Damascius, waren nicht nur hoch gebildet, sie waren unerbittliche und mutige Wahrheitssucher. Dies ist alles natürlich nicht Justinians Verdienst. Aber er war ein großzügiger, intelligenter und verständnisvoller Förderer, und er setzte einen Leistungsstandard, der schon bei seinen Zeitgenossen Anerkennung fand.

Und Theodora? Sie bleibt eine rätselhafte, fast beängstigende Gestalt, eine Frau, die ungeheure Macht besaß in einem Zeitalter, das institutionell dafür gar nicht gerüstet war. Spätere Generationen neigten dazu, sie zu ignorieren. Erst in jüngster Zeit begann man, Notiz von ihr zu nehmen, allerdings wird sie oft zu oberflächlich und mißverständlich dargestellt. Und doch, wenn man eine Kultur danach beurteilen kann, wie sie ihre Frauen behandelt, verdient das Zeitalter Justinians und Theodoras höchste Anerkennung.

Trotz aller Mißerfolge stand das Reich mächtig da, kraftvoller als es seit Theodosius jemals gewesen war oder später je sein würde. Sein Ruhm und sein Ansehen breiteten sich weit über die Grenzen aus, und es ist bezeichnend, daß eine Lokalgröße aus Nordwales im sechsten Jahrhundert, in einer Gesellschaft, die zwei Jahrhunderte lang keine römischen Soldaten gesehen und die lateinische Sprache fast vergessen hatte, seinen Grabstein nach einem Mann datierte, der in jenem Jahr in Konstantinopel unter Justinian Konsul war.

Für einige seiner Zeitgenossen, besonders für die Angehörigen der alten wohlhabenden Senatorenfamilien, war Justinian die Inkarnation des Leibhaftigen. Einem Gerücht zufolge soll sein Körper manchmal ohne Kopf nachts durch den Palast gewandelt sein, und seine Mutter soll mit einem Dämon verkehrt haben, bevor sie ihren Sohn empfing.

Im Gedächtnis der byzantinischen Welt lebte Justinian weiter als der Erbauer der Hagia Sophia und der große Gesetzgeber, weniger als der Herrscher, der im Westen die römische Macht wiederherstellte. Noch Jahrhunderte nach seinem Tod hatte man mit der Verteidigung Kleinasiens und des östlichen Mittelmeergebiets alle Hände voll zu tun. Die Idee einer Reconquista der früheren Westprovinzen ging jedoch nie ganz verloren. Die westlichen Staaten wurden mehr de facto als de jure anerkannt, und als die arabische Gefahr gebannt war sowie die von den Slawen eroberten Gebiete in Europa wieder unter byzantinischer Herrschaft standen, versuchten die Kaiser allmählich auch im Westen, besonders in Süditalien, ihren Einfluß zu verstärken. In der zweiten Hälfte des zehnten Jahrhunderts wurde Byzanz dort immer aktiver. Wir hören nichts von großen Schlachten, doch nutzte man jeden Vorteil, der sich aus den Streitereien der langobardischen Fürstentümer untereinander und aufgrund des Vakuums ergab, das durch den Abzug der Araber aus ihren Brückenköpfen entlang der italischen Küste entstand. Mönche und Siedler aus Byzanz kamen teils im Gefolge der Armee, teils schon als Vorhut und stärkten die Überreste griechischer Kultur in der Region. Kaiser Basileios II. (976–1025), dessen Regierungszeit als Höhepunkt byzantinischer Machtentfaltung im Mittelalter anzusehen ist, betrachtete sich gewiß als zweiten Justinian, obwohl zwei Menschen kaum verschiedenartiger hätten sein können. Auch Manuel I. (1143–1185) faßte zeitweise wieder in Süditalien Fuß, wobei Rhetoren und Panegyriker die große Zeit Justinians und Belisars beschworen. Allein, das europäische Kräftegleichgewicht hatte sich grundlegend verändert. Die Erfolge Manuels gründeten lediglich darin, daß er Differenzen des Heiligen Römischen Reiches mit dem Papsttum, Venedigs mit Genua, der Normannen in Süditalien mit ihren Nachbarn klug ausnutzte. Zwanzig Jahre nach seinem Tod hatten die Kreuzritter Konstantinopel erobert. Die Träume von einer Wiedereroberung erwiesen sich als irreal. Justinian konnte sich auch niemals so recht als Volksheld in Szene setzen wie die Ikonoklastenkaiser Konstantin V. und Theophilos; die Legende nahm sich seiner nicht an. Doch auch der Westen bewahrte Justinians Andenken. Dante traf seinen Schatten, und dieser erzählte ihm die Geschichte des römischen Reiches von Äneas bis auf Karl den Großen (*Paradiso*, Canto 6).

Sein großer General Belisar lebte im Herzen des Volkes weiter. Man erinnerte sich daran, daß er mehrmals kurz in Ungnade gefallen war, und konstruierte daraus eine Legende, nach der er von Justinian geblendet worden sei und in den Straßen Konstantinopels als Bettler habe leben müssen, bis ihn der Kaiser in großer Not wieder benötigte. Diese Geschichte soll nach dem Zeugnis des Johannes Tzetzes Mitte des zwölften Jahrhunderts allgemein bekannt gewesen sein. Wir kennen auch ein Gedicht in frühgriechischer Dialektsprache – in der vorliegenden Form wurde es wahrscheinlich im dreizehnten oder vierzehnten Jahrhundert geschrieben, es basiert aber auf früheren mündlichen Versionen –, welches in moralisierender Weise das gleiche Thema ausschmückt. Die Legende gelangte in den Westen, und Marmontel schrieb danach seinen Roman *Belisaire* (1767), einen indirekten Angriff auf den Absolutismus Ludwigs XV. Er wurde mehrmals neu aufgelegt und häufig übersetzt, auch eine Übertragung ins Griechische ist darunter (Venedig, 1783).

Theodora wäre sicher Gegenstand vieler Legenden geworden, hätte man Prokops *Geheimgeschichte* besser gekannt. Doch selbst die Byzantiner lasen sie kaum, zweifellos waren Abschriften eine Rarität. Im Westen blieb sie völlig unbekannt, bis N. Alemanni zu Beginn des siebzehnten Jahrhunderts eine handschriftliche Kopie entdeckte. Die Erinnerung an Theodora jedoch blieb wach. Im elften Jahrhundert zeigte man Touristen ein kleines Haus unter einem Portikus, wo sie sich insgeheim mit Justinian getroffen haben soll. In syrischen Erzählungen wurde sie als Beschützerin der Monophysiten verehrt. Ihre niedere Herkunft vergaß man, sie war nun die Tochter eines frommen monophysitischen Senators. Vielleicht kannte man Theodora während des Mittelalters auch im Westen. Im elften Jahrhundert berichtete Aimon de Fleury, wie Justinian und Belisar als junge Leute zwei leichtlebige Damen kennenlernten, eine Antonina und eine Antonia. Justinian verliebte sich in Antonia und versprach ihr, sie zu heiraten, falls er Kaiser werde. Als er schließlich zu seiner Überraschung Kaiser wurde, wollte er zum Entsetzen der Senatoren unbedingt sein Versprechen halten. Der folkloristisch ausgeschmückte Bericht deutet auf eine Überlieferung hin, die von den damals im Westen verbreiteten lateinischen Übersetzungen der byzantinischen Chroniken unabhängig war.

Für Baronius, den großen Kirchenhistoriker der Gegenreformation (seine *Annales ecclesiastici* erschienen 1588 bis 1607), ist Theodora der Inbegriff des Bösen. In langen lateinischen Satzperioden nennt er sie eine zweite Eva, eine neue Delila, eine Herodias, die sich am Blut der Heiligen ergötzt. Nach der Neuentdeckung der *Geheimgeschichte* erregte sie Mißfallen bei Laien und Geistlichen, und man bemühte sich, ihr Liebhaber anzudichten, die angeblich zwischen den Zeilen Prokops zu finden waren. Im achtzehnten Jahrhundert war das Interesse am oströmischen Reich allgemein gering, und Gibbon übergeht sie zunächst völlig, nicht ohne bissig zu bemerken, daß ihre seltsame Karriere keinen Triumph weiblicher Tugenden darstelle. Immerhin erkennt er später ihre Charakterstärke und die Echtheit ihrer Überzeugungen an.

Im neunzehnten Jahrhundert erwachte das Interesse an Justinian und Theodora neu. In Romanen meist minderer Qualität versuchten Autoren vieler Länder ihr Leben nachzuerzählen. Victorien Sardou schrieb ein Drama, das am 26. Dezember 1884 im Pariser

Théâtre de la Porte Saint-Martin Premiere hatte; die Musik stammte von Massenet, die Hauptrolle spielte Sarah Bernhardt. Der Nika-Aufstand, die Schmach Belisars, der Tod Theodoras – das alles wurde auf wenige Tage zusammengedrängt. Ihr Liebhaber war ein gewisser Andreas, der Führer der Grünen. Die Intrige wurde entdeckt, daraufhin ließ Justinian sie erdrosseln. Der Mangel an historischer Glaubwürdigkeit tat dem Erfolg von Sardous Stück keinen Abbruch, es lief sehr lange und wurde auch später häufig aufs Programm gesetzt. Das Drama wurde ins Deutsche übertragen, außerdem mehrmals als Romanfassung veröffentlicht.

Dieser Erfolg bestimmte zweifellos den belgischen Maler Benjamin Constant – er lebte in Paris und hatte sich auf die Darstellung von Haremszenen spezialisiert, die damals bei Geschäftsleuten en vogue waren –, anläßlich einer Vernissage Gemälde zum Thema Justinian und Theodora vorzustellen, welche lebhaftes Interesse hervorriefen. Doch der Zeitgeschmack ändert sich. Das Porträt Theodoras, in London 1909 für 378 Pfund gekauft, brachte im folgenden Jahr den Erlös von 52½ Pfund. Das Bild gilt als verschollen, vielleicht liegt es heute vergessen im Magazin einer Provinzgalerie irgendwo in England.

1904 veröffentlichte der junge französische Historiker Charles Diehl sein Buch *Théodora, impératrice de Byzance*. Das Werk, im Gefolge des durch Sardous Drama neu geweckten Interesses entstanden, ist die gediegene Arbeit eines Fachgelehrten, zugleich aber auch ein flüssig geschriebenes, einfühlsames Porträt der außergewöhnlichen Frau.

Robert Graves' Roman *The Count Belisarius* von 1938 hat mit Sardous Drama nichts gemein. Graves hält sich streng an die Quellen und rekonstruiert im übrigen mit überlegener Kenntnis des Zeitalters behutsam dort, wo uns die Überlieferung im Stich läßt. Das Buch ist einer der bedeutendsten historischen Romane des zwanzigsten Jahrhunderts und erschien in mehreren Auflagen. Im Vergleich dazu ist *Theodora and the Emperor* von Harold Lamb (1953) von der historischen und psychologischen Aufbereitung her nur zweitrangig.

ZEITTAFEL

	Der Westen	Konstantinopel und das Ostreich	Die Ostgrenze
482		ca. Geburtsjahr Justinians	
500		ca. Justinian kommt nach Konstantinopel	
518	Ende des Schismas zwischen Papst und Ostkirche	Tod Anastasius'. Justin I. wird Kaiser. Beförderung Justinians. Beginn der Monophysiten-Verfolgung	
519	Eutharich, Schwiegersohn und Thronerbe König Theoderichs, wird Konsul		
520		Konsulat Vitalians. Vitalian auf Veranlassung Justins I. und Justinians ermordet	
521		Konsulat Justinians	
522	Tod Eutharichs. Boëthius und Symmachus Konsuln		
523	Hilderich wird König der Wandalen und betreibt eine kaiserfreundliche, gegen die Ostgoten gerichtete Politik	Germanus vernichtet die Anten	Dhu-Nuwas verübt Christenmassaker im Jemen. Ostrom unterstützt König Ella Atsbeha von Äthiopien, der im Jemen einmarschiert

	Der Westen	Konstantinopel und das Ostreich	Die Ostgrenze
524	Theoderich läßt Boëthius und Symmachus hinrichten		Der persische Großkönig Kavadh vertreibt die Römer aus Iberien
525		Justin I. verleiht Justinian den Titel Caesar. Justinian heiratet Theodora	Die Äthiopier erobern den Jemen
526	30. August: Tod Theoderichs. Amalasuntha Regentin für ihren Sohn Athalarich	Schweres Erdbeben in Antiochia	Krieg mit Persien. Belisar ist Befehlshaber
527		Justinian erhält den Titel Augustus. Tod Justins I. Justinian besteigt den Thron	Belisar weiterhin an der Ostfront
528		Beginn der Kodifizierung des römischen Rechts	
529		7. April: Die erste Fassung des *Codex* wird veröffentlicht. Die Akademie in Athen wird geschlossen. Aufstand der Samariter	
530	Hilderich, König der Wandalen, von Gelimer abgesetzt, der einen romfeindlichen Kurs verfolgt	Johannes der Kappadokier Prätorianerpräfekt. Mundus besiegt die Slawen auf dem Balkan	Belisar siegt über die Perser bei Dara
531			Belisar von den Persern bei Callinicum geschlagen. Tod König Kavadhs, Thronbesteigung Chosroes' I.
532		Januar: Nika-Aufstand. Belisar und Mundus schlagen den Aufstand blutig nieder	Ewiger Friede mit Persien

	Der Westen	Konstantinopel und das Ostreich	Die Ostgrenze
533	Juni: Belisar in Sizilien und Nordafrika. September: Belisar besiegt Gelimer beim 10. Meilenstein und zieht in Karthago ein. Dezember: Niederlage der Wandalen bei Tricamarum	Dezember: Publikation der *Digesten*	
534	Gelimer ergibt sich. Solomon Befehlshaber in Afrika. Amalasuntha verhandelt heimlich mit Justinian. Oktober: Tod Athalarichs. Amalasuntha heiratet König Theodahad	Belisar erhält für den Sieg in Afrika einen Triumph. Die zweite Fassung des *Codex* wird veröffentlicht	
535	Amalasuntha von Theodahad gefangengesetzt und ermordet. Mundus in Dalmatien. Belisar erobert Syrakus und besetzt Sizilien		
536	Meuterei in Afrika. Theodahad verhandelt mit Justinian. Die Ostgoten erobern Dalmatien zurück. Tod des Mundus. Belisar in Italien, Eroberung Neapels. Theodahad abgesetzt, Nachfolger wird Witigis		
537	Germanus unterdrückt die Meuterei in Afrika. Witigis belagert Belisar in Rom	26. Dezember: Einweihung der Hagia Sophia	
538	Witigis zieht von Rom ab. Narses in Italien. Ligurien und Mailand werden besetzt		

	Der Westen	Konstantinopel und das Ostreich	Die Ostgrenze
539	Die Ostgoten erobern Mailand. Narses wird zurückgerufen. Witigis beginnt mit Friedensverhandlungen		Gesandte Witigis' bitten König Chosroes um Hilfe
540	Die Ostgoten ergeben sich, und Belisar zieht in Ravenna ein	Raubzüge der Slawen bedrohen Konstantinopel und Griechenland	Chosroes fällt in Syrien ein und erobert Antiochia
541	Herbst: Totila König der Goten. Erneuter Kampf gegen die kaiserliche Armee	Johannes der Kappadokier aufgrund von Intrigen Theodoras entlassen	Chosreos führt Krieg in Lazika. Belisar wird Befehlshaber im Osten
542	Totila erobert römische Festungen in Italien	Peter Barsymes organisiert das staatliche Seidenmonopol. Sommer: Beulenpest in Ägypten, schnelle Ausbreitung im ganzen Reich	Belisar schlägt den persischen Angriff auf Palästina ab
543	Totila nimmt Neapel ein	Die Pest dauert an. Der Monophysit Jakob Baradai wird Bischof von Edessa. Peter Barsymes Prätorianerpräfekt	
544	Belisar erneut in Italien		
545	Dezember: Totila beginnt mit der Belagerung von Rom		Waffenstillstand mit Persien
546	Erneute Meuterei in Afrika. Ermordung des Areobindus. Johannes Troglites Befehlshaber in Afrika	Ein Edikt Justinians verurteilt die *Drei Kapitel*	
547	Totila verläßt Rom, Belisar zieht wieder in die Stadt ein. Vollendung der Kirche S. Vitale in Ravenna	Papst Vigilius in Konstantinopel	

	Der Westen	Konstantinopel und das Ostreich	Die Ostgrenze
548	Belisar aus Italien abberufen. Johannes Troglites besiegt die Berber in Afrika	Tod Theodoras am 28. August. Die Slawen gelangen auf Raubzügen bis nach Dyrrhachium	
549	Erneute Belagerung Roms durch Totila. Vollendung der Kirche S. Apollinare in Classe bei Ravenna.		
550	Januar: Totila erobert Rom und greift nach Sizilien über. Römische Truppen im westgotischen Spanien	Germanus wird Befehlshaber in Italien und heiratet Matasuntha, die Enkelin Theoderichs. Er vertreibt die Slawen aus dem Balkan, stirbt jedoch im Herbst. Narses wird sein Nachfolger	
551	Totila belagert Ancona. Seesieg der kaiserlichen Flotte bei Sena Gallica. Totila ist verhandlungsbereit, doch Justinian lehnt ab	Offener Bruch zwischen Papst Vigilius und Justinian. Die Kotriguren im Balkangebiet. Justinian hetzt die Uturguren auf sie	Bessas nimmt den Persern Petra in Lazika weg. Neuer Waffenstillstand
552	Narses schlägt die Goten bei Busta Gallorum. Tod Totilas. Narses nimmt Rom ein und vernichtet die Goten am Mons Lactarius		
553	Franken und Alamannen in Italien	Mai: Das 5. ökumenische Konzil verurteilt die *Drei Kapitel*, obwohl Papst Vigilius opponiert. Dezember: Unter Druck verurteilt auch Vigilius die *Drei Kapitel*	

	Der Westen	Konstantinopel und das Ostreich	Die Ostgrenze
554	Narses besiegt Franken und Alamannen und beginnt mit der Befriedung Italiens. Die Westgoten widersetzen sich der byzantinischen Expansion in Spanien	ca. Über Sogdiana wird die Brut der Seidenraupe in das Reich eingeschmuggelt, die byzantinische Seidenproduktion beginnt. Publikation der *Pragmatischen Sanktion*	
555	Auf dem Rückweg nach Rom stirbt Papst Vigilius in Sizilien. Fall von Compsa, der letzten gotischen Festung südlich des Po		Der lazische König wird von den Römern ermordet. Propersischer Aufstand in Lazika
556	Pelagius wird Papst		
558		Die Kuppel der Hagia Sophia stürzt ein. Die Pest lebt wieder auf. Die Kotriguren im Balkangebiet. Gesandte der Awaren in Konstantinopel	
559		Belisar, reaktiviert, schlägt die Kotriguren	
561	Narses erobert den letzten gotischen Stützpunkt Verona		
562		Verschwörung mit dem Ziel, Justinian zu ermorden. Wiedereinweihung der Hagia Sophia am 24. Dezember	Fünfzigjähriger Friede mit Persien
563		Pilgerreise Justinians nach Germia in Galatien	
565		Januar: Justinian verkündet die Doktrin über die ›Aphtharsia‹, ein neuer Versuch der Einigung mit den Monophysiten. März: Tod Belisars. 14. November: Tod Justinians und Thronbesteigung Justins II.	

ANMERKUNGEN ZU DEN QUELLEN

Justinians Leben und Regierungszeit wurde von zeitgenössischen Geschichtsschreibern nach dem Vorbild der Klassiker Thukydides und Polybius vielfach historiographisch aufbereitet. Leider sind nicht alle Darstellungen in der ursprünglichen Form erhalten geblieben.

1. PROKOP. Procopius aus Caesarea in Palästina war von der Ausbildung her Jurist, dann aber viele Jahre lang der Sekretär und, bis zu einem gewissen Grad, der Vertraute Belisars. In seiner Darstellung der Kriege Justinians behandeln die ersten beiden Bücher die Auseinandersetzungen mit Persien von 500 n. Chr. bis über 550 n. Chr. hinaus. Die nächsten zwei Bücher sind dem Wandalenkrieg gewidmet, in den letzten vier berichtet er über den langen Gotenkrieg in Italien mit seiner Vorgeschichte. Prokop war Augenzeuge vieler Ereignisse, die er beschreibt, auch sonst recherchierte er sorgfältig und kritisch. Seine detaillierte Kriegsgeschichte ist die wichtigste Quelle für die Zeit Justinians, die späten Jahre ausgenommen. Über Vorgänge in Konstantinopel ist er weniger gut informiert als über Kriegsereignisse, doch was er sagt, hat Gewicht und muß ernstgenommen werden. Obwohl Justinian insgesamt wohlgesinnt, kritisiert er in seiner *Geschichte der Kriege* oft dessen Anordnungen, wobei der Standpunkt des Kommandeurs im Felde durchscheint. Während der Abfassung der Kriegsgeschichte, wahrscheinlicher aber erst nach Vollendung des Werkes entstand seine *Geheimgeschichte*. Das Buch, eine bissige Attacke auf Justinian und Theodora, gab vor, aus Insider-Kenntnissen zu schöpfen, und war eher für den Privatgebrauch bestimmt. Viele Details sind durch andere Quellen verifiziert, einige Behauptungen schlicht unwahr, vieles bleibt höchst unsicher. Vom Stil her äußerst bizarr, ist es ein Buch voll des leidenschaftlichen Hasses, ein Werk, das möglicherweise entstand aufgrund einer tiefen Enttäuschung über den Kaiser und seine Politik in den Jahren nach 550 n. Chr. Liest man sie mit gebotener Vorsicht, ergänzt die *Geheimgeschichte* jedoch recht gut die *Geschichte der Kriege*. Die Chronologie ist allerdings nur mehr schemenhaft zu erkennen, auch sind Bericht und Interpretation so sehr vermischt, daß man beide bisweilen nicht mehr zu unterscheiden vermag.

Prokop hatte kaum seine *Geheimgeschichte* vollendet, als er eine Baubeschreibung der justinianischen Bauten in Angriff nahm. *De aedificiis* ist ein Werk, das der Kaiser selbst in Auftrag gegeben hatte. Trotz des panegyrischen Charakters erhalten wir hier wertvolle Informationen über heute nicht mehr vorhandene Bauwerke, z. B. über die Apostelkirche in Konstantinopel oder viele Kirchen und Klöster, die Justinian in Palästina erbauen ließ.

Textausgaben: *Procopii Caesariensis opera omnia*, hg. von J. Haury, 3 Bde., Leipzig 1905–1913. Neuausg. von G. Wirth, Leipzig 1962–1964. *Procopius*, 8 Bde., Loeb Classical Library, London, 1914–1940 (mit engl. Übersetzung). *Prokop.* Anekdota, griech.-deutsch, hg. von Otto Veh, München 1961. *Prokop.* Gotenkriege, griech.-deutsch, hg. von Otto Veh, München 1966. *Prokop.* Perserkriege, griech.-deutsch, hg. von Otto Veh, München 1970. *Prokop.* Vandalenkriege, griech.-deutsch, hg. von Otto Veh, München 1971. *Prokop.* Bauten, griech.-deutsch, hg. von Otto Veh, München 1977.

2. AGATHIAS. Das Werk des Agathias, eines Rechtsgelehrten und Dichters aus Myrina in Kleinasien, setzt Prokops *Geschichte der Kriege* für die Zeit 552 bis 568 fort. Informationsstand und Urteilsvermögen fallen gegenüber Prokop stark ab, doch bringt er viele Details, die ein breit gefächertes Interesse bezeugen.

Textausgaben: *Agathiae Myrinaei historiarum libri quinque,* hg. von R. Keydell, Berlin 1967. Auszug in dt. Übersetzung in: *Procopius Caesariensis, Gotenkrieg,* übers. von D. Coste, Leipzig 1922. Engl. Übersetzung: *Agathias,* The Histories, ed. J. D. Frendo, Berlin 1975. Vgl. auch Averil M. Cameron, *Agathias,* Oxford 1970.

3. MENANDER PROTECTOR. Setzt die Darstellung des Agathias mit einem Bericht über die Jahre 558–582 fort. Menander diente in der Palastwache des Kaisers Maurikios (582–602). Sein Werk ist nur in Auszügen erhalten, die im 10 Jh. für eine Enzyklopädie angefertigt wurden. Sorgfältig und kritisch abwägend in der Darstellung, ist er ein wohlinformierter Historiker und guter Kenner der Politik seiner Zeit.

Textausgaben: *Historici Graeci minores* II, hg. L. Dindorf, Leipzig 1871. Ausgewählte Abschnitte in dt. Übers. in: E. Doblhofer, *Byzantinische Geschichtsschreiber,* Graz-Wien-Köln 1955.

4. PETRUS PATRICIUS. Peter, unter Justinian als Diplomat und *magister officiorum* tätig, schrieb wahrscheinlich mehrere Darstellungen zur Geschichte seiner Zeit, wovon aber nur Auszüge erhalten sind. Er berichtet detailliert von diplomatischen Verhandlungen und Protokollfragen bei Hofe.

Textausgabe: *Historici Graeci minores I,* hg. L. Dindorf, Leipzig 1870.

Auch zwei Darstellungen der Kirchengeschichte geben Auskunft über die Regierungszeit Justinians. Sie befassen sich zwar vorwiegend mit Problemen der Kirche, vermitteln jedoch auch Einblicke in allgemeine Fragen der Zeit.

1. EVAGRIUS. Er stammte aus Epiphaneia (Hama) in Syrien und war Rechtsanwalt in Antiochia. Ende des 6. Jahrhunderts schrieb er eine Kirchengeschichte in 6 Büchern, die die Jahre 431 bis 593 umfaßt. Evagrius ist auch an außerkirchlichen Vorgängen interessiert, ausdrücklich erwähnt er die frühen Slaweneinfälle auf dem Balkan. Für die Darstellung des Justinianischen Zeitalters benutzte er Werke vieler früherer Historiker, die heute zum Teil verloren sind.

Textausgaben: *The Ecclesiastical History of Evagrius with the Scholia,* hg. J. Bidez und L. Parmentier, London 1898. Engl. Übers.: *Evagrius,* A History of the Church from AD 431 to AD 594, E. Walford, London 1851.

2. JOHANNES VON EPHESUS. Johannes schrieb eine Geschichte der Kirche von den Anfängen bis zum Jahr 585 aus der Sicht des Monophysiten. Erhalten ist die Darstellung der Jahre 521 bis 585. In syrischer Sprache geschrieben, ist sie eine wichtige Quelle zum Alltagsleben besonders in den Provinzen.

Textausgaben: *Iohannis Ephesini Historiae Ecclesiasticae pars tertia,* hg. von E. W. Brooks, Louvain 1935, Neudr. Louvain 1952 (syr.-lat.). Engl. Übers.: *The Third Part of the Ecclesiastical History of John, Bishop of Ephesus,* R. Payne Smith, Oxford 1860.

Die frühen byzantinischen Weltchroniken sind dagegen als zweitrangig einzustufen. Generell erzählen sie die Weltgeschichte von der Schöpfung bis zur Zeit des Verfassers, die Darstellung der mehr »zeitgeschichtlichen« Aspekte des Römischen Reiches nimmt aber meist den breitesten Raum ein. Die Sicht historischer Ereignisse ist streng theologisch ausgerichtet, die politische Realität oder allgemein menschliche Probleme werden kaum beachtet. Dennoch geben sie uns oft wertvolle Informationen, die in anderen Quellen nicht mehr erhalten sind. Da sie außerdem Ereignisse immer bestimmten Jahren zuordnen, helfen sie bei der Erstellung der Chronologie.

1. MALALAS. Johannes Malalas, Rechtsanwalt in Antiochia, schrieb gegen Ende der Regierungszeit Justinians eine Chronik, die von der Schöpfungsgeschichte bis zum Jahr 563 reicht. Obwohl er viel Nebensächliches berichtet, ist umfangreiches Material zur justinianischen Epoche darin zu finden, besonders auch zu Vorgängen in Syrien.

Textausgaben: *Ioannis Malalae Chronographia,* hg. von L. Dindorf, Bonn 1831. Engl. Übers.: *The Chronicle of John Malalas*, trans. M. Spinka and D. Downey, VIII-XVIII, Chicago 1940 (benutzt wurde eine altslawische Fassung, die teilweise ausführlicher ist als der erhaltene griechische Text).

2. JOHANNES ANTIOCHENUS. Der sonst nicht weiter bekannte Johannes verfaßte seine Chronik von der Schöpfung bis zum Jahr 610 wahrscheinlich im 7. Jh. Der Text ist verloren, doch lassen die vorhandenen Exzerpte darauf schließen, daß er gehaltvoller war als die Masse der anderen Chroniken.

Textausgaben: *Fragmenta Historicorum Graecorum,* hg. von K. Müller, Bd. IV, Paris 1851. Ein Auszug in dt. Übers. in: *Procopius Caesariensis, Gotenkrieg,* übers. von D. Coste, Leipzig 1922.

3. DAS CHRONICON PASCHALE. Die Kompilation eines unbekannten Verfassers des 7. Jhs. reicht von der Schöpfungsgeschichte bis zum Jahr 629 und enthält einige in anderen Quellen nicht vorhandene Informationen.

Textausgabe: *Chronicon Paschale,* hg. von L. Dindorf, Bonn 1832.

4. JOHANNES VON NIKIOU. Johannes, ein ägyptischer Kleriker des 7. Jhs. schrieb eine Chronik von der Schöpfung bis zur Eroberung Ägyptens durch die Araber. Wertvoll besonders für die Ereignisse in Ägypten. Der griechische Text ist verloren, lediglich eine äthiopische Fassung von Exzerpten ist erhalten, welche von einer verlorenen arabischen Übersetzung stammt.

Textausgaben: *Notices et extraits des manuscrits de la Bibliothèque Nationale,* hg. von H. Zotenberg, 24, Pt. 1, 125–605, Paris 1883. Engl. Übers.: *The Chronicle of John, Bishop of Nikiou,* trans. R. H. Charles, London 1916.

5. THEOPHANES CONFESSOR. Theophanes, ein byzantinischer Mönch, der Anfang des 9. Jhs. lebte, schrieb eine Chronik vom Jahr 284 n. Chr. bis zum Jahr 814. Für die Zeit Justinians enthält sie umfangreiches Material, das aus verlorenen Primärquellen schöpft.

Textausgaben: *Theophanis Chronographia,* hg. von C. De Boor, Leipzig 1883. *Theophanes Confessor,* Ausz. deutsch, hg. von L. Breyer, Graz 1957.

6. MARCELLINUS COMES. Marcellinus, ein Hofbeamter Justinians aus der lateinischsprachigen Provinz Illyria, setzte die lateinische Bearbeitung der Chronik des Eusebius durch den hl. Hieronymus fort. Sie reicht vom Jahr 379 bis 548 und behandelt fast ausschließlich Vorgänge im Ostreich. Ein Werk einfachen Zuschnitts, überliefert es doch wertvolle Nachrichten.

Textausgabe: *Chronica minora 2* (*Monumenta Germaniae historica, auctores antiquissimi 8*), hg. von Th. Mommsen, Berlin 1894.

7. VICTOR TUNNUNENSIS. Victor, ein afrikanischer Bischof, der wegen Widerspruchs gegen die kaiserliche Politik in der Frage der *Drei Kapitel* abgesetzt und in ein Kloster in Konstantinopel verbannt wurde, verfaßte eine lateinische Chronik vom Jahr 444 bis 563, die für die Ereignisse in Afrika wertvoll ist.

Textausgabe: *Chronica minora 2* (*Monumenta Germaniae historica, auctores antiquissimi 8*), hg. von Th. Mommsen, Berlin 1894.

Auch verschiedene andere zeitgenössische Werke sind wertvolle Quellen der Zeit Justinians.

1. JOHANNES LYDUS. Der Verwaltungsbeamte mit antiquarischen Neigungen am Hofe Justinians schrieb eine Abhandlung über die Beamten der Republik und des Kaiserreichs, die eine wertvolle Geschichte der Institutionen darstellt; wichtig besonders auch im Hinblick auf die Tätigkeit Johannes des Kappadokiers, des Finanzministers unter Justinian.
Textausgaben: *Johannis Lydi de Magistratibus*, hg. von R. Wünsch, Leipzig 1903. Engl. Übers.: *John the Lydian, On the Magistracies of the Roman Constitution*, trans. T. F. Carney, Sydney 1965.

2. COSMAS INDICOPLEUSTES. Der Kapitän a. D. aus Alexandria verfaßte gegen Ende der Regierungszeit Justinians eine lange Abhandlung (die *Christliche Topographie*), worin er gegen die aristotelische Naturphilosophie Stellung nahm und zu beweisen suchte, daß die Welt geformt sei wie Moses' Tabernakel. Mehr beiläufig berichtet er auch in bunten Bildern vom Handel an der Ostgrenze und von wirtschaftlichen und militärischen Maßnahmen des Reiches gegenüber den äthiopischen und arabischen Staaten am südlichen Roten Meer.
Textausgaben: *The Christian Topography of Cosmas Indicopleustes*, hg. von E. O. Winstedt, Cambridge 1909. Franz. Übers.: Wanda Conus-Wolska, Vol. 1, Paris 1968. Engl. Übers.: *The Christian Topography of Cosmas an Egyptian Monk*, trans. J. W. Mc. Crindle, London 1897.

3. CORIPPUS. Flavius Cresconius Corippus, ein Lehrer aus Karthago, veröffentlichte um 550 ein panegyrisches Epos, das Johannes, den Feldherrn Justinians in Afrika, feierte. Etwa zwanzig Jahre später schrieb er ein Preislied auf den Neffen Justinians, den Kaiser Justin II. Das Epos berichtet detailliert, doch den Stil der Klassik bewußt nachahmend, von der Befriedung Afrikas. Das zweite Gedicht steht der *Johannis* nach, ist jedoch von Wert dort, wo es vom Tod Justinians und der Thronbesteigung Justins II. erzählt.
Textausgaben: *Monumenta Germaniae historica, auctores antiquissimi 3.2*, hg. von J. Partsch, Berlin 1879. *Flavii Cresconii Corippi Johannidos libri VIII*, hg. von J. Digle und W. F. R. Goodyear, Cambridge 1970.

4. PAULUS SILENTIARIUS. Paul war kaiserlicher Kammerherr *(silentiarius)* am Hof Justinians. Neben Epigrammen, die sein Freund Agathias in einer Anthologie veröffentlichte, schrieb er eine lange Abhandlung (in Hexametern) über die Hagia Sophia, die in Anwesenheit des Kaisers anläßlich der Einweihung der wiederhergestellten Kirche im Jahr 563 vorgetragen wurde. Erhalten ist auch eine Beschreibung des Ambon (der Kanzel) in der Kirche. Trotz der traditionellen Ausschmückungen sind beide Beschreibungen lebendig und genau, sie vermitteln einen guten Eindruck von der Großen Kirche, ihrer ursprünglichen Konzeption und dem Urteil der Zeitgenossen.
Textausgaben: P. Friedländer, *Johannes von Gaza und Paulus Silentiarius*, Leipzig-Berlin 1912; Hildesheim-New-York 1969. *Paulus Silentiarius*, Beschreibung der Hagia Sophia, griech.-deutsch. hg. von Otto Veh, in: Prokop, Bauten, München 1977.

Eine Quelle anderer Art ist das Gesetzgebungswerk Justinians, *Digesten, Codex, Novellen* und *Institutionen*, auch die Vorworte zu den Konstitutionen und andere Verfügungen zählen dazu. Der *Codex* enthält einige Konstitutionen Justinians, die *Novellen* sind eine Sammlung justinianischer Gesetze, die nach der Publikation des *Codex* erlassen wurde, wertvoll nicht allein wegen der Rechtsprechung, sondern auch wegen der offiziellen Ideologie und der Propaganda, die hier zum Ausdruck kommt.

Textausgabe: Th. Mommsen, R. Krueger, R. Schoell und G. Kroll, *Corpus Iuris Civilis,* 3 Bde., Berlin 1867–1954 (in lateinischer bzw. griechischer Sprache). Vgl. dazu auch L. Wenger, *Die Quellen des römischen Rechts*, Wien 1953 und N. van der Wal, *Manuale Novellarum Iustiniani*, Groningen-Amsterdam 1964.

WEITERFÜHRENDE LITERATUR

1. Handbücher

Barker, J.W.: *Justinian and the Later Roman Empire*. Madison, Wis. 1960. Nützlich zur Einführung (mit Bibliographie).

Bury, J.B.: *A History of the Later Roman Empire from the Death of Theodosius to the Death of Justinian*, 2 Bde. London 1923 (2.A.) Weit ausholende Darstellung, die jedoch soziale und wirtschaftliche Fragen nicht so ausführlich behandelt wie Jones. Die Zeit Justinians ist im 2. Band dargestellt.

Jones, A.H.M.: *The Later Roman Empire 264–602. A Social, Economic and Administrative Survey*, 2 Bde. Oxford 1973 (2.A.). Dem umfassenden Überblick im 1. Teil folgen im 2. Teil detaillierte Studien zu den Institutionen sowie zur Sozial-, Wirtschafts- und Kirchengeschichte. Unerläßlich, doch nicht für den Anfänger geschrieben.

Jones, A.H.M.: *The Decline of the Ancient World*. London 1966. Kurzdarstellung auf der Grundlage von *The Later Roman Empire*.

Stein, E.: *Histoire du Bas Empire*, Band II. Paris 1949. Die detailreichste Darstellung der Epoche. Unerläßlich, doch besteht die Gefahr, daß man das Wesentliche aus dem Auge verliert.

2. Justinian und seine Zeit

Diehl, E.: *Justinien et la civilisation byzantine au VIe siècle*. 2 Bde. Paris 1901. Brillante, gut lesbare Studie der Epoche, doch teilweise veraltet.

Downey, G.W.: *Constantinople in the Age of Justinian*. Univ. of Oklahoma Press 1960. Gut lesbare, fundierte Darstellung des Lebens in der Hauptstadt.

Holmes, W.G.: *The Age of Justinian and Theodora. A History of the Sixth Century*, London 1912 (2.A.). Detailreiche, doch nicht sehr lebendige Darstellung.

Rubin, B.: *Das Zeitalter Justinians*, Band 1. Berlin 1960. Der erste Band des auf mehrere Bände angelegten Werkes ist außerordentlich gehaltvoll, doch oft schwer lesbar. Eine grundlegende moderne Darstellung der Epoche.

Ure, P.N.: *Justinian and his Age*. Harmondsworth 1951. Anregende, knappe Einführung.

Vasiliev, A.: *Justin the First. An Introduction to the Epoch of Justinian the Great*, Cambridge, Mass. 1950. Umfangreichste Darstellung der Regierung Justins, des Onkels und Vorgängers von Justinian.

3. Der Westen

Dannenbauer, H.: *Die Entstehung Europas*, 2 Bde. Stuttgart 1959–1962.

Dawson, C.: *Die Gestaltung des Abendlandes*. München 1950 (2.A.).

Stroheker, K.F.: *Germanentum und Spätantike*. Zürich-Stuttgart 1965 (Aufsatzsammlung).

4. Kirchengeschichte

Coleman-Norton, P.R.: *Roman State and Christian Church. A Collection of*

Legal Documents to A.D. 535. 3 Bde. London 1966. Band 3 enthält Übersetzungen der gesamten Religionsgesetze Justinians (mit Diskussion).

FLICHE, A. UND MARTIN, V. (HG.): *Histoire de l'Eglise*, Band 4. *De la mort de Théodose à l'élection de Grégoire le Grand*. Paris 1937. Umfangreichste und verläßlichste Darstellung der Epoche.

PARGOIRE, J.: *L'église byzantine de 527 à 847*. Paris 1905. Die ersten Kapitel geben eine ausgewogene Darstellung der Religionspolitik Justinians.

5. KUNST UND ARCHITEKTUR

BECKWITH, J.: *Early Christian and Byzantine Art*. Harmondsworth 1970. Fundierte, glänzend bebilderte Darstellung.

DEICHMANN, F.W.: *Frühchristliche Bauten und Mosaiken in Ravenna*. Baden-Baden 1958.

GRABAR, A.: *From Theodosius to Islam*. London 1966.

KÄHLER, H.: *Die Hagia Sophia*. Berlin 1967.

KRAUTHEIMER, R.: *Early Christian and Byzantine Architecture*. Harmondsworth 1965. Vorzüglich.

TALBOT RICE, D.: *Beginn und Entwicklung christlicher Kunst*. Köln 1961. Ein weit gefaßter Überblick.

TALBOT RICE, D.: *Die Kunst im byzantinischen Zeitalter*. München 1968.

VOLBACH, W.F. UND HIRMER, M.: *Frühchristliche Kunst*. München 1958.

6. LITERATUR

IMPELLIZZERI, F.: *Storia della letteratura bizantina*. Bd. 1: *Da Costantino agli Iconoclasti*. Bari 1965. Die umfassendste Darstellung der Literatur dieser Epoche, mit reichhaltiger Bibliographie.

MARSHALL, F.H.: *Byzantine Literature*, in: Baynes, N.H. und Moss, H.St.L.B.: *Byzantium. An Introduction to East Roman Civilisation*. Oxford 1948. Ein knapper Überblick.

WRIGHT, F.A.: *A History of Later Greek Literature. 323 B.C. to 565 A.D.* London 1932.

7. ZUM CORPUS JURIS

COLLINET, P.: *Études historiques sur le droit de Justinien*, 3 Bde. Paris 1912 bis 1925. Vieles ist nur für den Fachgelehrten interessant; Band 1 enthält eine gute, detaillierte Übersicht.

JOLOWICZ, H.: *Historical Introduction to the Study of Roman Law*. London 1952 (2.A.), S. 448–516.

KUNKEL, W.: *Römische Rechtsgeschichte*. München 1978 (8.A.).

WENGER, L.: *Die Quellen des römischen Rechts*. Wien 1953. bes. S. 562–679. Ein unerläßliches Handbuch.

8. KONSTANTINOPEL

BECK. H.G.: *Studien zur Frühgeschichte Konstantinopels*. München 1973.

JACOBS, D.: *Constantinople: City on the Golden Horn*. New York 1969. Drei gut bebilderte Darstellungen der Stadtgeschichte von den Ursprüngen seit Konstantin bis zur heutigen Zeit.

MACLAGAN, M.: *The City of Constantinople*. London 1968.

TALBOT RICE, D.: *Constantinople: Byzantium – Istanbul*. London 1965.

VERZEICHNIS DER KARTEN UND STAMMBÄUME

Karten:

Stammbäume:

ZITATBELEGE

1. Konstantin Porphyrogennetos, De Caeremoniis 1, 93
2. Prokop, Geheimgeschichte 6, 2–11
3. Anthologia Graeca 16, 48
4. Cosmas Indicopleustes, Christliche Topographie 2, 137f.
5. Prokop, Geheimgeschichte 9, 10–22
6. Justinian, Praefatio zur 6. Novelle
7. Justinian, Konstitution Haec quae necessario, Praefatio.
8. Cod. Just. 1, 17, 2 Praefatio
9. Prokop, Perserkriege 1, 24, 33ff.
10. Prokop, Gotenkriege 1, 24
11. Prokop, Gotenkriege 3, 21, 21ff.
12. Justinian, Pragmatische Sanktion 16, 15
13. Paulus Silentiarius, Beschreibung der Hagia Sophia 58–65

ABBILDUNGSNACHWEIS

Schwarzweißabbildungen:
Academia de Historia, Madrid: 18; M. Babey, Basel: 9; Bayerische Staatsbibliothek, München: 5; Bibliothèque Nationale, Paris: 2, 19; Osvaldo Böhm: 6; Castello Sforzesco, Mailand: 7; Courtauld Institute, London: 14; Dumbarton Oaks Collection, Washington: 17; Enit: 4; François Foliot, Musée de Cluny, Paris: 24, 26; Gabinetto Fotografico Nazionale, Rom: 13; Sonia Halliday: 1, 4; André Held: 21; Hirmer Fotoarchiv, München: 10, 11; Michael Holford, British Museum, London: 24; Mansell Collection: 12; J. Powell: 8, 27; Scala, Antella (Firenze): 15, 16, 20, 23; Tanjug, Belgrad: 22; Roger Viollet: 3.

REGISTER

Die Fa

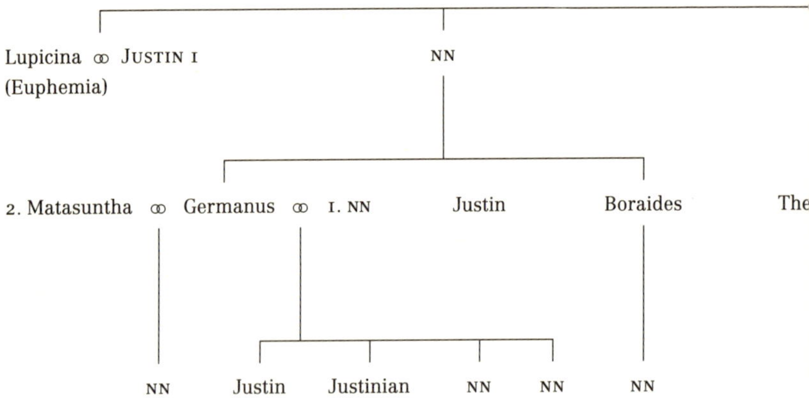

Lupicina ⚭ Justin I
(Euphemia)
NN
2. Matasuntha ⚭ Germanus ⚭ 1. NN
Justin
Boraides
The
NN
Justin
Justinian
NN
NN
NN

Die Fa

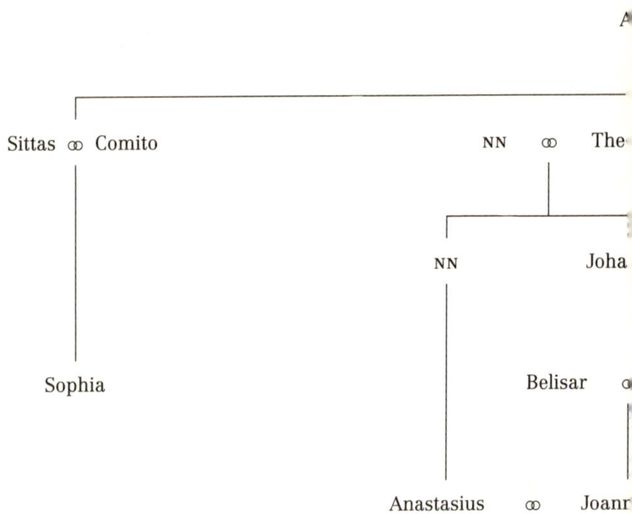

Sittas ⚭ Comito
NN ⚭ The
NN
Joha
Sophia
Belisar
Anastasius ⚭ Joan